Das Denken der Hand

Deutsch-ostasiatische Studien
zur interkulturellen Literaturwissenschaft

herausgegeben von
Walter Gebhard und Naoji Kimura

Band 1

PETER LANG
Bern · Berlin · Bruxelles · Frankfurt a.M. · New York · Oxford · Wien

Kai van Eikels

Das Denken der Hand

Japanische Techniken

PETER LANG

Bern · Berlin · Bruxelles · Frankfurt a.M. · New York · Oxford · Wien

Bibliografische Informationen Der Deutschen Bibliothek

Die Deutsche Bibliothek verzeichnet diese Publikation in der
Deutschen Nationalbibliografie; detaillierte bibliografische Daten
sind im Internet über „http://dnb.ddb.de" abrufbar.
ISBN 3-03910-435-7
ISSN 1660-8682

Umschlagabbildung: Thema-Schriftzeichen „Berg" einer Kalligraphie
des chinesischen Kulturwechslers und Zen-Priesters E t s u z a n D ô s h û
(chin. Yueshan Daozong, 1629–1709, ab 1657 in Japan), geschrieben
im Kloster Mampukuji des chinesisch-japanischen Zen-Ordens Obaku,
dessen 7. Abt er geworden ist.
Der volle Text lautet: „Berg. Leute, die im Gebirge leben, lieben es, über das
Gebirge zu sprechen."

© Peter Lang AG, Europäischer Verlag der Wissenschaften, Bern 2004

Printed in Germany

für Reika

Vorbemerkung

Das vorliegende Buch ist hervorgegangen aus einem Forschungs-
aufenthalt an der Tôkyô-Universität März bis September 2000, der
durch das DAAD Postdoc-Programm ermöglicht wurde. Mein Dank
gilt meinem Gastgeber Kazuyoshi Fujita sowie den Lehrenden und
Studierenden am Institut für Ästhetik, insbesondere Hitoshi Tanaka
und Yutaka Higashiguchi. Außerdem danke ich Mamoru Takayama,
Ryôsuke Ôhashi, Naoko Sutô, Günter Seubold, Hans-Peter Hem-
pel, Sakiko Kitagawa, Gabriele Stumpp, Yuka Endô, Ulrich Wergin,
Jörg Schönert, Matthias Anton, Sibylle Peters und Hatsuko Furuya.
Mein besonderer Dank gilt Walter Gebhard und Naoji Kimura für
ihre Unterstützung bei der Überarbeitung und Veröffentlichung des
Manuskripts.

Berlin im Januar 2004

Inhalt

I. Heideggers „Gespräch von der Sprache" – Zur zeitlichen Konstruktion des ‚Japanischen'

1. Der Fremde als Gast

Was ist wirklich an einem Gespräch? Wo emanzipiert sich seine Wirkung von der Realität, und was geschieht dank dieser neu entstehenden Wirklichkeit des Wirksamen, was real so nicht hätte geschehen können?

Die Darstellung eines Gesprächs, das wirklich stattgefunden hat, beginnt etwa so: Im März 1954 besuchte der japanische Germanist Tomio Tezuka den Philosophen Martin Heidegger in seinem Haus in Freiburg. Tezuka, Professor an der Tôkyô Universität und in seiner Heimat ein namhafter Literaturwissenschaftler, hatte die Absicht, mit Heidegger über dessen Interpretationen Hölderlins und Trakls zu sprechen, und der kurzen höflichen Notiz zufolge, in der er seinen Eindruck des Gesprächs wiedergegeben hat, kannte er zwar die entsprechenden Arbeiten, verstand von Philosophie jedoch nur begrenzt etwas und war zumal mit den Feinheiten des Seinsdenkens alles andere als vertraut.[1] Heidegger hingegen verwickelte ihn mit nachdrücklichen Fragen in ein Gespräch über das Wesen der Sprache und kam diesbezüglich immer wieder auf Japanisches zu sprechen. Tezuka erwähnt mehrfach Gelegenheiten, bei denen Heidegger eine seiner eigenen Wortprägungen zur Bestimmung einer japanischen Haltung anbringen wollte.[2] Derart bedrängt, übersetzte

---

1   Vergl. T. Tezuka, „Eine Stunde mit Heidegger", in: H. Buchner (Hrsg.), *Japan und Heidegger: Gedenkschrift der Stadt Meßkirch zum 100. Geburtstag Martin Heideggers*, Meßkirch 1989, S. 173–180.
2   Ebd., S. 174f.

der Gast z. B. das japanische *kû*, üblicherweise als Leere, Nichtigkeit oder Eitelkeit verstanden, mit „das Offene", um seinem berühmten Gastgeber eine Freude zu bereiten. „Und er freute sich."[3]

Nachdem der Japaner den deutschen Philosophen verlassen hatte (vermutlich etwas verwirrt und auch beschämt, dem Heideggerschen Ansturm von Fragen nur unzureichend entsprochen zu haben, und zugleich ein wenig belustigt über diesen übereifrigen alten Mann, der so rücksichtslos insistierte und dabei allem seinen Stempel aufdrückte), setzte dieser sich an den Schreibtisch und verfaßte einen Text, in dem er die angesprochenen Themen des geführten Dialogs neu aufnahm und sie in ein Nachdenken hineinzog, das Tezuka im nachhinein um so befremdlicher erschienen sein muß, als er, der Japaner, darin aus Gründen für die Besonderheit des Ostasiatischen und die Bewahrung der japanischen Tradition argumentiert, die ziemlich offenkundig Beweggründe des Heideggerschen Denkens sind.

Dies ist die Situation: Heidegger verfaßte einen Text, dem er den Titel „Aus einem Gespräch von der Sprache – zwischen einem Fragenden und einem Japaner" gab und der in *Unterwegs zur Sprache* publiziert wurde. Er verfaßte dieses Gespräch – oder genauer: beendete es, denn einiges spricht dafür, daß in den Text Gedanken über den Osten eingeflossen sind, die ihn schon länger beschäftigten und hier ihren Ort fanden. Der Text wahrt die Form der Wechselrede, aber Tezuka läßt in seinem Bericht bei aller Dezenz keinen Zweifel daran, daß Heidegger das „Gespräch" ganz allein geschrieben, es im nachhinein, womöglich sogar schon währenddessen allein geführt hat.

Vermutlich hat Heidegger es sehr geschätzt, auf *diese* Weise allein zu sein: mit einem Japaner. Ein Teemeister pflegte nach dem Abschied seiner Gäste zurückzubleiben und jedesmal noch eine Schale Tee für sich allein zuzubereiten. In diesem allein genossenen, vom vorangegangenen Besuch zugleich bewirkten wie befreiten Tee fand er die eigentliche Erfüllung der gemeinsam verbrachten Stunden. Das An-

3 Ebd., S. 177.

denken an die Gäste und ihr Zusammensein, so scheint es, wurde dabei nicht so sehr dadurch bestimmt, daß *er* sich daran erinnerte, sondern durch die Gewißheit, daß *die Gäste* sich erinnern würden. In der Zusage der Gewißheit dieser Erinnerung durch die anderen, der Überlieferung seines *sadô* (Tee-Wegs) in ihrer Erfahrung, ihren Worten und Berichten, war er selbst erst frei zur eigenen Erfahrung – das heißt bereit, jenen Weg zu gehen, der nur für ihn bestimmt war und auf dem ihm niemand folgen konnte und sollte.

Was Heidegger betrifft, so verhält es sich mit dem Gespräch wohl ebenso. Dessen *Erfüllung* liegt in dem besonderen Zustand des Alleinseins, nachdem der andere fort ist. Alleinsein mit dem, was gesagt wurde. Damit, daß es gesagt worden ist. Zurückbleiben im Bereich dessen, was der Gast hinterlassen hat. Im „Gespräch", wie Heidegger es aufschreibt, wird Tomio Tezuka zu „einem Japaner". Heideggers Hand verwandelt den Germanisten, der sich zeit seines Lebens mit der deutschen Kultur befaßt hat und dessen Ort im Heimatland die durchaus internationale Welt der Universität war, in einen Repräsentanten der japanischen Kultur und damit in gewisser Weise in eine Selbsterklärung des Fremden.

Das Fremde… Zu Beginn des 21. Jahrhunderts scheint dieser Topos nicht nur theoretisch weitgehend erschöpft, nachdem wir gelernt haben, einen Prozeß der Migration als ursprüngliche Verwischung der Grenzen zu akzeptieren, durch den sich jede Logik von Positionen (hier, dort) relativiert.[4] Es wurde vor allem besonders hinsichtlich Japans, dieses lange Zeit isolierten, nunmehr dagegen so überdeutlich offenen und in dieser Offenheit wiederum sonderbar verschlossenen Landes, ausführliche Kritik einer allzu schematischen Entgegensetzung des Eigenen und des Fremden geäußert.[5] Roland Barthes' schwärmerische Affirmation eines „anderen Symbolsystems"

---

4   Vergl. z. B. J. T. Fawcett, „Networks, Linkages and Migration Systems", in: *International Migration Review*, Special Silver Anniversary Issue 1989, S. 3.

5   Vergl. stellvertretend I. Hijiya-Kirschnereit, *Das Ende der Exotik. Zur japanischen Kultur und Gesellschaft der Gegenwart*, Frankfurt a. M. 1988, bes. die Einleitung „Vom Nutzen der Exotik", S. 7–23, und den Abschnitt „Probleme transkulturellen Verstehens", S. 139–221.

namens Japan in *L'empire des signes* wurde ebenso häufig offiziell für seinen Exotismus verurteilt wie insgeheim genossen und nachgeträumt, und der 15 Jahre ältere Text Heideggers fällt in seiner Konstruktion, Feststellung und Instrumentalisierung des Fremden scheinbar sogar noch rücksichtsloser aus, da sein Autor das Eigene nicht einmal markiert und so als zweckgebundene Fixierung anerkennt. Heidegger will, folgt man dem Titel, kein Gespräch zwischen einem Japaner und einem Deutschen geführt haben, sondern der Fragende gewesen sein. Nur der Japaner, so läßt er es erscheinen, stammt aus einem Land und schöpft mit dem, was er sagt, aus der Kultur jenes Landes als einer Quelle für Antworten oder zumindest Entgegnungen auf diese Fragen, während die Frage selbst, die den Denker als Mann des Fragens charakterisiert, aus ihrer eigenen Notwendigkeit hervordrängt, die sich mit der Herkunft aus einer *Kultur* des Fragens in ihrem Anspruch nicht verträgt. Die denkerische Frage im Sinne Heideggers ist die radikale Frage, die den Wurzeln gilt und selbst keine Verwurzelung fraglos akzeptiert, sondern nur die Gewißheit einer Zusage, deren Vertrautheit mit keiner Gewohnheit oder Gebräuchlichkeit zu verwechseln ist. Dabei kann Heidegger erst dadurch zum Fragenden werden (und muß nicht der deutsche Europäer sein), daß Tezuka zum Japaner wird. Die Identifizierung des anderen mit seiner Kultur und die Identifizierung jener Kultur durch die Person des anderen befreit das eigene Ich von der seinigen. Gegen das „Gespräch" läßt sich so einwenden, was auch gegen Barthes gesagt worden ist: Das einzelne Phänomen (in diesem Fall der Mensch Tezuka und das, was er zu sagen hat) erhält keine Chance, sich als das darzustellen, was es ist, weil es sofort als Repräsentation des Ganzen („Japan") wahrgenommen wird. Das reale Japan (die Summe solcher Phänomene, ausgestreut in der Drift einer ursprünglichen Abwanderung) kommt so ebensowenig zum Vorschein, wie die Stimme des realen Tezuka im Text noch vernehmbar ist.

Das trifft sicherlich zu. Was geschieht jedoch mit der Begegnung im „Gespräch"? Was wird wirklich mit und aus dieser Begegnung? Die Symmetrie eines Aufeinandertreffens von Bürgern zweier Länder und Angehörigen zweier Kulturen, die niemals völlig verschieden und mit sich selbst niemals völlig identisch waren, wird durch das asymmetrische Verhältnis zwischen Gast und Gastgeber in gewisser Weise neutralisiert. Bevor er als Individuum im Diskurs der Japaner-Figur verstummt, ist dieser Fremde *der Gast* gewesen, und auf die naheliegende Frage, was denn von *ihm* geblieben sei in dem Text, den wir heute lesen, zumeist ohne seinen Namen überhaupt zu kennen, wird man antworten müssen: sein *Abschied* als Gast. Dieser Abschied war selbstverständlich, aber er war und ist nicht nichts. Er implementiert im Verhältnis zwischen Gast und Gastgeber ein eigentümlich wirksames *Ende ihrer Beziehung*, das den letzteren ermächtigt, sich selbst von diesem Augenblick, in dem der andere gegangen ist, her neu in seinem Haus einzufinden. Die *Fremdheit*, von der Heidegger das Gespräch handeln läßt und an deren Ort er es zu verlegen versucht, ist ein Geschenk der *Endlichkeit* der Begegnung – und, insofern, eines gewissen *Anstands* von seiten des japanischen Gastes, der Heidegger diesen Augenblick überläßt, ihm gestattet, an seiner Stelle mit ‚dem Japaner‘ allein zu bleiben, und auch im nachhinein, da das „Gespräch“ als Text längst veröffentlicht ist, gegen sein Verstummen keinen Widerspruch einlegt, sondern sich auf ein ironisches Lächeln darüber beschränkt, wie sehr sein Gastgeber sich seines Alleinseins bereits in Gegenwart des anderen zu freuen begonnen hatte.

Heideggers plötzliche Produktivität nach Tezukas Besuch zeigt so vor allem eines: Es gäbe keine „denkerische Erfahrung“ des Fremden, wäre da nicht dieses konventionelle Geschenk, die Selbstverständlichkeit eines Abschieds, der das Ende *ohne* die Pflicht, es mit dem anderen zusammen zu erfahren, im Heim des Gastgebers hinterläßt. Heideggers Hand ist noch warm von der anderen, wenn sie das Schreibgerät ergreift, aber der andere ist schon nichts anderes mehr als diese Wärme.

Die Beziehung zu diesem Fremden ist endlich, der Fremde durch diese Endlichkeit bestimmt – insofern mit keiner realen Person mehr deckungsgleich und dennoch keinesfalls ein allgemeiner, archetypischer Fremder, sondern (wenngleich anders als durch individualisierende Namensgebung) als *dieser* Fremde bestimmt: dieser anständige Fremde, dessen Anstand es gestattet, ihn den Japaner zu nennen. Diesen banalen, aber entscheidenden Umstand gilt es zu würdigen, bevor eine Lektüre des Textes beginnt, vor allem bevor sie in eine Kritik der Verallgemeinerungen, Exotismen und philosophischen Projektionen mündet, deren Heidegger sich zweifellos schuldig gemacht hat. Die Beziehung zum Fremden, den ich zu Gast habe, geht auf ein Ende zurück, das von Anfang an *nahe* ist, und unsere Begegnung wird ihr kleines Drama von Annäherungen und Distanzierungen im Verhältnis zu *dieser* Nähe organisieren. Das unterscheidet die Begegnung von dem Beziehungsgeflecht, in das ich selbst eingelassen bin und in das sich jede meiner Handlungen und jeder meiner Gedanken verstrickt. Ich empfange diesen Fremden bereits in der Gewißheit, daß er sich verabschieden wird und daß ich mich von ihm verabschieden werde. Es ist dieser Abschied, den wir gemeinsam haben.

Derrida erblickt in der Gestalt des Gastes den Freund (und den Feind), und das Wort „Gastfreundschaft" scheint ihm Recht zu geben. Es gilt jedoch vielleicht, das *Ereignis* der Freundlichkeit, das mit dem Gast eintritt, von jener freundschaftlichen *Beziehung* der *amicitia* zu unterscheiden, die zwischen dem anderen Ort und dem eigenen jene lebensentscheidende Differenz etabliert, die Aristoteles „eine einzige Seele" nennt.[6] Heidegger trifft mit der Abreise seines Gastes kein Verlust. Der Augenblick dieses Abschieds selbst gibt vielmehr Gelegenheit zum Vergessen, ist im Vergessen die Gelegenheit und wird zu dem Ort, an dem Heidegger schreibt. Tezuka ist niemals Heideggers Freund geworden, und keine Lektüre des „Gesprächs" wird ihm diesen Status verleihen können. Seine Worte verkörpern nicht *jenen* Anderen, der schon da gewesen ist und dessen Kommen noch aussteht, sondern sie bezeugen in ihrem folgenlosen Verstummtsein *diesen* Anderen, der unterdessen, während man die Möglichkeit der Freundschaft *einmal* außer Acht läßt, die eigene Stimme erhebt.

Der Abschied dieses Gastes unterscheidet sich daher von dem des Freundes, des Bruders oder des Geliebten dadurch, daß er vollkommen *in der Ordnung* ist. Der Gast geht mit meinem Einver-

---

6 Vergl. J. Derrida, *Politik der Freundschaft*, Frankfurt a. M. 2000, S. 231–259.

ständnis, einem wesentlichen Zug meiner Einladung, der sich seinem Anstand bereits mitgeteilt hatte, als er mein Haus betrat, und statt einer pathetischen Trennung, die sich ins Unendliche verkrallt, lösen unsere Hände sich voneinander mit einem kurzen gelassenen Druck, der unsere Begegnung in jedem Fall glücklich beendet. Heidegger spricht vom „geglückten Gespräch", und an einem eigens dafür eröffneten Ort zwischen der Möglichkeit und der Unmöglichkeit dieses Glückens spielt sich ein äußerst angespanntes Drama ab, für dessen Protagonisten nichts fremd und nichts vertraut genug sein kann. Aber das Glück des abschließenden Händedrucks ist einfach nur das selbstverständliche Geschenk, das die Gastfreundschaft dem anderen zu machen gestattet. Es ist die Erfüllung des Wunsches, daß ein anderer geht – als Quelle des Heideggerschen Textes weniger ein „dritter Raum"[7] zwischen Niederschrift und Relektüre als ein erster, der raumlosen Zeit eines Ereignisses zugeeigneter Augenblick, der das, was gesagt ist, endgültig von dem, was zu schreiben sein wird, entfernt.

2. Fremdsprache und Fremdheit der Sprache

Der Reisende wird unter Umständen dasselbe wie der Gastgeber erfahren, und in diesem Fall kommt die einfache Selbstverständlichkeit des Endes noch stärker (durch die Dialektik des Gewöhnlichen und Außergewöhnlichen verzerrt, aber zugleich auf eine holzschnittartige Weise verdeutlicht) in der Banalität des Alltäglichen zum Ausdruck. Jeder Tourist weiß, wie sehr das Glück einer Reise davon abhängt, daß sie zu Ende geht. Die besondere Intensität ihrer Begeg-

---

7 „Third Space" ist ein Begriff von F. Jameson, den H. Bhabha diskutiert. Vergl. „How Newness Enters the World: Postmodern Space, Postcolonial Times and the Trials of Cultural Translation", in: ders., *The Location of Culture*, London 1993, S. 217–219.

nungen rührt daher, daß sie vom ersten Tag an zu Ende zu gehen beginnt und jedes berührende Erlebnis den Reisenden nur besser auf die Zeit nach dem Abschied vorbereitet. Souvenirs und Andenken veräußern und materialisieren diesen Zustand im Versuch, ihn zu bannen – vor allem auch die Fotos. Es wird oft darüber gespottet, wie der Tourist, der mit gezückter Kamera herumläuft, die Sehenswürdigkeiten gar nicht sieht, weil er ganz damit beschäftigt ist, sie für später festzuhalten. Besonders den japanischen Blitztouristen, die auch zu den eifrigsten Souvenir-Käufern gehören, sagt mag das nach. Selbst in diesem technischen Festhalten und seiner temporalen Ökonomie ist indes die Bereitschaft, Abschied zu nehmen, gegenwärtig (wenn schon zur Routine, d. h. zu einer Sozialtechnik des Überlebens geworden).[8] Sie zeichnet eine Freundlichkeit zwischen Fremden aus, die nicht auf eine beständige Freundschaftsbeziehung abzielt und die mitunter zum Vorschein kommt, obgleich man sie in der Illusion eines Wiedersehens, einer aus Pflichtgefühl erwiderten Einladung, eines „Wir schreiben uns!" etc. verbirgt. Der Fremde, *dieser* Fremde ist *der* Andere, der mir die Gewißheit meines Alleinseins verschafft und dies Alleinsein *mit* dieser Gewißheit *erfüllt*. Was er sagt und was ich für ihn sage, wird am Ende dem Alleinsein gehören. Das Alleinsein ist sein Geschenk, denn ohne ihn, der Abschied nimmt, wäre es mir niemals gegeben, auf diese einmalige, von der

8   Das Foto bezeuge das Gewesensein des Referenten, hat Barthes gesagt. Es beleuchtet das Begegnende von seinem Ende her, dokumentiert es unter der Bedingung seines Todes. Die Tätigkeit des Fotografierens wird aber vielleicht nicht vollends erfaßt, wenn man nicht zugleich berücksichtigt, daß der Fotograf stets etwas von einem Reisenden hat, der von einem Abschied motiviert, d. h. *erleichtert* wird. Das gilt selbst für jemanden, der nur Familienangehörige oder Freunde knipst. Der Tod ist für den Reisenden etwas Selbstverständliches; er ist das Glück einer Intensität, die zu groß ist, um ihrem Anblick mit dem bloßen Auge standzuhalten (man braucht das Bild, weil man das Ereignis in seiner Größe und Banalität nicht ertragen könnte). Fotografien sind Spuren eines vorhergesehenen Todes – ja, aber sie sind darin vor allem auch Zeichen jener Produktivität, die in der Gewißheit, daß *das dort* sterben würde, schon damals begonnen hatte und seither *hier* einen Text hat entstehen lassen. Vergl. R. Barthes, *Die helle Kammer*, Frankfurt a. M. 1985; J. Derrida, *Die Tode des Roland Barthes*, Berlin 1987.

zähen Gesellschaft meiner selbst und meinesgleichen befreite Weise allein zu sein.[9]

Inwiefern ist dieses Geschenk etwas Besonderes? Was hebt es für die durchaus absonderliche Wertschätzung des Fremden vom Gewöhnlichen ab – das heißt, was unterscheidet es von alldem, was wir uns unter der Voraussetzung einer mehr oder weniger großen Fremdheit und Vertrautheit geben und voneinander nehmen? Jede Begegnung von Angehörigen zweier unterschiedlicher Kulturen führt zu einem Austausch. Dabei werden kleine Geschenke übergeben (im Fall Heideggers zumeist signierte Ausgaben seiner eigenen Schriften, wie es in der akademischen Gemeinschaft Brauch ist; von seiten der Japaner Fotografien), und ebenso wechseln Symbole der Aufmerksamkeit (Höflichkeiten, Erinnerungen, die den anderen in eine gemeinsame Vergangenheit verstricken) und daraufhin Ansichten, Erkenntnisse und Gedanken hin und her. Jede Leistung in diesem Dialog von Gegenständen und Zeichen hat unweigerlich den Effekt, den anderen zu verpflichten. Die Beziehung, die entsteht, ist ein Geflecht gegenseitiger Abhängigkeiten, deren ökonomischer Charakter außer Frage steht, auch wenn sie in der Regel nicht als unan-

9   E. Lévinas hat in seiner Ethik der Gastlichkeit darauf insistiert, daß das Haus des Gastgebers diesem nicht gehöre, sondern ihm erst durch den Gast, der ihm sein gastliches Verhalten ermöglicht, als eine „Zufluchtsstätte" gegeben werde (vergl. „Die Bleibe", in: *Totalität und Unendlichkeit*, Freiburg/München 1993, S. 217–253). Bekanntlich ist das gerade auch mit und gegen Heidegger und dessen Rede vom „Haus des Seins" gesagt. Im Fall Heideggers und des Japaners – d.h. im Fall des Gastgebers Heidegger – geht es jedoch nicht um ein Gehören im Sinn des Besitzens oder des heimatlichen Hingehörens, und „Zuflucht", sofern das Wort stimmt, meint hier einen Ort, der dadurch, daß er vom anderen verlassen wurde, so sicher gegen das Eindringen des *Dritten*, jenes Angehörigen der eigenen Kultur ist, von dem Lévinas zurecht sagt, mit ihm beginne die Gerechtigkeit, daß der zurückgebliebene Gastgeber sich dort *zum ersten Mal* der Kultur zuwenden kann, der er mit seinem Denken *immer schon* angehört hat: Kultur, die in diesem Augenblick vom Vergleich zwischen ihm und dem Dritten befreit ist, dem das Andere am anderen zum Opfer fällt. Das „Gespräch", so wie Heidegger es im Augenblick des Alleinseins führt, kennt keine Gerechtigkeit – weder gegenüber Japan noch gegen Europa. Es wird vom Anstand des anderen vor den dazu nötigen Vergleichen bewahrt.

19

genehm empfunden werden. Es handelt sich gerade um die Ökonomie der Annehmlichkeit.[10]

Im Verlauf dieser Begegnung teilen sich beide Gesprächspartner eine gemeinsame Schuld: ihre eigene Kultur zu erklären – und bringen damit das Eigene, als Reflex der Vergewisserung im Spiegel jenes allgemeinen Anderen der Migration und als Einsatz eines Spiels um die Möglichkeit einer gemeinsamen Nähe zum Allgemeinen, immer wieder vorübergehend hervor. Die Begegnung mit dem Fremden beruht auf der Anerkennung einer Schuld gegenüber der eigenen Kultur, die in Form der Tatsache, daß ich selbstverständlich so lebe, spreche, denke und fühle, wie ich es tue, in eben jenem Moment entsteht. Und wenn ich diese Begegnung suche, sei es als Reisender oder als jemand, der sich Gäste einlädt, so bin ich mir auf eine verschwommene Weise bewußt, daß die vorbehaltlose Teilnahme am Austausch der einzige Weg ist, diese Schuld in ihrer fortwährenden Erneuerung zu tilgen.[11] Der kulturell Verschuldete ist ein Typ, eine Rolle fürs Leben, eine Art Don Quichote der Migration. Mit meiner ersten Reise bin ich schon zum Reisenden und mit dem ersten hereingebetenen Besucher schon für alle Zeit zum Gastgeber geworden.

Demselben Gesetz gehorcht das Erlernen einer fremden Sprache. Wie eng beides zusammenhängt, zeigten lange Zeit sehr schön die japanischen Lehrbücher für amerikanisches Englisch, die sich besonders an Geschäftsleute wandten. In den *model conversations* unterhielten sich ein Suzuki-san und ein Mr. Jones über den Unterschied der japanischen und der amerikanischen Kultur, und es verdankte sich keineswegs nur dem elementaren sprachlichen Niveau,

---

10 Vergl. dazu J. Derrida, *Falschgeld – Zeit geben I*, München 1993, und meine Analyse in: K. van Eikels, *Zeitlektüren. Ansätze zu einer Kybernetik der Erzählung*, Würzburg 2002, S. 164–193.

11 Schuld beruht, folgt man Lacans Definition des Über-Ichs, auf dem ursprünglichen Kompromiß des unbedingten Anspruchs, den das Begehren stellt. Ich muß diesen Kompromiß eingehen, um überhaupt in das sozio-symbolische Feld eintreten zu können und mich als Subjekt in einer soziokulturellen Realität zu etablieren. Die *eigene Kultur* ist somit stets Ursache und Zeugnis eines Verrats, der meine Existenz wie vielleicht kein anderer mitbestimmt. Ein entsprechendes Schuldgefühl gehört zu unserem Begriff von Kultur und wird möglicherweise mit diesem Begriff exportiert.

daß die Selbstbeschreibung des Japanischen durch die Stimme dieses repräsentativen Japaners genau mit den Klischees übereinstimmte, in denen die Beobachtungen westlicher Besucher verfestigt und vereinfacht wurden: Die japanische Gesellschaft sei gruppenorientiert statt individualistisch; der Umgang miteinander sei indirekt und andeutend, niemals konfrontativ und explizit; Höflichkeit gelte mehr als Aufrichtigkeit usw. Selbst die Ausgaben letzter Hand für eine neue Generation von jungen, international schon versierten Japanern (die auf ebenso japanerfahrene *gaijin* treffen) kommen auf der Grundlage detaillierterer Informationen und im Schutz einer gewissen Ironie auf die Stereotypen dieser Selbstorientalisierung zurück:

Tom: I heard that Japanese groupness is the result of isolation and feudal patterns.
Ken: Some sociologists said patience was also molded in those days.

Tom: Can we recognize the social ranking of a Japanese by noticing how low he or she bows?
Ken: Yes. We also have the seniority system. The inferior bows lower to the superior.

Tom: You find it very hard to object to older people even if you are right.
Ken: Yes, we always have to set aside our personal sentiment and say, ,Yes, sir.‘[12]

Tom: What made the government official commit suicide?
Ken: He must have felt he had to take responsibility for having brought shame to his party.

Ken: We are brought up with our moms‘ word, ,Be careful, else people will laugh at you.‘
Tom: Oh, you do pay a lot of attention to ,reputation‘ or ,image‘.

Ken: Well, what's your principle for your conduct?
Tom: For us it's our internal feelings such as guilt or conscience.[13]

12 *Dialogue Vocabulary 2000 – Reading, Listening, Speaking, Pronunciation, Background,* Tôkyô 2000, S. 258.
13 Ebd., S. 274. Vergl. auch den Dialog über *The Chrysanthemum and the Sword,* ebd., S. 318.

So amüsant verkürzend *sophisticated* diese kleinen Dialoge wirken, sie sind nur ein schlichtes Modell dessen, was bei jedem Austausch unweigerlich passiert. Die Ökonomie der Verständigung gebietet, nur das zu geben, was der andere nehmen kann. Und sie hält dazu an, die gebende Hand, aus der jener andere den Gegenstand oder das Zeichen empfängt, vorausschauend in einer Form zu halten, die auch die Gegengabe zu fassen vermag. Ich gebe bloß Allzuverständliches von mir in der Erwartung, das zu bekommen, was ich vom anderen bereits verstanden habe, denn tatsächlich kann ich nichts anderes als das Schonverstandene erwarten. Die Erwartung realisiert die Verpflichtung; indem sie das Gespräch temporalisiert, bildet sie jeden Gegenstand und jedes Zeichen auf die Figur der Bestätigung ab.

Suzuki-san und Mr. Jones sind Geschäftsleute, und die ökonomische Konstitution des Gesprächs wird in den wirtschaftlichen Zielen manifest, denen ihr Treffen dient (eine Kooperation soll vorbereitet, irgendein Deal ausgehandelt werden). Aber auch Studenten wie Ken und Tom, Wissenschaftler, Künstler oder Philosophen entgehen der Tendenz zur Verständigung, die aufs autoreproduktive Klischee zuläuft, nicht deshalb, weil sie nicht dem Zwang unterliegen, eine Übereinstimmung herzustellen. Es geht hier nicht um Konsens oder Dissens, gleich oder verschieden, vertraut oder ungewohnt, sondern darum, was *mit* diesem Unterschied jeweils geschieht. Der Modell-Dialog als Modell zeigt gerade, wie eine festgestellte, zum Gegenstand gemachte Differenz den Anlaß dazu gibt, das Differierende auf Positionen zu projizieren, die bereits nur noch in der Form einer etablierten Gemeinsamkeit zueinander im Gegensatz stehen. Nennt man die Gemeinsamkeit dann wieder Differenz, ändert das wenig. Das Etablissement dieser Gemeinsamkeit ist das Gespräch selbst, das Gemeinsame seine Sprache (das Englische in diesem Fall, aber ebenso das Japanische, wenn Mr. Jones etwas weniger amerikanisch wäre und eine ebenso große Begabung für Fremdsprachen hätte wie Tom). Der Ursprung des Klischees ist die eine oder andere Sprache, in der das Gespräch stattfindet. Unter dem Gesetz des Tausches verwandelt der Gebrauch, den beide Dialogpartner von der Sprache machen, deren Möglichkeit, einen Unterschied (zu sich selbst) zu markieren und damit ein Anderes zu bezeugen, in eine beiderseitige Feststellung der Andersheit, die weder für denjenigen, der eine Fremdsprache spricht, noch für den *native speaker* jemals mehr sein kann als eine Anwendung des Gelernten.[14]

Die Fremdsprache ist dadurch bestimmt, daß ich sie lerne. Was erwartet mich dann am Ende des Lernens? Die Kenntnis dessen, was ich in der anderen Sprache, obwohl ich sie beherrsche, *nicht* sagen kann – weil es nur in meiner eigenen Sprache sagbar wäre. Und die Fähigkeit, diesen Hinweis auf eine irreduzible Differenz in der anderen Sprache zu formulieren. Es heißt, man könne zu Japan nur etwas sagen, wenn man entweder sehr kurze oder sehr, sehr lange Zeit dort verbracht hat, und wenn diese Binsenweisheit einen präzisen Sinn hat, dann diesen: Am Ende des Lernens könnte ich tatsächlich wieder anfangen, *meine* Sprache zu sprechen, d.h. jene Sprache, die nicht die meine und doch die einzige ist, die ich habe.[15] Aber gibt es dieses Ende *im* Lernen? Wird das Lernen mich selbst jemals dorthin führen? Vermutlich nicht, denn die Schuld gegenüber meiner eigenen Kultur, die es motiviert, hat wie jede wahrhafte Schuld die Tendenz, unendlich zu verpflichten.[16] Um mit dem Lernen und seinen Klischees des Fremden zum Ende zu kommen, ist es daher vielleicht notwendig, diese Schuld von Anfang an zu bestreiten.

14   „Der individuelle Erwerb fremder Sprachen nimmt die Anteile solcher strukturell gewordenen Einschreibungen [Spuren der Kultivierung in der Sprache] in sich auf, schlägt sich damit herum, bleibt in ihren Klischees stecken, assimiliert sie recht oder schlecht oder macht eine eigenwillige Tugend aus der Unmöglichkeit individueller Assimilation an ein fremdes Allgemeines." (A. Haverkamp, „Zwischen den Sprachen", in: ders. [Hrsg.], *Die Sprache der Anderen*, Frankfurt a.M. 1997, S. 7–14, hier: S. 10.)

15   Vergl. J. Derrida, „Die Einsprachigkeit des Anderen oder Die Prothese des Ursprungs", in: Haverkamp, *Die Sprache der Anderen*, S. 15–42, hier bes. S. 34.

16   Im Japanischen ist das durch die Begriffe *nihongo*, das von Ausländern gelernte Japanisch, und *kokugo*, die japanische Muttersprache, fixiert. Doch es gilt ebenfalls für meine ‚eigene' Sprache, *sofern* ich sie gelernt habe und weiterhin lerne.

3. Heideggers Idiomatik als Widerstand gegen die kulturelle Zeit

Das „Gespräch" bezeugt eine gewisse Unruhe bezüglich der japanischen Sprache. Die Debatte entzündet sich zunächst an den Begriffen *iro* (Farbe) und *kû* (Leeres), die Tezukas Lehrer und Heideggers früherer Schüler Shûzô Kuki für seine japanische Ästhetik gebrauchte.[17] Etwas später führt die Frage, ob es im Japanischen ein Wort für „die Sprache" gebe, den Japaner und seinen Gesprächspartner zu einer sonderbaren Interpretation des Wortes *kotoba*, das „Wort" bedeutet, mitunter aber auch für eine Sprache im Ganzen gebraucht wird. Trotz der Erörterung und der gemeinsamen Deutung besteht Heidegger jedoch darauf, daß das Gespräch in *seiner* Sprache stattfindet. Nicht nur in Deutsch, das Tezuka als Germanist selbstverständlich sprach, sondern in jenem unverwechselbaren Idiom, das Heidegger von der Terminologie der abendländischen Philosophie abhebt und jeden Leser vor die Entscheidung stellt, ob er sich darauf einlassen und dem Autor in die Eigenwilligkeit seiner Formulierungen folgen oder ihnen fremd bleiben und sich vorzeitig verabschieden will. Der im Anschluß an das Gespräch entstandene Text verweigert nicht nur jede sprachliche Differenzierung der beiden Sprechenden, er führt das Hin und Her der Beiträge passagenweise so eng aneinander heran, daß die Aufteilung nur wie musikalisch wirkt. Und der Japaner stimmt so vollkommen in Heideggers Sprechweise ein.

Ginge es dabei nicht darum, dem anderen eine Sprache zu geben, in der *er* zu sprechen vermag – insbesondere dort, wo das Gespräch von der Sprache handelt und alles davon abzuhängen scheint, ob die Differenz am Ort der sprachlichen Entzweiung selbst zur Sprache kommt? Selbst wenn es nicht die Fremdsprache ist, die ich nur lernen könnte, und der Fremde schon längst gelernt hat, meine Spra-

---

17 M. Heidegger, „Aus einem Gespräch von der Sprache – zwischen einem Fragenden und einem Japaner", in: *Unterwegs zur Sprache*, Tübingen 1959, S. 83–155, hier: S. 101 ff.

che zu sprechen, wäre es nicht angebracht, ihm, dem Japaner, wenigstens dieses andere Deutsch zuzugestehen?[18] Aber Heidegger gestattet seinem Gast kein Wort, das nicht der eigenen Sprache entstammte. Er besteht sogar darauf, die Übersetzung von *kotoba* um sein eigenes Leitwort „Ereignis" herum zu fügen.[19]

Dabei sprechen zahlreiche Bemerkungen durchaus für Heideggers Wunsch, in diesem Gespräch gerade auch mit der Sprache *ins Japanische zu gelangen*. „Die Sprache des Gesprächs war die europäische", stellt der Fragende im Rückblick auf die Unterhaltungen mit Kuki enttäuscht fest.[20] Und die etwas seltsame Formulierung deutet an, daß das Deutsch, was damals gesprochen wurde, ein *europäisches* Deutsch war, ein Deutsch also, das sich von einem deutschen Deutsch und zumal vom Heideggerschen Deutsch unterschied, da es einer internationalen Verständigung über Ästhetik dienen mußte und daher „im vorhinein" in den betreffenden „Vorstellungsbezirk herübergezwungen" war.[21] Das Gespräch, wenn es den Klischees der Verständigung entgehen soll, braucht eine *eigene* Sprache. Ein internationales Japanisch würde dieser Notwendigkeit ebenso schlecht entsprechen wie das internationale Deutsch. Womöglich könnte es jedoch zwischen einem besonders idiomatischen, den Anforderungen der internationalen Kommunikation gegenüber besonders unnachgiebigen Deutsch und einem japanischen Japanisch eine Gemeinsamkeit geben, die auf etwas anderes als eine kulturelle Beziehung zurückführt und deren Erscheinung in etwas anderem stattfindet als in einer konvergierenden Vorstellung vom Verstehen. Diese Hoffnung jedenfalls

18 Von diesem anderen Deutsch kann man sich in Tezukas eigenem Bericht überzeugen.

19 Obgleich das Zeichen *koto* in *kotoba* „Sache" bedeutet, bezieht diese Auslegung sich auf das gleichlautende japanische Wort für Ereignis. Zusammen mit *ha* („Blatt") ergibt das die Übersetzung „Blütenblätter, die aus dem Ereignis der Huld/Anmut stammen". Vergl. Heidegger, „Aus einem Gespräch…", S. 142 ff. und zu einer Fortführung und weiteren Umdeutung T. Ogawa, „Heideggers Übersetzbarkeit in ostasiastische Sprachen", in: D. Papenfuss/O. Pöggeler (Hrsg.), *Zur philosophischen Aktualität Heideggers*, Bd. 3, Frankfurt a. M. 1992, S. 180–198.

20 Heidegger, „Aus einem Gespräch…", S. 101.

21 Ebd.

steht hinter dem „Gespräch" und seinen irregulären Übersetzungs-
versuchen.

Heidegger versucht daher etwas von der japanischen Sprache zu
erfahren, ohne sie zu lernen. Er übersetzt in der Geschlossenheit der
eigenen Sprache, des eigenen deutschen Idioms, in das er den Japaner mit hineinzieht, um zu einer Erfahrung zu gelangen, die nicht
durch die Techniken des Sprach-Erwerbs vorbestimmt und auf die
temporalen Klischees einer Verständigung ausgerichtet ist. In der
Insistenz dieses Sprechaktes will Heidegger nicht weniger als ein *Verstehen ohne Verständigung* – will er, wenn man so sagen mag, dieses
andere Klischee.[22]

Heideggers Sprache spricht im Idiom des Alleinseins. Explizit dort,
wo sie die Einsamkeit des Menschen beschwört, aber stärker noch
implizit dadurch, daß sie sich gegen ihre soziale Dimension, gegen
die Kultur, die sich in einer jeden Sprache bildet und repräsentiert,
verschließt. Erst nachdem der Gesprächspartner zu einer Erinnerung

22 Heidegger unternimmt weitere Schritte, um sein „Gespräch" vor den ökonomi-
    schen Zwängen des interkulturellen Dialogs zu schützen. Er läßt es mit einer Erin-
    nerung an Kuki beginnen, der in den 20er Jahren bei ihm in Marburg studiert
    hatte und andererseits in Japan Tezukas Lehrer war, und widmet das folgende dem
    Andenken des Verstorbenen („Dem Grafen Kuki gehört mein bleibendes Anden-
    ken", ebd., S. 85). Das Gespräch wendet sich so von Anfang an der Vergangenheit
    zu, und der ernste Ton dieses Auftakts versucht jede leichtfertige Spekulation auf
    ein Ziel, das in der Zukunft liegt, zu unterdrücken. *Es geht hier nicht um unsere
    Beziehung*, scheint der Fragende dem Japaner zu sagen: Es geht nicht darum, ob
    wir eine gemeinsame Zukunft haben, einander näher kommen, uns besser verste-
    hen, und vor allem nicht darum, ob Sie mich noch einmal oder ich Sie etwa in
    Japan besuchen werde. Alles das soll uns nicht interessieren (Ihr Abschied wird
    mangels eines anderen Interesses endgültig sein). Wir werden stattdessen zurück-
    denken an jenen Toten, der Ihr Lehrer und mein Freund war, und was dieses
    Gespräch erbringen mag, wird nichts anderes bewirken, als das Gewicht jenes
    Todes und die Macht jenes vergangenen Endes über uns zu vergrößern. Indem
    Heidegger dafür sorgt, daß die gemeinsame Beziehung zu einem Dritten die Bezie-
    hung zwischen Tezuka und ihm in sich aufnimmt und deren prospektive Zeit in
    der Rückbesinnung auf den Verstorbenen vergehen läßt, setzt er der Verständi-
    gung vorweg dieses Ende. Kuki, der frühere und ungleich wichtigere Gast, hat sich
    von seinem Gastgeber (dem Lehrer) verabschiedet, und sein Tod wirkt nur wie die
    endgültige Bestätigung dieses Abschieds.

geworden, zugleich wertvoll und gleichgültig, verzeichnet und verstummt ist, spricht Heidegger. In der Affirmation der fremden Kultur durch die Stimme des anderen sucht er nach einer Gelegenheit, eine Differenz zur eigenen abendländischen, europäischen, d.h. für ihn: griechischen Kultur wo nicht zu erzeugen, so doch in ihrer Möglichkeit zu bekräftigen.[23]

Gewöhnlich konstatiert man zwischen Europa und Japan eine *kulturelle Differenz*. Nur was ist das? – bzw., wenn wir gleich einsehen, daß eine Differenz nicht *ist*, daß sie sich nicht unter dem Seienden findet, sondern eben jenen unvordenklichen Ur-Sprung bezeichnet, aus dem Seiendes in einer bestimmten Ordnung erst hervorgeht: auf welche Weise gibt es eine kulturelle Differenz? Es gebe *verschiedene Kulturen*, lautet die geläufigste und erst von postkolonialistischen Theoretikern mit der kategorischen Trennung von „cultural difference" und „cultural diversity" nachhaltig kritisierte, die Kulturgeschichte und ihre Anordnung empirischer Erkenntnisse jedoch weiterhin dominierende Behauptung. Sie erklärt die Differenz als Verschiedenheit ausgehend von dem, was jede einzelne Kultur jeweils für sich ist bzw. als was sie sich für sich darstellt, ausgehend also von ihrer kulturellen Identität. Und sie vertraut dabei zumin-

---

23 Heidegger ist niemals höflich. Das zu bemerken reicht, um zu verstehen, inwiefern der sprachliche Ort des „Gesprächs" vollständig außerhalb Japans liegt. Heidegger gelingt es geradezu unangenehm gut, die persönliche und soziale Dimension des Gesprächs zu neutralisieren, ohne sie zu eliminieren. Im ersten Teil des Textes wird die Geduld des Lesers mit einer Reihe von Bemerkungen strapaziert, die wie akademisches Gerede wirken. Auf eine Vorlesung von 1921 angesprochen, berichtet der Fragende von seinem universitären und geistigen Werdegang seit der Habilitationsschrift. Aber so deutlich diese Informationen auf reale Begebenheiten und Beziehungen im Leben Heideggers verweisen, fehlt ihnen doch jede persönliche Note. Sie werden vorgetragen, ohne daß der Dialog eine Situation schafft, in der sie einen sozialen Sinn bekommen könnten, weshalb die lange Passage einen eigenartig leeren, beinahe gewaltsam blassen Eindruck macht. Sogar dort, wo sie sich auf das Gerede einläßt, spart Heideggers Sprechweise das kommunikative Aufleben der Sprache sorgsam aus – und insofern das Japanische andererseits eine eminent soziale Sprache ist, die unentwegt auf das gesellschaftliche Verhältnis der Interagierenden verweist und sich vielleicht nur in diesen Bezügen *äußert*, wird hier besonders deutlich, inwiefern Heidegger sich der anderen Sprache nur unter der Bedingung nähert, daß er sich ihr vollkommen verschließt.

dest bis zu einem gewissen Punkt dem Begriff der Kultur als einer Kategorie, der alles, was in der Verschiedenheit zueinander gestellt ist, *entspricht*.[24] Die Weisen des Entsprechens können dabei ihrerseits durchaus vielfältig sein, denn jede Kultur ist charakterisiert durch die Möglichkeit, sich zu ihrer Beschreibung als Kultur zu verhalten, und tut dies in einer solchen Perspektive fortwährend – weshalb auch die Differenzen sich *in* den Identitäten, in ihrem inneren Dialog mit sich selbst herausbilden, und zwar in einer Dynamik, von der wir annehmen, daß sie, wiederum mit der Möglichkeit eines jeweils abweichenden Sinns dieses Wortes, *historisch* sei.

In den Zusammenhang dieses Modells von Kulturalität gehört das Konzept des „kulturellen Gedächtnisses".[25] Der Selbstdialog, der die Identität einer Kultur ausmacht, bekommt darin eine bestimmte zeitliche Perspektive. Die Identität erklärt sich als Effekt (und zugleich Motivation) einer *Temporalisierung*, das heißt einer bestimmten aktiven, durch die Gegenwärtigkeit der Aktivität bestimmten Verknüpfung von Vergangenheit, Gegenwart und Zukunft, deren zahlreiche Praktiken der Einschreibung, Überlieferung, Enkryptierung und Lektüre die Kulturwissenschaft untersucht. Was die Differenzierung von verschiedenen Kulturen angeht, verhält sich eine Kulturgeschichte, die mit dem Gedächtnis-Paradigma arbeitet, in der Regel vorsichtig. Sie setzt darauf, daß die Grenzen des Paradigmas mit denen seines geographischen Anwendungsgebietes übereinstimmen, bzw. verbindet sich mit anderen Verfahrens-Paradigmen wie etwa dem der Archäologie, also einer Wissenschaft, deren spezifische Prägung im 19. Jahrhundert wiederum unser abendländisches Denken so stark beeinflußt hat, daß es möglich wird, auch im Rekurs auf bspw. ägyptologische oder orientalistische Forschungsergebnisse den Diskurs über *unsere* Kultur fortzuführen. Dem Historiker

---

24 D. h. sie vertraut der *Lektüre* von *Narrationen*, die Begriffen wie „Kultur", „Nation", „Europa", „Abendland" usw. durch bestimmte Temporalkonnexe Geltung verschaffen. Vergl. dazu H. Bhabha, *Nation and Narration*, London 1990.

25 Wie Jan und Aleida Assmann es theoretisch ausgearbeitet haben. Vergl. z. B. J. Assmann, *Das kulturelle Gedächtnis: Schrift, Erinnerung und politische Identität in frühen Hochkulturen*, München 1992.

erscheint das Alte distanziert, aber niemals völlig fremd; es kann somit ebensogut der einen wie der anderen Kultur angehören. Da es Gegenstand eines Erinnerns ist, gibt es unter dem Vergangenen keine radikale Differenz, sondern nur abgestufte oder generative Verschiedenheiten, Unterschiede, die aus Vergleichen stammen. Es gilt daher nicht nur die jedem Traditionalismus eigene Erwartung einer Ideologie, sondern umfassender die diskursiven Techniken der Temporalisierung zu hinterfragen, um das Potential dessen zu erschließen, was der Begriff *Kultur* als Identitätskonzept in gewisser Weise verharmlost und was Gegen-Begriffe wie „Hybridity", „Camouflage" (Bhabha) oder „Resistance" (Said) neu zu radikalisieren versuchen.

Heideggers Abneigung gegen die Bezugsgröße Kultur versteht sich aus seiner Sorge um die Differenz. Nichts verharmlost deren Radikalität stärker als der Vergleich. Nichts macht den Augenblick, in dem sie sich zu denken gibt, vollständiger vergessen als die temporalisierte Zeit einer Erinnerung, die das Vergangene in einer Rekonstruktion vergegenwärtigt und zum Zweck einer ‚dynamischen Identitätsbildung' heranzieht. Heideggers Denken artikuliert sich deshalb von Anfang an im Spannungsverhältnis zu den Begriffen des Sozialen, Kulturellen und Historischen. Es beharrt auf der Möglichkeit, sich selbst in einer Unterscheidung von diesen vertrauten wissenschaftlichen Kategorien einen eigenen Ort zu verschaffen. So hält Heidegger dem Sozialen die Einsamkeit des Daseins zum Tode entgegen, dem Kulturprodukt das dichterische Werk und der Historie die Seinsgeschichte.

Dennoch unterschätzt Heidegger die Schwierigkeiten, eine solche Unterscheidung zu behaupten, keineswegs, wie etwa seine Auseinandersetzung mit den Vorsokratikern zeigt. Nach kanonischer Auffassung beginnt die Philosophie mit Sokrates und seiner Forderung, von denselben Dingen mit denselben Worten zu sprechen, also den Wörtern eine Erinnerung an das zu geben, was mit ihnen bezeichnet wurde – was Platon dann zu einer Begriffssprache und Aristoteles zu einem System von mehr oder weniger kohärent aufeinander bezogenen Begriffen entwickelt. Mit dieser Haltung zur Sprache, die sich der begrifflichen Fixierung und infolgedessen dann auch ihrer sekundären, kontrollierbaren Dynamik verpflichtet, entsteht für Heidegger zugleich eine bestimmte Auffassung vom Sein, die dieses als ein höchstes Seiendes vorstellt. Indem sich die Philosophie als eine Ordnung von Erinnerungen konstituiert, die in einer Anzahl von Begriffen überliefert und akkumuliert werden, gerät zugleich etwas in Vergessenheit: ein anderes, wie Heidegger nicht zögert zu sagen, anfänglicheres Verhältnis zum Sein, das nicht vorstellend war und sich nicht in Festlegungen erschöpfte. Mit der Philosophie beginnt so das Seinsvergessen, und Heidegger sieht diesbezüglich bekanntlich ein Kontinuum bis hin zu Hegel, dessen dialektische Konzeption der Geschichte das metaphysische Denken perfektioniert.

Zu den subtilsten und daher unüberwindlichsten Hindernissen für ein Denken, das *diesem* Vergessen zu entgehen versucht, gehört der metaphysische Begriff und die darin enthaltene Vorstellung der Zeit – und zwar insbesondere einer Vergangenheit, die vom Jetzt her als dessen Vergangenheit gedacht wird. Das Alte erscheint in einer solchen Perspektive als Tradition; es gehört zu dem, was zu unserer Gegenwart geführt hat, was in ihr aufgehoben ist, wenn man den Hegelschen Begriff gebrauchen will, was sich in einem rekonstruierenden und sich darin re-inventarisierenden kulturellen Gedächtnis im Rahmen des Identischen bewegen läßt. Heidegger versucht daher einen anderen Rückgang auf das Alte, der es nicht als Vergangenheit unserer Gegenwart versteht, sondern als einen *anderen Anfang*, der in unserer Erinnerung des Anfangs vergessen ist. Er übersetzt die Fragmente der vorsokratischen Denker eigenwillig neu, und seine Übersetzungen entziehen sich bewußt den Ableitungen der Überlieferung, wie die Philologie sie respektiert, denn sie müssen *ohne kulturelle Erinnerung* auskommen, um nicht jenem Vergessen zu verfallen, das der Erinnerung entstammt. Sie wollen mit einem Sprung direkt, gleichsam über die abendländische Kulturgeschichte hinweg, ins Alte gelangen.[26]

---

26 Heidegger fügt zu diesem Zweck das ganz Alte in überraschenden Synthesen mit dem ganz Neuen zusammen, wenn er etwa in einer Heraklit-Lektüre anläßlich der Frage nach dem Steuern die kybernetische Steuerung zum Verständnis heranzieht. Vergl. M. Heidegger und E. Fink, *Heraklit. Seminar Wintersemester 1966/67*, Frankfurt a. M. 1970, bes. S. 23 f.

Das Dilemma ist unübersehbar: Wie wendet man sich einem Anfang zu, ohne zu erinnern? Wie gelangt man zum Ältesten, ohne durch die Vergangenheit zurückzugehen? Wie liest man Texte, die überliefert sind und die zum Einsatz unserer Kultur gehören, ohne daß das historisch-sozial geregelte Spiel der Bedeutungen das in ihnen Gesagte in den Konventionen der metaphysischen Tradition vergessen macht? Gegen dieses Vergessen, das Seinsvergessen, hilft keine kulturelle Kompetenz, keine Extensivierung der Archive und kein effizienterer Zugang zu ihren Informationen. Es ist der Effekt unserer Kultur der Erinnerung selbst. Was also tun? Alles hängt für Heidegger davon ab, ob es einen anderen Bezug zum Alten als den der Erinnerung gibt. Für das Seinsdenken geht es darum, das Alte an einem *anderen* Ort aufzusuchen, der nicht schon seinen Platz in der historischen Topologie des Gedachten hat. Dieser Ort wird ein fremder, dabei jedoch vor allem ein *zeitlich* fremder sein müssen. Und es ist vielleicht angezeigt, auch die räumliche Fremde des nur in einer vor-planetarischen Ära der Entdeckungsreisen weit entfernten Japan von jener zeitlichen des vorsokratischen Denkens her zu verstehen. Denn Heidegger nähert sich dem Japanischen, ohne sich auf einem der vorgeschriebenen Wege (lernend, forschend, reisend) dorthin zu bewegen, und das Ergebnis dieser Annäherung nimmt sich gerade so willkürlich, inkompetent, ja absurd eigenwillig aus wie die Übersetzungen der Fragmente.

Für Heidegger besteht die kulturelle Identität des Abendlands nicht im gemeinsamen Ursprung von Erinnerungen in einem gegebenen Eigenen, sondern sie entstammt, zugleich weniger ursprünglich und endgültiger in ihrer Vorgängigkeit, einem Vergessen, das mit fortschreitender kultureller Ausdifferenzierung, Mischung und Entmischung von Fremd- und Selbstdifferenzen immer weiter vergessen wird. Ob die europäische Kultur territorial, ethnisch, politisch oder nationalsprachlich einheitlich oder verschwommen, originär oder abgeleitet ist, spielt für diese Auffassung des Abendlandes eine nachgeordnete Rolle, da sie sich auf keine andere Einheit beruft als diejenige, die der Kultur vom Vergessen her zukommt, das sie geschichtlich in einer Erinnerung ins Werk setzt: Einheit des Vergessens *in* der

Erinnerung, im blinden Fleck der Abweichungen, mit denen jene sich als solche selbst beschreibt.

Daß Heidegger die Vorsokratiker wählt, um ein in den kulturellen Beziehungen vergessenes Verhältnis zu bergen, überrascht daher nicht. Warum jedoch andererseits Japan? Warum *gerade* Japan als Ort einer anderen Zeit?

Heideggers Mißtrauen gegen die abendländische Tradition, gegen die Kultur als System von Erinnerungen hat eine überraschende Parallele in einer gewissen Verschärfung postkolonialistischer Kritik an der Geschichtsschreibung bekommen. G. Spivaks Frage „Can the Subaltern Speak?"[27] beleuchtet mit dem Blick auf konkrete historische, politische und soziale Kontexte ein Problem, das zu Heideggers Sorge um das im kulturellen Gedächtnis Vergessene bei allen offenkundigen Unterschieden der Intention, des Stils, der Haltung usw. eine mitteilsame Verwandtschaft aufweist. Spivak geht es um das stumme Subjekt, das im offiziell etablierten Diskurs einer Kultur keine Möglichkeit findet, sich zu artikulieren: der Widerstand in einem Land, das von einer imperialen Fremdmacht regiert wird; die Frau in einer durch patriarchale, mitunter zugleich imperiale Diskurse kontrollierten Gesellschaft; der Angehörige einer Minderheit, deren Existenz durch die Raster der mehrheitlich bestimmten Toleranz gegenüber Abweichungen fällt. Sie analysiert die jüngeren Versuche einer ‚anderen Geschichtsschreibung‘, die sich zum Ziel gesetzt hat, den in der offiziellen Historiographie übergangenen oder gewaltsam ausgestrichenen Menschen, Gruppen, Geschlechtern, Kräften und Interessen eine Stimme zu geben und die indirekt rekonstruierbaren Spuren ihres Dagewesenseins dem Erinnerungs-Text wieder einzuschreiben, um ein erweitertes, vollständigeres und damit authentischeres kulturelles Gedächtnis zu produzieren. Gerade indem sie die Stummheit der einst Sprachlosen in einen Diskurs verwandelt, kompromittiert diese Gegengeschichte laut Spivak ihr eigenes Bemühen um eine Anerkennung des Anderen in der Ge-

27 G. Chakravorty Spivak, „Can the Subaltern Speak?", in: P. Williams/L. Chrisman (Hrsg.), *Colonial Discourse and Post-Colonial Theory*, Hemel Hempstead 1993, S. 111–133.

schichte. Denn es gibt keine reine Anti-Historie, die sich als historischer Diskurs etablieren könnte, ohne bestimmte Strukturen, implizite Werte und argumentative Voraussetzungen des herrschenden Diskurses zu übernehmen. Derridas Einsicht, daß jede Kritik im Verborgenen mit dem Kritisierten kollaboriert und daß in der Dynamik einer kritischen Auseinandersetzung und eines oppositionellen Engagements keine Distanzierung stattfinden kann, die nicht zugleich Verstrickung wäre, motiviert Spivak zu der Forderung nach einer Zäsur im historischen Diskurs und seiner Verwaltung des Erinnerns selbst. Es gelte, das Schweigen des Subalternen zu achten eher denn es dadurch aufzuheben, daß man das Stumme nachträglich durch eine Art prothesenhaftes Sprechen ausfüllt. An die Stelle einer Rekonstruktion, d. h. der Erweiterung der gegenwärtigen Konstruktion Kultur-Geschichte, soll ein Erinnern treten, das zur Vergangenheit ein radikal anderes Verhältnis eingeht als das historische: ein Erinnern, das die anderen in ihrem Schweigen beläßt, ohne deshalb weiterhin *das* Vergessen zu teilen, das sich aus der offiziellen Ordnung von Erinnerungen ergibt; ein Erinnern also, das die Grenze der Kultur dort überschreitet, wo sie sich beständig von ihrem Ungesagten trennt, um im dynamischen Vor und Zurück der temporalen Wechselbezüge ihr Selbst zu erhalten.[28]

Heidegger gibt uns das Beispiel eines Denkens, das Schwierigkeiten mit seiner Kultur hat, ohne dafür seinerseits kulturell relevante, politische oder soziale Gründe anzuführen. So unvermittelt seine Polemik gegen den kulturellen Kontext eines Lebens im 20. Jahrhundert mitunter hervorbricht, gestattet er sich und seinen Lesern niemals die Sehnsucht nach einer *anderen* Kultur, die, auch in ihrer unaufhebbaren Differenz zum diskursiven Gedächtnis des Abendlands und ihrer Nähe zum Vergessenen, Verschwiegenen oder Ungesagten, eine andere *Kultur* wäre. Die Passagen über das Gerede und das Man in *Sein und Zeit*; der ungeheuer überfrachtete Begriff der Metaphysik; die anfängliche Sympathie für den barbarischen Nihilis-

---

28 Vergl. zu Spivaks vielgestaltigen Interventionen im Komplex Kultur-Geschichte dies., *In Other Worlds. Essays in Cultural Politics*, London 1987 und *Outside in The Teaching Machine*, London 1993.

mus der Nationalsozialisten und ihre Affirmation des Krieges, der Europa gewaltsam aus der Selbstverständlichkeit seiner Moderne herausreißen sollte; die Rede von der Kybernetik als neuer Grundwissenschaft, in der sich das durch und durch gesellschaftliche Wesen des Menschen erfüllt, das Sein jedoch einem endgültigen Vergessen anheimfällt – all diese bekannten großen Gesten wehren die Sozialisierung der Differenz ab. Während Spivaks strategische Opposition gegen die Geschichte und ihre unbedacht wohlmeinende Ergänzung durchaus auf breite Zustimmung unter kritischen Intellektuellen rechnen darf, erscheint dieser Widerstand Heideggers heute jedoch besonders unzeitgemäß, reaktionär und düster. Und diesbezüglich steht gerade auch die Annäherung an Japan, immerhin seinerzeit ein Verbündeter Nazi-Deutschlands und von jeher durch einen gewissen nicht-humanistischen Idealismus dem deutschen Anti-Humanismus willkommen, in einem ungünstigen Licht. Worin besteht der Unterschied jedoch wirklich? An welchem Punkt vereindeutigt sich die Ambiguität dieser Affirmation von Fremdheit als Widerstand gegen die kulturelle Identität so sehr, daß etwa die kontroversen politischen Positionen einer ‚Rechten‘ und einer ‚Linken‘ daraus hervortreten könnten? Inwiefern sperrt sich Heideggers Beschwörung einer Fremdheit, die aus der Begegnung mit einem Japaner hervorgeht, gegen das postkoloniale Konzept einer Verantwortung gegenüber der Andersheit, deren von uns abgewandten Ort vor allem das Schweigen von Menschen aus Afrika, Indien und Südamerika bevölkert?

Der Gedanke an einen *anderen* Fremden verschwindet hier offenbar schon darum nicht in den Überschneidungen der kulturellen Ränder und exzentrischen Selbstverschiebungen, weil sich die japanische Geschichte mit ihren Phasen der Über-Assimilation und Isolation in mehrfacher Hinsicht der kolonial-postkolonialen Dynamik entzieht. In keiner Phase will die Projektion von Fremdheit, die Japan in Europa ausgelöst hat, wirklich mit den Ängsten, Wünschen und Begehrensformeln des „kolonialen Subjekts" zur Übereinstimmung kommen. Dies nicht nur deshalb, weil Japan historisch niemals europäische Kolonie war, sondern vor allem, weil die Übertragungen von europäischer Seite, die dem Export europäischer Kultur einhergingen, schon immer einer anderen Logik folgten als im Falle Afrikas, Indiens oder Amerikas. Auch hinsichtlich Japans mag die Bewunderung, die man seiner asiatischen Kultur entgegengebracht hat, nur die Kehrseite einer kolonialen Aggressivität gewesen sein, die ihren Ursprung wiederum in einer Angst vor dem Ungleichen hat (Perrys Machtdemonstration scheint das hinlänglich zu belegen). Doch war es nicht das Wilde, Animalische, die Nähe zur (und Verschwörung mit der) Natur, nicht die in der westlichen Zivilisation verdrängte rohe Seite des menschlichen Wesens, die hier ambivalente Reaktionen provozierte. Es war vielmehr eine Kultur, die offensichtlich und von Anfang an eine *Hoch*kultur war und von der man doch niemals genau wußte, wie sehr sie dabei überhaupt eine *Kultur* ist. Eine Kultur, deren kulturelle Identität sich Außenstehenden immer wieder überraschend bemerkbar machte, aber weitestgehend unverständlich blieb und so mit einem Unverständlichen identifiziert wurde, das wie ein Stein in der Hand liegt und für Affekte praktisch unbesetzbar bleibt. Es gab niemals eine Angst vor Japan. Der Angriff auf Pearl Harbor, der auf totale Überraschung traf, hatte in gewisser Weise symptomatischen, ja beinahe symbolischen Charakter, denn jeder Versuch, das Japanische aus einer quasi-kolonialen Perspektive zu konstruieren, wird beherrscht durch eine *nachträgliche* Verwirrung. Diese betrifft gerade die Uneinsehbarkeit der Grenze und die Schwierigkeit, zwischen Wirkungen des Auf- oder Übernehmens, des Abweisens, der diplomatischen Abschwächung oder Umleitung, des *displacement*, des beziehungslosen Bestehenlassens und der Umwandlung bis zur glatten Verkehrung im interkulturellen Austausch zu unterscheiden.[29]

Bis heute ist es für einen *gaijin* in Japan nahezu unmöglich, ein verläßliches Gespür dafür zu entwickeln, wo die Grenze der japanischen Kultur verläuft und wie sie im Verhältnis der vielen möglichen Relationen zur europäischen oder amerikanischen jeweils (re-)defi-

---

29 Für eine Diskussion westlicher Japan-Bilder im Zusammenhang mit der Orientalismus-Theorie s. Thomas Pekar, „Der Japan-Diskurs um 1900. Ein Skizzierungsversuch", in: W. Gebhard (Hrsg.), *Ostasienrezeption zwischen Klischee und Innovation. Zur Begegnung zwischen Ost und West um 1900*, München 2000, S. 227–254, bes. S. 241 ff.

niert wird. Die Schwulenszene in japanischen Großstädten beispielsweise unterscheidet sich auf den ersten Blick nicht von vergleichbaren Orten in New York, Berlin, Amsterdam oder Paris. In der Tat ist
sie durchweg nach dem internationalen Modell einer *gay-community*
entstanden, für das es in Japan, wo Homosexualität weiterhin keine
offizielle Geschichte hat, gar kein eigenes Vorbild gibt. Aber gerade
in den schwulen Clubs, Saunen und Bars werden Ausländer mehrheitlich mit einem freundlichen, aber unmißverständlichen „Japanese only!" an der Tür abgewiesen. Und auf die Frage, warum gerade hier manifester Rassismus zu einer Segregationspolitk führt, scheint
es keine einfache Antwort zu geben. Auf der anderen Seite kann man
als europäischer Besucher durchaus auf einen amerikanischen Teeschüler treffen, der so völlig von dem durchdrungen scheint, was
man für das Wesen des Japanischen halten möchte, daß die unglück-
lichen Geschichten von Verlorenheit und Isolation, wie sie die Mehrzahl der *expatriates* erzählen, mit einem Mal vergessen sind und das
Japanische als etwas vollends Zugängliches erlebbar wird, dessen
Eigenheit nicht auf dem Vorhandensein einer Grenze beruht.

Der Unterschied zum Anderen der Kolonialisierung tritt deutlicher hervor, wenn man sich von den Vorstellungen realer, symboli-
scher oder imaginärer räumlicher Abgrenzungen einer kulturellen
Einheit namens Japan löst und das Japanische als zeitliche Wirkung
einer Differenz betrachtet. Die fundamentale Geste des kolonialen
Subjekts ist seine Entscheidung zu bleiben. Es besetzt den anderen
Ort nicht nur mit seiner Anwesenheit, sondern vor allem auch mit
seinem *Modell von* Anwesenheit und dem darin implizierten Verständnis von Zeit. Es enthält dem Fremden dessen eigene Zukunft
vor, indem es Spuren einer anderen Geschichte tilgt und kollektive oder
persönliche Institutionen etabliert, die sämtliche weitere Zeit nach dem
Maßstab der Besatzungsmacht verwalten. Es ist diese Kontrolle der Zeit,
der sich die kolonialisierten Kulturen am wenigsten entziehen können.[30]

30 Noch der erfolgreiche Aufstand gegen die Unterdrücker endet zumeist in der Grün-
dung eines ‚eigenen' Nationalstaats, dessen Organisation die zuvor oktroyierten
Werte nun unter dem Anschein der Souveränität übernimmt und trotz gegenteiliger
Intentionen letztlich dazu beiträgt, die Geschichte als Kolonialgeschichte fortzusetzen.

Die entscheidende Frage in der Beziehung des kolonialen Subjekts zu seinem Selbst-Objekt lautet, ob und wie es diesem einen Abschied gestattet. Wie wenig ein solcher Abschied in der kolonialen Logik vorgesehen ist, hat die Rückgabe Hongkongs an China gezeigt. Denn so groß die Aufmerksamkeit in aller Welt für das genannte Datum war, schien doch niemand zu wissen, *was* damit eigentlich passierte. Eine lange Ära des Bleibens hörte auf, ohne daß die ehemalige Entscheidung zu bleiben sich wirklich in etwas anderes verwandelt hatte. Trotz termingemäßer Umsetzung des Beschlusses gab es keine *Bereitschaft* zum Abschied und konnte sie vermutlich auch nicht geben, da ein solches Moment der Bereitschaft von Anfang an zur englisch-chinesischen Beziehung hätte gehören müssen und das offenkundig nicht tat. Hier liegt der grundlegende Unterschied zwischen unserer Beziehung zu Japan und jenen Beziehungen, die unsere kolonialistische Tradition ausmachen. Ein Unterschied, der wie ein besonderer Respekt vor der japanischen Kultur anmutet, im Grunde aber wohl mit einer anderen Interpretation des Bleibens zusammenhängt – von der nicht einmal sicher ist, ob wir sie nicht von den Japanern haben lernen müssen oder gerade erst lernen. Unsere Beziehung zu Japan war und ist in der Selbstverständlichkeit des Abschieds angelegt. Jedesmal wenn wir nach Japan gekommen sind, in welchem Sinn einer Ankunft auch immer, haben wir dies, trotz teilweise entgegengesetzter Erwartungen, in der Gewißheit getan, wieder zu gehen. Wir sind Besucher und als solche Gäste gewesen, wie auch die Japaner sehr bewußt in das Haus eines Gastgebers gekommen sind, wenn sie in Europa studiert oder wie Tezuka europäische Gelehrte getroffen haben.[31]

31 Vergl. zur „Studienreise in den Westen (*yôkô*)" den Exkurs in: M. Maruyama, *Denken in Japan*, Frankfurt a. M. 1988, S. 41. Die plakativste und kulturgeschichtlich zugleich repräsentativste europäische Figur in dieser Sache ist übrigens der Navigator Blackthorne in James Clavells Bestseller-Roman *Shogun*, dessen Verfilmung mit Richard Chamberlain Anfang der 80er Jahre eine große Welle von Japan-Begeisterung auslöste. Blackthorne, der ein englisches Schiff in das von den Portugiesen bereits entdeckte Japan führt und sich durch eine lange Serie von kulturellen, politischen und amourösen Abenteuern kämpft in der Hoffnung, für sein Königreich Handelsbeziehungen zu Japan anknüpfen zu können, scheitert am Ende, indem er gerade durch sein Bleiben zu einem endgültigen Abschied gezwungen wird: Die Japaner geben vor, sein leckes Schiff zu reparieren, damit er zurück-

Der Besuch des Gastes unterscheidet sich von jedem *politisch* motivierten Aufenthalt durch die Bereitschaft zum Abschied. Daher läßt sich auf der Gastlichkeit *keine Politik* begründen – zumindest keine, die nicht jederzeit darauf angelegt ist, in offene Feindseligkeit umzuschlagen (wie Derrida mit seinem Verweis auf die Doppeldeutigkeit des englischen Wortes *host* = „Gastgeber" und auch „Feind" zum Ausdruck gebracht hat). Die Problematik von Heideggers „Gespräch" liegt, wie wir noch wiederholt bemerken werden, darin, daß er dem a-politischen, anständigen, in einem selbstverständlichen Ereignis beruhenden Verhältnis des Gastgebers zum Gast Behauptungen entnimmt, die über das Anstehende hinaus politische Folgen haben und auch haben sollen, und so gewissermaßen in dessen Schatten eine politische Beziehung zwischen beiden sowie einen gemeinsamen politischen Selbstbezug (wenn nicht die Fiktion eines ‚politischen Ereignisses') mitführt. Diese Figur ist sicherlich nicht untypisch für politisierende Philosophen – und gilt z. B. ähnlich, wenn auch mit vertauschten Vorzeichen, für den Zionismus von Emmanuel Lévinas.[32] Sie findet in Japan insofern ein bevorzugtes Objekt, als das Gastgeberland Japan, so einladend es sich auf der einen Seite nicht zuletzt in kultur- und wissenschaftspolitischen Programmen gibt, andererseits stets selbstverständlich davon auszugehen scheint, daß der europäische Gast wieder geht, und ‚das Japanische' diesen Abschied über kurz oder lang unumgänglich macht (die Unumgänglichkeit des Abschieds *ist*) – so daß jemand wie Heidegger sich viel-

---

segeln und mit einer größeren Flotte wiederkehren kann; doch die Arbeiten werden auf Anweisung des Shôgun nur zum Schein ausgeführt und niemals abgeschlossen. So endet der Versuch, eine Beziehung zu Japan herzustellen, in einem Alleinsein mit Japanern, die sich aus jeder temporalen Perspektive diskret zurückgezogen haben. Clavells gewaltige exotistische Phantasmagorie beschreibt am Ende präzise den Zustand, in dem sich der Entwurf eines kolonialen Subjekts in Japan befindet, und die Verzweiflung eines amerikanischen Geschäftsmanns, den seine Firma heute nach Tôkyô schickt, um einen fremden Markt zu erobern, bewohnt noch immer denselben Augenblick.

32 Vergl. dazu J. Derrida, „Das Wort zum Empfang", in: ders., *Adieu. Nachruf auf Emmanuel Lévinas*, München 1999, S. 31–170; B. Klun, *Das Gute vor dem Sein: Lévinas versus Heidegger*, Frankfurt a. M u. a. 2000.

leicht nicht zu Unrecht darauf verläßt, sein japanischer Gast wisse die *Unfreundlichkeit* des deutschen Gastgebers richtig einzuschätzen.

Das Bleiben, so könnte man hier folgern, ist im Fall Japans nicht als dauerhafte Besetzung des Ortes definiert, sondern als ein Fremdbleiben des Ortes selbst bestimmt, das daher kommt oder dahingehend wirkt, daß ich ihn nur in der Zusage eines Abschieds betrete. Japan wurde und wird weniger kollektiv begehrt als auf eine vereinzelte, intime, ihrem Wesen nach *dankbare* Weise (vergeblich) geliebt.[33] Dieser Dank ist ein Affekt des Abschieds, aber er wirkt bereits in der ersten Annäherung an Japan konstitutiv. In gewisser Weise macht er den eigentlichen Wesensgrund ‚des Japanischen' aus, und wenn die japanische Kultur wiederholt zum Anlaß für die Konstruktion eines Fremden geworden ist, so bewußt oder unbewußt in dem Wunsch, in Gestalt dieses Fremden dem Anderen dankbar zu sein. Die Erfahrungen, Erkenntnisse und Handlungsimpulse, die man sich vom fremden Japan erwartet hat, sind stets *Wirkungen* einer solchen Dankbarkeit gewesen, die über die Möglichkeit einer realen Beziehung hinweg unmittelbar bis zum Augenblick des Abschieds vorangeht, um dort eine eigene, sonderbare Beziehung zu beginnen. In *diesem anderen* Japan kann ich nur bleiben, indem ich vom Abschied ausgehe: Der Japaner verläßt mich, bevor er die Rolle des Gastes strapaziert. Ich fliege heim, ohne dort heimisch geworden zu sein. Und wir werden uns immer nur im Moment eines angemessenen Aufbruchs und eines taktvollen Sich-Entfernens wiederbegegnen.

---

33 Was nicht heißen soll, daß diese Liebe nicht eine Menge von Stereotypen hervorgebracht hat. Gerade wegen der individualistischen Disposition dieser Liebe fallen die Muster besonders ins Auge, und der Japan-Liebhaber ist stets der erste, der sich dafür belächeln lassen muß, nur ein weiteres Beispiel für etwas zu sein, was es doch nur dank einer ganz und gar intimen Hingabe geben kann. Das hat er mit dem Denkenden gemeinsam.

4. Der zeitliche Modus des ‚Währenddessen'

Gerade deshalb wäre es angebracht, hinsichtlich Japans auf eine *andere Weise* an der Figur des Fremden zu zweifeln. Vermutlich ist *‚der* Fremde' eine archaische Inszenierung im psychoanalytischen Sinn des Wortes, mehr geeignet, uns kurz schaudern zu machen, ehe wir wieder zum Vertrauten übergehen, als uns wirklich zu denken zu geben. Aber verhält es sich mit *diesem* Fremden ebenso? Wahrscheinlich haben wir angesichts der weltumspannenden kulturellen Verschaltung, dem Netz von Relationen, das jedes Wort heute in internationale Ähnlichkeiten verwickelt, Anlaß genug, uns auf den Kurs des Yen zu konzentrieren und über die Möglichkeiten einer gemeinsamen Ökopolitik nachzudenken, anstatt immer noch nach der Erfahrung mit dem Anderen zu verlangen, die uns die Begegnung mit dem Fremden vielleicht verschafft haben wird. Und sicherlich sollten wir zusammen mit den zahlreichen Fremdsprachen, die wir beherrschen, endlich gelernt haben, unter allen Kulturen schließlich auch unsere eigene zu begrüßen. Aber dennoch – bringt uns ein solcher allzu verständlicher und überfälliger Verzicht nicht um jene Nuance, um die sich *dieser* Fremde von *dem* Fremden unterscheidet, und läßt damit das Fremde als vertane Chance in einer bedauernswerten Undifferenziertheit zurück, in der gerade Japan für uns endgültig in den Informationen über ein mehr oder weniger reizvolles oder grauenhaftes Land im Pazifik verschwindet?

Überdies hat Heidegger sich wohl genau das gewünscht: *eine* Kultur, unter allen wenigstens *diese* Kultur begrüßen zu dürfen. Zwar vermeidet er auch im „Gespräch" hinsichtlich eines Films wie *Rashômon* oder des *nô*-Theaters das prekäre Wort „Kultur" (er spricht von „japanischer Kunst"). Doch in diesem „Gespräch", so der nachhaltige Eindruck beim Lesen, ist er näher daran, es einmal auszusprechen, als in irgendeinem anderen seiner Texte. Die japanische Kultur, die japanische Tradition – es könnte, so scheint er anzudeuten, möglich sein, daß etwas, was sich im abendländischen Denken nur durch einen Widerstand gegen die Kulturalisierung und ihre temporal-identitäre Historisierung notdürftig behauptet, dort in Japan *in* der kulturellen Tradition eingebettet ist und von ihr getragen wird. Es könnte sein, daß es dort, auf der anderen Seite der kulturellen Differenz, die als Differenz selbst alles andere als kulturell ist, *genügt zu erinnern*, um nicht zu vergessen, was hier seit den Anfängen der Philosophie bei den Griechen mit der sprachlichen Erinnerung selbst in Vergessenheit geriet.

Entgegen dem Anschein hat Heidegger wiederholt klarzustellen versucht, daß seine Kritik der Moderne *nicht* konservativ sei und er keineswegs vorschlage, sich zu einer vormodernen Vergangenheit zurückzuwenden. Nennt er die Technik eine Gefahr, so rät das darum nicht zur Regression in einen archaischen Naturzustand.[34] Heidegger findet den vergessenen Anfang unseres Verhältnisses zum Sein im Alten, aber jenes Alte ist nicht das Vergangene und in keinem Stadium des Vergangenen rekonstruierbar. Insofern wäre eine Besinnung auf die Tradition in einem abendländischen Kontext das letzte, was hilft. Auch die Dichter, die Heidegger auswählt, sind kaum traditionell zu verorten; sie schreiben zu ihrer jeweiligen Zeit in einer Ungegenwärtigkeit, die es unmöglich macht, auf ihre Werke so zurückzukommen, wie man sich auf eine Tradition zu besinnen pflegt. Heideggers Begriff der Besinnung steht dem Traditionalismus im Grunde ferner als jede progressive Haltung, die das Gewesene bloß um des Gegenwärtigen willen negiert. Wie verhält es sich jedoch mit Japan? Die Japaner *sind schon dort*, wohin wir mit unserer Vorstellung eines Weges gar nicht gelangen können, lautet Heideggers Fazit nach einem deutsch-japanischen Symposion.[35] Die Japaner haben den Ort, den wir bereits vergessen hatten, als wir unsere erste Bestandsaufnahme des Denkens vornahmen und eine entsprechende

---

34 Vergl. z.B. das SPIEGEL-Interview in: G. Neske/E. Kettering (Hrsg.), *Antwort. Martin Heidegger im Gespräch*, Pfullingen 1988, S. 81–114.

35 „Es ist deutlich geworden, daß wir mit unseren Vorstellungen (mit der Vorstellung nämlich eines unmittelbaren stetigen Weges) dahin gar nicht gelangen können, wo die Japaner schon sind. Ich möchte mit einem Koan schließen, das das Lieblingskoan von Meister Hakuin war: (hebend eine Hand) ,Höre den Ton des Klatschens einer Hand!'" (Vergl. „Die Kunst und das Denken", Protokoll eines Colloquiums vom 18. Mai 1958, in: *Japan und Heidegger*, S. 211–215, hier S. 215)

Sprache konstruierten. Sie haben ihn in ihrer Tradition, und ihre Aufgabe fällt daher soviel leichter als unsere: Es reicht, wenn *sie* konservativ sind und das kulturelle Erbe bewahren. Es reicht, wenn *sie* nationalistisch sind und ihre Überlieferung gegen die zahllosen Informationen von überallher behaupten. Es reicht für sie, während es für uns nicht reicht. Deshalb gilt, daß sie schon haben, was wir nicht als einen Bestand und kulturellen Besitz bewahren können, da wir noch nicht einmal vermögen, es in unserer Erinnerung zu suchen – und es gilt zugleich, daß der bloße Import ihres Wissens unsere Schwierigkeiten mit der eigenen Kultur nicht löst.

Heideggers Fiktion von Japan erzählt den Traum von einer Welt, in der das Denken und die Kultur nicht in einem derart fundamentalen Widerspruch stehen und die Gefahr für das Denken gebannt werden kann, indem man der Gefährdung der Kultur begegnet. Es handelt sich um eine Auslagerung oder Veräußerung, die versucht, das Äußere an seinen Ort, eben: nach außen zu bringen, und dies durch die Achtung für ein zumindest um eine letzte Differenz von der Geschichte verschontes Land, in dem es noch sinnvoll wäre, konservativ zu sein.[36] Genau darin erscheint dessen Welt als das Andere der europäischen. Im „ostasiatischen Wesen der japanischen Kunst" zeigt sich von fern ein Denken, das in der Überlieferung erhalten ist und mit allen Attributen der Kulturalisierung einig sein darf: der Akkumulierung zum Nationalschatz, der Konvention, der Didaktik, der allgemeinen Verfügbarkeit. Es ist, als habe dieses andere japanische Denken von der Ambivalenz der Zeit niemals etwas zu befürchten gehabt, als sei das Alte auch im Vergangenen, als das man es erinnert und wieder aufruft, anfänglich alt geblieben.

---

36 Dieser Projektion sind nicht nur Heidegger-Interpreten gefolgt. Bestärkt von einer konservativen Tendenz unter einigen japanischen Autoren (Okakura der Prominenteste unter ihnen, Kanji Nishio das bekannteste neuere Beispiel), ist Japan bis heute bevorzugtes Objekt eines Konservativismus, der aus den europäischen Zusammenhängen, wo er offensichtlich verfehlt ist, herausgelöst und dem anderen Land unter dem Aspekt der Bewahrung seiner Andersheit nahegelegt wird. Wir wünschen uns, Japan möge konservativ sein, in genau dem Maß, in dem wir uns bewußt werden, daß wir es nicht mehr können.

Eine fragile Fiktion, selbstverständlich – weshalb Heidegger mit Bedacht an seinem eigenen Ort bleibt, von woher er die japanische Kultur so verschwommen wahrnimmt, daß sie wie etwas Einheitliches erscheint. Da sind keine verschiedenen Richtungen des Buddhismus, die in ihren Auslegungen des Nichts und Praktiken der Vermittlung voneinander abweichen, keine Schulen von *nô*-Darstellern, die jeweils einen anderen Stil für die Ausführung der Geste lehren, und keine Epochen, in denen die japanische Kultur stärker koreanische, chinesische oder indische Einflüsse aufnahm, sondern es zeichnet sich *ein* ostasiatisches *Wesen* ab, das seine Dauer und umfassende Geltung allein von jener Differenz empfängt, die es auf der anderen Seite dessen plaziert, was im Abendland in zweieinhalb Jahrtausenden passiert ist und dessen detaillierte Betrachtung den Begriff des Abendländischen in ungezählte, daher immer wieder neu zu zählende Verschiebungen zerlegt.[37] Kategorien gibt es nur für das Eigene, Möglichkeiten ihrer Dekonstruktion ebenso. Das Andere aber *bleibt* nicht unterteilt. Und ein Denken des Selben, wie Heidegger es versucht, ist darauf angewiesen, seine Zeit mit diesem Bleiben zu verbringen.

Das Denken des Selben ist das, was übrig bleibt, wenn auch der letzte der anderen gegangen ist. Der Ort, an dem dieses Denken stattfindet, konstituiert sich weniger durch einen aktiven Ausschluß

---

37 Sofern die japanische Selbstbeschreibung nicht im Vergleich zum europäischen Denken stattfindet, ist es dagegen vor allem die institutionelle Realität der Schulen, die betont wird. Das kulturelle Erbe, so scheint es, wird weniger im verschwommenen Sinn eines Bewahrens erinnert als vielmehr *verwaltet* – weshalb es, wie Maruyama anmerkt, auch keine japanische *Geistesgeschichte* gibt (Maruyama, *Denken in Japan*, S. 22 ff.). Der Gedächtnisaspekt der sog. Tradition ist ganz eine Sache der Institutionen, und man mißversteht den Charakter der japanischen Institutionen, wenn man sie als veräußerlichendes ‚Gestell‘ zur Unterstützung eines der sozialen Zeiterfahrung immanenten Vergangenheitsbezugs versteht – denn möglicherweise stellen diese Institutionen die *einzige* Vergangenheitsbindung dar und verweisen gerade auf das *Fehlen* einer solchen Bindung als konstitutives Moment der Zeiterfahrung selbst. Dieser *vollkommen institutionelle* Traditionalismus mag für das hier angesprochene Alt-Bleiben des Alten sogar maßgeblich sein. Vergl. dazu Kapitel VII.

von Menschen, die denken wollen, aber nicht können, wie das berüchtigte Schild über dem Eingang von Platons Akademie das zumindest dem Anschein nach suggerierte, sondern durch die Wahl, die die anderen treffen, indem sie dem Platz, an dem ich mich aufhalte, fernbleiben oder sich nach ihrem Kommen wieder entfernen. Es sind ihre Motive, nicht *dies hier* zu denken, die den Ort des Denkens trotz oder wegen seiner Offenheit zu einem einsamen machen.[38]

Der Gast übernimmt diesbezüglich die Rolle des Letzten, der geht. Seine Anwesenheit entschuldigt diejenigen, die nicht gekommen sind, und hilft unserem Gespräch über all diejenigen, die währenddessen aufbrechen und uns verlassen, hinweg. Wenn er sich schließlich selbst aufmacht, repräsentiert er in gewisser Weise zugleich das gesamte Spektrum der übrigen, denen er sich anschließt, und die Möglichkeit einer einzigen Ausnahme, die den Ort meines Alleinbleibens offenhält. Sein Abschied verwandelt den Plan zur Akademia in den Grundriß eines nicht elitären, sondern der Unkompromittierbarkeit des Diesseits verbundenen Denkens, indem er die Exklusivität der Institution mit einer eigenen Bestimmung des Ortes revidiert. Dieser Ort ist, für einen Augenblick zumindest, die Bleibe: der Ort, an dem ich aufhören kann, vor dem Wissen, das mir hierher gefolgt ist, zu fliehen.

Ein Denkender, der versucht, ,das Japanische' zu denken, findet sich auf der Flucht vor der eigenen Gelehrsamkeit. Das macht seine überspannte kulturelle Existenz aus: Er braucht sie, um überhaupt etwas zu sagen, denn ohne das sedimentierte Wissen würde die Ökonomie der Voraussetzung nicht funktionieren, auf der jedes initiale Verstehen basiert, und er wird daher dem zur Kultur

---

38 Von hier aus wäre Heideggers Wort von der „Verlassenheit" aus den *Beiträgen zur Philosophie* noch einmal zu überdenken. Heidegger bestimmt dort die Beziehung des Seins zum Seienden als ein Verlassen: Das Seiende findet sich in der Verlassenheit, und das Denken des Seins kann nur durch die Erfahrung des Verlassenseins zu seiner Sache gelangen. Inwiefern gehört das Denken als ein Sicheinlassen mit der Verlassenheit in die Abhängigkeit vom Verlassenwordensein? (Vergl. zum Problem der Verlassenheit im Kontext der *Beiträge* J. Oberthür, *Seinsentzug und Zeiterfahrung. Die Bedeutung der Zeit für die Entzugskonzeption in Heideggers Denken*, Würzburg 2002, S. 203 ff.)

Gewordenen gestatten müssen, das Denken jederzeit zu begleiten. Sobald jedoch das Denken in irgendeinem Satz seinen eigenen Anspruch aus der Ferne entdeckt, ist gerade dieses Wissen im Weg und die zuvor hilfreichen Kenntnisse präsentieren sich auf einmal als Widerstände, Nebenstrecken, die zu Mißverständnissen führen, und wie Fallen aufgestellte schlechte Unendlichkeiten. Nur selbst dieser Punkt, diese eigene Schwierigkeit des Denkens ist erst einmal zu erreichen. Und dafür gilt es eine Aufgabe zu bewältigen, die nur wenige ernstzunehmen vermögen: Während er Wissen in seinem Ermessensbereich versammelt und organisiert, muß der Denkende sich hüten, *kompetent* zu werden. Kompetenz entsteht mit einer Beugung des Wissens unter das Kriterium der Zuständigkeit. Diese Zuständigkeit etabliert sich kraft einer Redeterminierung des Augenblicks, in dem ich denke und handle, durch eine Behauptung, die sich selbst als Statement Gültigkeit verschafft: Ich bin zuständig für Japan, sofern es mir gelingt, Japan zu einem Gegenstand zu machen, den ich aus der Hand anderer Zuständiger empfange und in die Hände weiterer Zuständiger übergebe. Was auf diese Weise von Hand zu Hand geht, darf gerade von keiner *Handlung* affiziert werden – es darf weder das Wesen eines Gedankens annehmen, den meine Abhandlung über das Japanische erst hervorbringt, noch das eines von mir lediglich Besuchten, das auch andere nur besuchen könnten und das sich der Zuständigkeitserklärung verweigert. Der Gegenstand wissenschaftlicher Kompetenz besteht in einem Zustand der Vergegenständigung dessen, was es zu ihm zu erfahren gibt, der im Zuständigsein repräsentiert ist. Der Erwerb von Kompetenz bezieht sich nicht allgemein auf das Gewinnen von Wissen, sondern auf eine spezifische Ideologie der Steigerung, die zunächst eine definitive Entscheidung für die Temporalisierung des Wissens nach den Vorgaben des Zuständigkeits-Dispositivs verlangt. Und dabei handelt es sich um eine Entscheidung, die, wenngleich es faktisch fortbestehen mag, die *Möglichkeit* des Denkens vernichtet. Denn während das Prinzip der Kompetenz den Sprecher anhält, sich mit all seinem Wissen in eine Handlungs*fähigkeit* hineinzusteigern, die darauf angelegt ist, sich am Ende einer *passage à la proposition* als Urteilsfähigkeit zu erweisen, unterbindet es gerade jedes sprachliche

Ereignis, in dem das Denken sich selbst als Handeln entdecken könnte.[39]

Sowohl bei Heidegger als auch bei Roland Barthes fällt auf, daß ihre Versuche, in einer Affirmation des Japanischen etwas zu denken, was die Grenzen des eigenen kulturellen Bereichs übersteigt, wahre Feste der Inkompetenz sind. Heidegger beansprucht, eine Abhandlung übers *nô*-Theater gelesen zu haben, die sein japanischer Gesprächspartner für das Gründlichste und Beste ausweist, was es dazu gibt; aber er läßt sich mit dem einfältigen Staunen des Ahnungslosen eine einzelne Geste vorführen und läßt nirgends einen Zweifel darüber, daß er Japan nicht *kennt*. Barthes räumt seine unqualifizierte, private und träumerische Haltung bereits in der Vorbemerkung ein. Heidegger war ein neugieriger Gastgeber, Barthes ein Reisender – beide beziehen sich auf einzelne Erlebnisse oder Lektüreerfahrungen, aber keiner von ihnen ist ein Japan-Kenner geworden. Entsprechend muß das Urteil der Japanologen über ihre Texte ausfallen, und es würde andererseits auch deplaziert wirken, Heideggers technikkritische Behauptungen und Barthes' Phantasien von einer anderen Sprache mit Details aus dem realen Japan *belegen* zu wollen, wenngleich es hier und da möglich wäre.

Bei Heidegger und Barthes ist Japan für das Japanische sowohl gleichgültig als auch maßgeblich – und es ist zugleich weder das eine noch das andere, weil man den Eindruck hat, daß obwohl dieses Denken eine erstaunliche Gleichzeitigkeit mit etwas eingeht, was man wirklich nicht anders als „etwas Japanisches" nennen mag, weder das Japan vor seinem Anfang noch das Japan nach seinem Ende davon berührt oder beeinflußt werden kann. Sowohl Heideggers als auch Barthes' Versuch, dieses Japanische zu denken, ist in ein *Währenddessen* eingelassen: im einen Fall die Zeit eines Gesprächs, das in der Gewißheit der Abreise des Gastes geführt wird; im anderen Fall

---

39 Für eine ausführliche Problematisierung wissenschaftlicher Kompetenz vergl. K. van Eikels, *Kompetenz – ein Essay über die Zeitdisziplinierung*, http://www.t-rich.org/kompetenz.html; zum Zusammenhang von Kompetenz und Handlungsfähigkeit vergl. ders., *Poetik der Zeitkürzung. Zur temporalen Organisation im postindustriellen Management*, http://www.t-rich.org/poetik.html/.

die Zeit einer Reise, deren durchgehend bestimmender Augenblick *zwischen* den Terminen, Besichtigungen und dem offiziellen Austausch in einer diskreten, verschwiegenen Begegnung liegt. Barthes hat sie in den kleinen Dialogen festgehalten, die er in Japanisch und Französisch dem Text und den Bildern beifügt. „Das einzige wichtige Wörterbuch ist das der Verabredung", heißt es dort.[40] Während Heidegger in der zurückgelassenen Freiheit und Sammlung des bereits verabschiedeten Gastes die Gelegenheit zum Schreiben findet, hält sich Barthes im Zustand der Verabredung auf, und indem er diese Verabredung immer wieder erzählt, zeigt er dem Leser wie einen Faden, an dem die Texte und Bilder aufgefädelt sind, die zeitliche Disposition seines Denkens *in* Japan oder vielmehr *im Japanischen*:

„rendezvous	tous les deux
yakusoku	futaritomo
où?	quand?
doko ni?	itsu?"[41]
„ici	ce soir
koko ni	komban
aujourd'hui	à quelle heure?
kyo	nan ji ni?
demain	quatre heurs
ashita	yo ji"[42]
„peut-être	fatigué
tabun	tsukareta
impossible	je veux dormir
dekinai	netai"[43]

40 R. Barthes, *Das Reich der Zeichen*, Frankfurt a. M. 1981, S. 28
41 Ebd., S. 32.
42 Ebd., S. 37.
43 Ebd., S. 55.

Es handelt sich um die Verabredung zu einem Treffen, das, am Ende, *nicht* stattgefunden hat, das verschlafen und verträumt und so vom Abschied eingeholt wurde. Gerade deshalb haben diese kurzen Dialoge aus einzelnen Wendungen eine spürbare Erotik. Sie spielen, im Dunkeln, sehr leise und vorsichtig, das durch, was zwischen dem ersten und dem letzten Bild des Bandes an Möglichkeiten einer intimen Annäherung gelegen hätte. Barthes hat sein Buch zwischen zwei Fotografien des japanischen Schauspielers Kazuô Funaki plaziert. Die erste zeigt den schönen jungen Mann in einem klassischen japanischen Drama mit ernstem Gesicht und einem zugleich konzentrierten und leeren Blick, das zweite in demselben Film wenige Sekunden später (oder früher) „dem Lächeln nahe"[44]. In der Nähe dieses Lächelns endet der Text, und tatsächlich gehört alles, was Barthes über sein Reich der Zeichen schreibt, in den Augenblick zwischen den beiden Gesichtern. Diesen Augenblick bereist zu haben macht die Nähe Japans aus. Es ist die Intimität des Währenddessen, der selige, weder reale noch irreale, aber genossene und so wirksame Augenblick *vor* dem, was die Berührung eines Japaners gewesen wäre, und *nach* dem, was die Erinnerung daran zurückgelassen hätte.

In diesem Währenddessen ist keine Kompetenz, da seine zeitliche Disposition sich in gewisser Weise der Wiederholung (oder jedenfalls des kompetenten Gebrauchs der akkumulativen Funktion von Wiederholung) entzieht. Selbstverständlich sammelt der Reisende Informationen, ordnet Eindrücke zu, reorganisiert ein Wissen über Japan, das die Japaner bereitwillig ergänzen. Aber während des gesamten Aufenthalts hat er nicht die Zeit, um daraus eine nach dem Maß des Gegenständigen solide-und-flexible Kenntnis zusammenzufügen. Die Situation, in die er sich fortwährend selbst bringt (diese Situation *ist* „Japan"), läßt ihm keine andere Wahl, als alles Aufgenommene ohne Vorbehalt zu genießen und dieses Genießen in jeder seiner Handlungen zu vervielfältigen und über das gesamte

---

44   Ebd., S. 151. Tatsächlich handelt es sich um gestellte Fotos, aber Barthes erzeugt durch die Plazierung der Bilder den Film – er erzeugt die filmische Handlung einer Annäherung, die das Lächeln am Ende ebenso nur beinahe herbeiführt, wie die Begegnung, welche die Dialoge skizzieren, nur beinahe stattfindet.

Spektrum des Erlebten auszubreiten. Er profitiert nur unter der Voraussetzung davon, daß er das Erfahrene im Augenblick seines Bereits-und-eben-noch-da-Seins beläßt und dem Zwanghaften dieser zeitlichen Disposition einerseits gestattet, jede Chance zur Flexibilisierung der Erfahrung zu vernichten, während andererseits das unflexible Sogleich selbst den Charakter eines vollkommen Unbestimmten annimmt und behält.[45]

Anders als Heideggers „Gespräch" ist Barthes' Japan-Buch auch heute noch ein leicht nachvollziehbares Dokument des Genießens, und seine Leichtigkeit stellt vielleicht die beste Entschuldigung für seine Exotismen dar. Doch es gibt eine Verwandtschaft zwischen beiden Texten, die mit dem Wort „Exotismus" nur ungenügend bestimmt ist, ganz gleich, ob man es in einem kritischen oder affirmativen Tonfall ausspricht. Es ist eine zeitliche Verwandtschaft, eine Inspiration oder Abhängigkeit vom Währenddessen – die unvorsichtige und daher rücksichtslose Aufmerksamkeit eines wesentlich inkompetenten Diskurses. Es ist der Aufenthalt in einem Augenblick, wo das Denken aufgehört hat, vor dem Wissen zu fliehen, und sich dennoch inmitten der Offenheit für das Gewußte und Zu-Wissende vom Prinzip der Zuständigkeit unbestimmt findet.

Heideggers Texte sind beeindruckende Zeugnisse dafür, wie schwer sich das Denken damit tut, seinen eigenen Unterschied vom Kompetenzwissen und von Effizienzstrategien, die auf der Aktualisierung von Wissen beruhen, zur Sprache zu bringen. Auf der Spur

---

45 Bei Barthes gilt das sogar für die Fotografien. Sie verweisen nicht auf irgendeinen Zeitpunkt außerhalb seines Denkens, zu dem ihr Objekt aufgenommen wurde, sondern es sind Bilder, denen der Gedankengang auf seinem Weg in den Schlaf, in den er die Verabredung mitnimmt, begegnet. Diese Bilder werden von diesem Denken erzeugt; es stellt sich in ihnen dar, indem es ihre Eigenschaften an genau der Stelle streift, wo sich ein Unterdessen, eine eigene, in der Augenblicklichkeit des Lichts gelassen (und zugleich euphorisch) ruhende Dauer ablösen läßt, die eben zeigt oder erzählt, was die Worte sagen, an deren Diskurs der Autor sie teilnehmen läßt. Barthes präsentiert keine Dokumente, auch keine persönlichen (schon gar keine originellen). Er schafft zwischen den Textspuren Zonen, in denen sein denkender Aufenthalt im Japanischen so sehr den Charakter eines Bildes angenommen hat, daß dessen Zeit der von wirklichen Bildern Japans gezeigten entspricht. Vergl. dazu Kapitel III: Die japanische Hand.

Heideggers sucht das Denken nach Gelegenheiten, nach Orten und Gegenständen, in denen die Differenz zwischen Denken und einem lediglich aktualisierbaren Wissen so weit zum Vorschein kommt, daß für das Denken die Möglichkeit besteht, seiner Unwissenheit bzw. sich selbst *als* Unwissenheit zu begegnen. Offenbar ist Japan ein bevorzugter Ort und alles Japanische ein besonders geschätzter gegenständlicher Vorwand für eine solche Begegnung. Was hebt die denkerische Inkompetenz jedoch von irgendeinem Nicht-Wissen ab, was ihre Voreiligkeit eines ungelernten Verweilens beim Abschied von einer dummen Dreistigkeit, die sich nur deshalb über Relativierungen hinwegsetzt, weil sie die Relationen nicht kennt? Die folgenden Kapitel wurden vornehmlich geschrieben, um diese Frage zu beantworten. Ich vermute, daß es sich dabei um eine Insistenz handelt – eine Insistenz, die beim Fremden bleibt, nachdem er gegangen ist, und die *erst dann* anfängt, bei ihm zu bleiben. In diesem Insistieren artikuliert sich eine besondere Bereitschaft, vom Fremden zu lernen: Lernen nicht im Sinn einer interkulturellen Pädagogik oder gar der einseitigen Verehrung einer ‚weiseren‘ Kultur, sondern ein Sich-Aneignen in dem unbedingten Anspruch, gerade vom *Fremden* denken und handeln zu lernen, d.h. das Lernen in jenen Augenblick zu verlagern, in dem der Fremde fremd bleibt und das Eigene eigentlich frei wird, das zu verwirklichen, was es in keiner der Sprachen, die es gelernt hat, aussprechen kann.

Das Japanische ist nichts Gegebenes, was als solches in einem Land namens Japan vorliegt. Das Japanische, mitsamt den Komplikationen, die sich im Gefolge dieser kaum begrifflichen Wendung einstellen, ist eine Weise, *inmitten* eines „dort" *hier* zu denken und zu handeln, die sich ganz in das Währenddessen einläßt. Das Japanische ist nicht das unveränderte Überdauern der Besetzung eines Ortes, sondern das Währen eines Augenblicks, in dem wir lernen, das zu denken / zu tun, was man nur und genau dann denken / tun kann, wenn man es denkt / tut. Und obgleich Heidegger seine Annäherung an Japan vom Glücken des Gesprächs abhängig gemacht sehen will, handelt es sich nicht um einen glücklichen, schicksalhaften, als Ertrag eines Wagnisses eingebrachten Augenblick. Wer Japan liebt und bereit ist, von diesem japanischen Fremden zu lernen, wird vielmehr sehr bald verstehen, daß das Währenddessen eine durchgängige Ausbildung gestattet, deren Erfolg auf nichts anderem als dem Ereignis ihres Erfolgens beruht. Insofern halte ich es für angemessen, von *japanischen Techniken* oder *Techniken des Japanischen* zu sprechen – in einem Sinn von „Technik", der hoch zu erörtern sein wird, da er von der Differenz namens ‚das Japanische' selbst betroffen ist. Ich möchte im folgenden untersuchen, was Denken heißt, wenn man es als eine Technik des Japanischen neu entdeckt, und darin den Augenblick, da einer von uns mit dem Japaner allein ist, als eine eigene zeitliche Verfassung beschreiben, in der das Denken anders, als wir es von unsern traditionellen Versuchen, den Ort des Gedankens mit dem einer Tat zur Deckung zu bringen, her wissen und aktualisieren können, zu handeln beginnt.

II. Heideggers Hand –
Zum Verhältnis von Denken und Handeln

1. Die Figuren der Lektüre und die neue Relevanz des Denkens

Was also hat Heideggers Fiktion von Japan uns heute zu geben? Genauer: Warum sollten wir uns ausgerechnet jene (und nicht andere, sozio-politisch sinnvollere) Schwierigkeiten mit der eigenen Kultur zu eigen machen, die Japan in die Ferne eines Versprechens rücken und uns mit einer altmodischen Dankbarkeit auf den Abschied eines Japaners zugehen lassen? Warum sollten wir uns noch einmal auf das einlassen, was Heidegger *das Denken* nennt – und was uns mit einem Schlag der eigenen Kultur so sehr entfremdet, daß wir eher als in ihr im Gespräch mit einem Fremden den Ort und die Zeit für einen eigenen Gedanken finden?

Dieses Buch fordert, wie schon deutlich geworden ist, nicht zu einer Auseinandersetzung mit einem realeren Japan auf. Es vermeidet sie eher, wie Heidegger es getan hat, folgt der Spur dieses Vermeidens entgegen den berechtigten Warnungen, die von japanischer wie von deutscher Seite ergangen sind, und erfüllt sich auf diese Weise den Wunsch, unentwegt, sozusagen mit jedem Gedanken in das Währenddessen zurückzukehren. Dadurch hat der Name „Japan" hier auch die Funktion, die Möglichkeit zu markieren, daß *wir* (eine Gemeinschaft von Lesern, die nur das Personalpronomen zusammenfügt) mit dem, was *unsere Kultur* heißt und uns unter dieser Bezeichnung vertraut gemacht wird, nicht völlig übereinstimmen und daß inmitten der erfolgreichen Bilanz, die das vernünftige Vertrauen zieht und die im übrigen das eigentliche Medium gleichwelcher kulturellen Identität und *ihrer* Differenzen sein dürfte, noch

53

etwas geschieht, was zuviel oder zu wenig ist, um zu Kultur zu werden, gleichzeitig aber keine Zuflucht außerhalb des Kulturellen mehr findet. Der Name „Japan" kann und soll dazu dienen, diese Möglichkeit auf eine bestimmte Weise in Erinnerung zu rufen und darin auf eine bestimmte Weise vergessen zu machen – denn die Rede von „Japan" möchte hier einen Diskurs zu Gast haben, der beides zugleich benötigt, um vom *Denken* zu sprechen, und sich gewissermaßen selbst in der Differenz von Erinnern und Vergessen aufhält.

Es geht um das Denken. Es geht um die Wirklichkeit des Denkens – oder, noch schlichter und womöglich naiver: darum, wirklich zu denken. Das Denken sei das eigentliche Handeln, hat Heidegger behauptet.

Was tut ein Philosoph? Das klingt wie eine Kinderfrage, deren Antwort in *Sofies Welt* steht. Aber wenn wir davon ausgehen, daß ein Philosoph nicht dasselbe ist wie ein Philosophieprofessor, sollten auch beide eine Person sein, und daß jenes sogenannte Philosophieren, das ihm zugeschrieben wird, also nicht in der Lehr- und Forschungstätigkeit des Akademikers aufgeht, ist es nicht so abwegig, etwas derartiges erfahren zu wollen: Gibt es ein philosophisches Handeln? Das heißt, gibt es eine Handlung, in der sich die Philosophie als solche wiederfindet und die geeignet wäre, sie zu bestimmen?

Diese Frage bekommt sogar eine besondere Dringlichkeit in der entstandenen Situation, nachdem die französischen Philosophen, die uns während der vergangenen dreißig Jahre beschäftigt und den Begriff der Philosophie immer wieder über die Gattungsgrenzen einer akademischen Disziplin hinaus belebt haben, bis auf Jacques Derrida gestorben sind und wir nicht absehen, ja nicht einmal ahnen können, wie es mit der Philosophie weitergehen wird. An den philosophischen Fakultäten der Universitäten lehren heute z. T. hochqualifizierte Professoren eine Philosophiegeschichte, die nach Maßgabe der diskursiven Gepflogenheiten reicher, offener und flexibler geworden ist. Sie rekonstruieren und vermitteln das Gedachte, setzen hier und dort Akzente, arbeiten Zusammenhänge heraus und geben unter Umständen einem alten Argument eine etwas andere Wendung, die es wieder zeitgemäß erscheinen läßt. Andererseits haben die Literatur- und Kulturwissenschaften, immer empfänglich für Themen und

Probleme der Philosophie, deren Impulse in einem mitunter etwas bedenkenlosen, häufig jedoch anregenden Dialog mit Kunstwerken und soziokulturellen Phänomenen experimentell verarbeitet und dabei weiter getragen, als es im systematischen Rahmen der philosophischen Reflexion möglich war. Ist jedoch das, was da stattfindet, Denken? Können wir von diesen Forschern sagen, daß sie denken? Würden sie selbst von sich sagen, daß es Denken ist, was sie tun? Und würden sie sagen, daß das Denken ihr Handeln ist?

Sehr wahrscheinlich nicht. Das Wort „Denken" klingt für uns heute allzu einfach, fast schon primitiv – und jedenfalls anachronistisch. Natürlich wird es als Wort oft gebraucht, wenn man sagt: „Ich denke dies oder jenes…" (also im Sinn von „Ich meine", was im akademischen Kontext zugleich Relativierung und Autorisierung bedeutet). Auch die von Kant herstammende Wendung „zu denken geben" erlebt eine gewisse Konjunktur, wobei im Wesentlichen eine Überforderung zum Ausdruck kommt, der nicht zu genügen heute zur professionellen Haltung geworden scheint. Der nachdrückliche Anspruch zu denken, wie Heidegger ihn formuliert hat, wirkt dagegen deplaziert. Auf der einen Seite ist dieses Denken zu wenig rational, zu unbestimmt pathetisch, zu sehr auf eine mystische Abspaltung von der Vernunft angelegt. Auf der anderen Seite ist es gerade zu rationalistisch, zu kopflastig und körperlos, zu einseitig intellektuell und verschlossen gegen den Trieb, das Begehren und den Schmerz.

Was tut aber jemand, den Heidegger noch Denker nennen wollte? Wenn die Philosophie seit Heideggers Verstummen weitgehend ohne die Erklärungen des Wortes „Denken" ausgekommen ist, so hauptsächlich deshalb, weil sie, ohne eine solche Frage nach ihrem Handeln explizit zu stellen, einer anderen Antwort vertraut hat: Er liest. Das Konzept der Lektüre hat die Affirmation des Denkens, die Forderung nach einer Selbstreflexivität der Lektüre in den Grenzen des notwendig Verschwommenen das Streben nach einer Klarheit des Denkens ersetzt, von der selbst nie klar werden konnte, worin sie bestand. Der Text, die Schrift (*écriture*), die irreduzible Vielheit der Bedeutungen, die Materialität des Signifikanten – diese Quasi-Begriffe, die ihren eigenen Status hinterfragen und sich immer wieder der Sprache öffnen, der sie entnommen wurden, sind heute für die Philosophie ebenso wichtig wie für die Literaturwissenschaft oder andere Disziplinen; und sie ermöglichen, bei allen Hindernissen, die es weiterhin geben mag, eine Kommunikation im Schutz des Bewußtseins (d. h. des etablierten Selbstzweifels), daß wir alle vor allem lesen.[46]

Die Lektüre versteht sich dabei selbst nicht als Handlung, sondern als ein Geschehen, eine induzierte Aktivität oder Performanz in einem System von Handlungen, die über Bedeutungen entscheiden. Der wohl treffendste Name für ein solches System lautet Institution: Die Lektüre findet statt im institutionellen Rahmen eines Werks, also einer strukturell geschlossenen Organisation von Signifikanten, die wiederum auf die Institution einer personalen Identität (der Autor) und weiterhin auf die einer diskursiven Identität (die Philosophie, die Literatur) und schließlich auf die einer Identität des Sinns selbst (das Griechische, die Sprache als solche, der *lógos* usw.) verweist. Jene Akte des Lesens, die innerhalb institutioneller Determinationen den *Text* freilegen, das Spiel der Signifikanten, den Tod des Autors, die Spaltungen und Verdopplungen seiner Wiederkehr, die Überschreitungen und Verschiebungen der disziplinären Grenzen und die innere Heterogeneität und Nichtursprünglichkeit des Sinns zur Geltung bringen, gehen eher auf eine immanente Negativität der Determination selbst zurück als auf einen äußeren Eingriff, der sich als Handlung darstellen würde. Performanz, so wie der Begriff im Hinblick auf Derridas Searle-Lektüre oft verwendet wird, meint eine *andere Ausführung* dessen, was die Institution an eigenen Strategien zur ihrem Funktionieren entwickelt hat. Es ist ein anderer Weg durch den Raum organisierter Handlungsfähigkeit, der das Institutionelle der Institution umreißt.

---

46 Diese Zusicherung schließt durchaus auch die Behauptung ein, daß kein Mensch mehr lese und schreibe, wie z. B. Friedrich Kittler sie gelegentlich aufgestellt hat, denn auch jenseits des Buches bleibt das textuelle Paradigma für das Erkennen und Verstehen offensichtlich bestimmend – ja, der gegenwärtig maßgebliche Begriff von Lektüre setzt gerade dort ein, wo die Grenzen des Buches fraglich geworden sind.

Seit seinem Versuch, die Dekonstruktion mit der Gerechtigkeit zu identifizieren, hat Derrida die mit Kants Unterscheidung einer reinen und einer praktischen Vernunft sowie einer reflektierenden und einer bestimmenden Urteilskraft vorgezeichnete Heterogeneität eines auf sich selbst zurückkommenden Denkprozesses und einer in ihrem Resultat verschwindenden Handlung weiter vertieft. Das Modell des intentionalen Handelns nachdrücklich in Frage stellend, gibt er dieser Heterogeneität in *Force de loi* eine zeitliche Bestimmung: Wie weit sie auch fortgeschritten sein mag, verweist die *Reflexion* stets auf einen noch unreflektierten Rest, durchkreuzt die eigenen Voraussetzungen, verlangt mehr Zeit, erwirkt einen Aufschub. Ihre Dynamik, in sich selbst unabschließbar, kann nur gewaltsam beendet werden. Dies geschieht in einer Übereilung, da die *Entscheidung* in ihrem Charakter einer Setzung, welche die Voraussetzung zum Handeln schafft, die Sache überstürzt. Wie lange sie auch hinausgezögert wurde, tritt sie stets zu früh ein und etabliert sich daher keinesfalls auf der Grundlage einer reflektierten Rationalität, sondern letztlich durch die bloße Kraft ihres eigenen Stattfindens. Diese Verfrühung, diese gewaltsame Beschleunigung des Augenblicks auf sein Ende hin teilt sich auch der Handlung mit.[47]

Die Subtilität einer solchen Beschreibung liegt darin, daß sie Reflexion und Handlungs-Entscheidung in *einem* Augenblick zusammendenkt, statt sie wie aufeinanderfolgende Schritte auf die Linearität eines Prozesses zu projizieren, in dem die Handlung das Gedachte bloß realisiert, das Denken die Handlung bloß beurteilt und anpaßt. Reflexion und Handlung sind gleichzeitig, jedoch gerade in dieser Gleichzeitigkeit durch ihr jeweils verschiedenes Verhältnis zur Gegenwart inhomogen. Das Problem von Derridas Beschreibung besteht darin, daß die Lektüre als *performativum* der Reflexion sich auf die im Entscheidungsvorgang lokalisierte Handlung stets als auf etwas Gegebenes bezieht. Im Rahmen des Institutions-Dispositivs vergegenständlicht sich die Handlung in der

47 Vergl. J. Derrida, *Gesetzeskraft. Der „mystische Grund der Autorität"*, Frankfurt a. M. 1991.

Entscheidung.[48] Die Antwort auf die Frage, was ich tue, wenn ich lese, wird deshalb immer nur „lesen" lauten, weil das Lesen selbst zur Verkörperung und mimetischen Figuration all jener Tätigkeiten wird, die im Text bereits durch die Entscheidungen eingerichtet wurden, welche aus ihm ein Sinnganzes haben werden lassen.

Wäre es vermessen zu behaupten, daß wir heute die Figuren *kennen*, in denen die Lektüre eine Tätigkeit als Resultat einer Entscheidung ausstellt, durchstreicht, verdoppelt und verschiebt? Daß Performativität nichts anderes als der Name dieses Bekanntgewordenseins ist und daß es genau die in diesem Namen festgestellte Kenntnis ist, in der sich das Fehlen einer Frage wie der nach dem philosophischen Handeln letztlich offenbart? Die mimetische Aktivität schreibender Leser, die den aktuellen Diskurs prägt, erinnert nicht nur (mit einem in diesem Kontext positiv besetzten Bild) an spielende Kinder. Sie erinnert an Kinder, die *deshalb* spielen, weil sie ‚nicht wissen, was sie tun sollen', wie es im Elternjargon heißt – genauer: weil sie nicht wissen, was sie tun, wenn sie nicht spielen.

Die ungebrochene Prominenz des Wortes „Spiel" in zeitgenössischen Diskursen seit Derridas Nietzscheanischer Interpretation von Mallarmés Würfelwurf charakterisiert einen Zustand, in dem Zugang zum Handeln ausschließlich durch das Geschehen im Raum der Signifikanz denkbar erscheint. Das Spiel scheint derzeit diesseits wie jenseits irgendeiner kulturellen Grenze die einzige Weise zu *wissen*, was man tut (es zu wissen *und* nicht zu wissen, denn eben aus dieser dynamischen Beziehung von Wissen und Nichtwissen entsteht ja das Spiel). Und deswegen ist Spielen auch das einzige, was man tut. Es ist, wie wir wissen, interessant. Und es ist, wie wir ebenfalls wissen und nicht wissen, langweilig. Es beruht auf Langeweile, weil das Interesse auf Langeweile beruht (simple Ökonomie der

---

48 Etwa so wie die Handlung eines Dramas in einer Regieanweisung (einer Quasi-Regel oder singulären Regel). Das Potential der Performanz stellt sich dementsprechend dar wie das Spektrum von Möglichkeiten zur Ausführung bzw. Aufführung dieser Handlung – u. U. in einer Manier, die das implizite System, das die Regel entwirft, indem sie sich zirkulär darauf bezieht, in Frage stellt, untergräbt, negiert etc.

Dekadenz, mit der Vergesellschaftung des Denkens im kulturwissenschaftlichen Diskurs schon länger auch der Erkenntnis). Und es dürfte, falls es nicht bereits soweit ist, nur eine Frage der Zeit sein, bis die Langeweile selbst interessanter wird als das Spiel – und damit der Wunsch in den Vordergrund tritt, *mit dem Spielen aufzuhören*. Das Spiel ist, wie wir wissen und nicht wissen, endlich und unendlich zugleich; es ist auf der Grenze zwischen Endlichem und Unendlichem angesiedelt und bestimmt das Verhältnis des Endlichen zum Unendlichen (die Endlichkeit) als diese Grenze. Der Wunsch, mit dem Spielen aufzuhören, kann daher nicht darauf hoffen, das Spiel abzubrechen, nachdem wir uns gerade auf das Spiel eingelassen haben, um die Möglichkeit eines Endes durch Abbruch endgültig, bis in alle Unendlichkeit zu verspielen. Wer könnte erwarten, aus der Sprache herauszutreten? Der Wunsch, mit der performativen Dynamik des Spielens aufzuhören, zielt vielmehr darauf ab, den Anfang des Spiels zu beenden. Er kommt zur Sprache als der Wunsch, das zu erinnern, was mit dem Anfang des Spiels in Vergessenheit geriet: die anfängliche, durch kein spielerisches Verständnis in Interessen zerstreute Langeweile.[49] Dies alles während des Lesens.

Nur taugt das Spiel der Erinnerung, wie es sich in der Lektüre organisiert hat, nicht zur Verwirklichung eines solchen Wunsches. Und nun mag es sein, daß sich die solcherart von ihrer spielerischen Performanz gelangweilte Lektüre auf die Frage besinnt, die sie vermieden hatte zu stellen: Was *tut* jemand, der, während er liest, wirklich… denkt? Wie denkt jemand, *während* er liest? Was geschieht in

---

49 Ein Zeugnis des Interesses an der Langeweile ist die Aufmerksamkeit, die François Julliens Studie *Über das Fade* gefunden hat. Auch hier wird eine Differenz zwischen westlicher und östlicher Kultur markiert, um eine bestimmte Situation unseres eigenen Diskurses zu beschreiben. Das Andere ist in diesem Fall China, und während ,das Japanische' üblicherweise eher eine Projektion der Sehnsucht darstellt, die zähe Viskuosität des Gewebes aus Interessen und Desinteressen, das unsere zeitgenössische diskursive Identität ausmacht, mit einem Akt von faszinierender Klarheit zu zerreißen, korrespondiert ,das Chinesische' dem Begehren nach einem Zustand dumpfer, grauer, von der totalen Banalität des Todes ausgefüllter Zufriedenheit, in dem das Sprechen eine körperlich konkrete Wörtlichkeit erlangt und der Text in eine Anzahl endgültig liegenbleibender Einzelteile zerfällt. Vergl. F. Jullien, *Über das Fade – eine Eloge. Zu Denken und Ästhetik in China*, Berlin 1999.

diesem Währenddessen der Lektüre? Und *mit* diesen Fragen gibt es auf einmal wieder jemanden, der denkt – wenngleich zunächst (und vielleicht überhaupt) nur als hypothetische Referenz einer solchen Frage, als unbekannten Gast des diskursiven Vorgangs, der sie herbeigeführt hat.

2. Der Anspruch des Denkens und die Erfahrung der Endlichkeit

Inwiefern führt das gerade zu Heidegger zurück? Es gibt zwei schwerwiegende Einwände gegen das, was er Denken nennt. Der erste ist der häufiger geäußerte Vorwurf, „Denken" sei letztlich nichts als ein leeres Wort, mit dessen Hilfe Heidegger sämtliche fundierten Konzepte der abendländischen Philosophie zugunsten einer reinen Emphase verabschiede, die unfähig sei, von sich selber Rechenschaft zu geben. Folgt man dem, was Heidegger über das Wort sagt, so muß man allerdings einräumen, daß das Wort „Denken" in gewisser Weise leer ist und leer zu sein hat, um seinen Sinn nicht zu verraten. Zum Verständnis des Denkens verhilft, wie Heidegger sich sperrt, keine Erklärung der Wortbedeutung in semantischen Bezügen (Relationen zu anderen Wörtern) und kein Vorführen eines Beispiels, aus dem man verallgemeinern könnte. Zum Verständnis für das Denken führt allein die Erfahrung des Denkens, und die Aufgabe eines philosophischen Diskurses kann es nur sein, eine solche Erfahrung vorzubereiten. Die Rede des Philosophen versucht, mit der Sprache so weit zu kommen, daß eine Erfahrung des Denkens *möglich* wird. Es geht ihr in ihrem Verhältnis zur Sprache um diese Möglichkeit, und das entsprechende Verhalten sucht im Wort „Denken" einen Ort auf, wo die Möglichkeit der Erfahrung solange gewahrt bleibt, bis die Sprache selbst bereit dafür ist, sie zu gewähren. Die Rede des Philosophen insistiert auf dem leeren, weder semantisch noch denotativ auszufüllenden Wort „Denken", um der Sprache die

Zeit zur Vorbereitung für das Denken zu geben – und sie macht *in* diesem Insistieren die Erfahrung, daß es sich bei der Vorbereitung *für* das Denken bereits um die Vorbereitung *des Denkens* handelt. Darin wird die Philosophie, die Lektüre philosophischer Texte selbst zum Denken bzw. *ist* sie Denken. In der Vorbereitung für die Erfahrung des Denkens (und nirgendwo sonst) ereignet sich das Denken bereits. Der Ort der Vorbereitung ist zugleich der des Ereignisses – das Wort „Denken" nicht so sehr ein (notwendig trügerisches) Versprechen, sondern die Spur eines Ereignens, das gewissermaßen längst wirklich ist, bevor der Diskurs überhaupt damit beginnen könnte, das Ereignis als reales zu erwarten oder nicht zu erwarten.

Jeder Versuch zu denken geht so daran, die Wirklichkeit des Ereignens zu bezeugen und zu bewahren, die Sprache für dessen Wirkungen empfänglich zu machen, damit wir *während* des Nachdenkens über das Denken erfahren, was wir weder vorher wissen konnten noch nachher jemals wieder wissen werden: daß wir nicht auszusprechen brauchen, was unaussprechlich ist, weil es sich im ausgesprochen Sagbaren schon lange mitteilt, im Sichtbaren schon lange zu sehen ist, im Hörbaren schon lange ertönt; und daß wir nicht zu warten brauchen, sondern vom Anspruch der Zeit und des ihr vereigneten Seins selbst aufgefordert sind, zum Ende zu kommen und beim Ende zu bleiben. Beim Denken handelt es sich um ein Enden – um das Enden *währenddessen*, das Aufsuchen jenes Endes, das nicht im Abschluß eines Prozesses liegt, sondern im ereignishaften Sichschließen des Währenddessen zu einer eigenen Weise, mit der Sprache in der Zeit zu sein. Die Erfahrung des Denkens ist die Erfahrung *dieser* Endlichkeit.

Welchen Wert hat eine solche Erfahrung? Keinen, würde Heidegger sagen. Eine Erfahrung des Endes ist nicht verwertbar. Die Ökonomie der Verwertung verkennt auf ganzer Linie die Endlichkeit. Mit dem Ende kann man nichts anfangen, wenn es dabei um die Etablierung eines Produktions- und Nutzungskreislaufs gehen sollte. Beim Ende kann ich nur bleiben, und allein das Bleiben gewährt Einsicht in die darin beschlossene Anfänglichkeit. Warum aber sollen wir bleiben – auf diese Weise, die uns um jeden vorstellbaren Ertrag an Wissen, Weisheit, Lebensqualität oder Bequemlichkeit bringt? Geht es hier um eine implizite Ethik des Verzichts, die sich mit dem Entzug zu einem trotzigen Bollwerk gegen die Positivität der Lust verbündet? Oder handelt es sich bei dieser rigiden Antiökonomik um ein Mißverständnis des Heideggerschen Denkens, dem wir deshalb aufsitzen, weil Heidegger selbst ihm zu oft nachgegeben hat?

Der zweite, nachhaltigere Einwand gegen das Denken formuliert sich gar nicht als solcher. Denn die Frage nach dem Wert des Denkens wird heute nicht mehr in der Erwartung eines echten Wertes gestellt. Sie drückt vielmehr schon eine Gleichgültigkeit aus, die ihrerseits auf das Wissen zurückgeht, daß es vollkommen echte Werte ebensowenig gibt wie vollkommen falsche Werte, daß mithin nichts wahrhaft wertvoll und andererseits nichts wahrhaft wertlos ist. Die *Fiktion*, die eine solche Haltung dazu motiviert, sich etwas zuzuwenden, weiß sich zwischen der Vorstellung eines Wertes und dem Risiko der Wertlosigkeit in der Schwebe zu halten. Sie erzeugt gerade so Interessen, die sich mit weiteren Interessen auf eine bestimmte Zeit arrangieren. Die Lektüre nimmt derartige Interessen wahr. Sie folgt dem, wovon sie weiß, daß es vielleicht etwas sein könnte, was für eine Wahrheit in Frage kommt; und mit jedem Signifikanten, den sie dem Text entnimmt und ihrem eigenen Text hinzufügt, versteht sie es besser, sich im Raum jenes Vielleicht einzurichten. Derrida hat die Ökonomie dieses Vorgehens ausführlich beschrieben.

Demnach würde der Anspruch des Denkens, vollkommen wert*los* zu sein, die ökonomischen Prinzipien der Textualität ebenso verkennen wie der klassische Anspruch der Rationalität auf einen festen Wert. Und tatsächlich betrifft Derridas Kritik an Heidegger genau diese Unverhältnismäßigkeit seines Anspruchs. Es gibt, so Derrida, immer ein Interesse, eine *Reihe* von Interessen; es gibt immer Begehren, Mangel, Spekulation auf einen möglichen Gewinn. Jede Verneinung, ebenso jede Affirmation ragt dort, wo sie eine sprachliche Form annimmt, ins Vielleicht. Um sich wirklich von der Metaphysik zu lösen (und seine Verstrickung darin wirklich anzuerkennen), hätte Heidegger vor allem eines tun müssen: einräumen, daß – und sagen, weshalb er sich für das Sein *interessiert*. Es wäre für ihn einzusehen gewesen, wie gerade auch das Denken sich durch ökonomische Zugeständnisse an die Sprache, an die Kommunikation, an den institutionellen Erfolg, an die Psyche des Autors usw. kompromittiert. Und das hätte bedeutet, die *technischen* Verfahren wahrzunehmen, die das Denken verwendet und für die „Lektüre" in Derridas Sprachgebrauch eine Art unausgesetzter Metonymie darstellt.

Diese Argumentation ist nicht geringzuachten, ihr Effekt nicht zu unterschätzen. So virtuos ironisch und überlegen reflexiv die Lektüre in ihrem Ökonomiebewußtsein sich ausnimmt, so altmodisch und unfreiwillig komisch kommt uns der verbissene Ernst Heideggers heute vor, wenn er vom Denken spricht. Es scheint schwierig, dem Doppelsinn der Frage „Was heißt Denken?" noch zu folgen, die ja nicht nur herausfinden will, was Denken sei oder was das Wort „Denken" bedeute, sondern vor allem auch danach fragt, was uns das Denken notwendig macht: Was *heißt uns* Denken? – was bringt uns dazu zu denken; was fordert uns zum Denken auf, fordert uns zum Denken heraus? Für Heidegger läßt sich weder das Was noch das Wie des Denkens entdecken, solange nicht seine Notwendigkeit aufgefunden ist. Dabei handelt es sich um keinen äußeren Zwang. Niemand muß denken. Aber wer sich bis zu einem gewissen Punkt vorwagt, der bemerkt, daß es auf einmal *unumgänglich* wird zu denken. Nur wer tut das? Und warum sollte jemand es tun? Solche respektlosen Fragen gilt es Heidegger zuzumuten. *Wenn* es eine Notwendigkeit zu denken gibt, so ist sie für unsere Zeit *neu* – und vielleicht könnte man sagen: auf eine neue Weise *technisch* zu (er)-finden.

Das Ziel dieser Überlegungen ist es, eine Perspektive zu skizzieren, in der die Notwendigkeit zu denken heute neu zu entdecken wäre – und zwar in einer Gelegenheit zu handeln. Gegenüber der Ökonomie der Interessen und ihrer dynamischen Gesellschaft von Texten weist Heideggers Denken etwas Eigentümliches auf, das in seinen Texten und dem, was er mehr oder weniger glücklich sagt, noch weiterhin zu erkunden bleibt: Es hat eine besondere *Nähe zur Gleichgültigkeit*. Diese Nähe ist der widersprüchlichste, vielleicht schwächste und zugleich bemerkenswerteste Zug in Heideggers Nachkriegsschriften, und sie ist um so größer, als er selbst das Wort „Gleichgültigkeit" zugunsten anderer („Neutralität", „das Selbe") zurückweist.

Wenn Heidegger behauptet, die wahre Verschiedenheit erscheine in der Identität des Selben, und damit die radikale Differenz des Anderen *im* Sichverschließen des Eigenen sich ereignen läßt, geht er mit der Sprache nicht nur an die Grenze zum Nichtssagenden („Das Ereignis ereignet"), er verabschiedet auch all jene Möglichkeiten, für die Differenz mit einem ‚Diskurs der Differenz' einzutreten, in denen ein Interesse am Anderen bekundet oder heimlich gehegt wird. Das Verhältnis zum Anderen verträgt sich mit keiner der Interessen daran, sich zu verpflichten, die zu seinen Gunsten Partei ergreifen, ihn vor der Aneignung durch das Eigene beschützen wollen, indem sie deren Negation inszenieren, oder ihm Zeichen ihres Dankes dafür aufnötigen, daß er jenes erhoffte Begehren, das dem eigenen Begehren die Absolution erteilt, standhaft verweigert. Das Verhalten vor dem Anderen, das ihn der Andere sein läßt, kann durch keine Verbindlichkeit gekennzeichnet sein. Es gilt das Andere vor allem auch davor zu bewahren, daß es sich unter dem *Namen* des Unmöglichen in einer *Figur* des Unmöglichen auf eine Projektion unseres modernen Masochismus reduziert. Es gibt, wenn wir sehr genau darauf achten, was Heidegger in dieser Sache sagt, kein angemesseneres Verhältnis zum Anderen, als daß das Selbe das Selbe bleibt. Die Differenz, die das Andere sein läßt, ohne es in einem „ist" einzufangen, findet sich in diesem Bleiben. Das Eigen-Bleiben des Selben nennt Heidegger Gabe, und er sieht es wesentlich im „Es gibt Sein" und „Es gibt Zeit".

Weit davon entfernt, nur eine Totalisierungsgeste zu vollziehen, welche die metaphysischen Bemühungen um das Ganze im Kostüm der Metaphysikkritik wiederholt, fordert Heidegger dazu auf, im Ereignis eine andere Schließung zu denken als diejenige, die zur Geschlossenheit des Ganzen führt, und den Sinn der Wörter „Eigenes", „Aneignen", „Eigentum" anders zu verstehen als in ihrer Identifikation mit „Selbst", „Appropriation" und „Besitz", um so schließlich für die Differenz in einem nicht dramatischen, nicht im Schauspiel der Dynamik von Abschluß und Öffnung, An- und Enteignung, Sammlung und Zerstreuung usw. erscheinenden Augenblick aufmerksam zu werden. Heidegger gibt den Augenblick eines Bleibens zu denken – *den* Augenblick, in dem das Selbe das Selbe bleibt. Und es ist so unmöglich, sich für diesen Augenblick zu interessieren (ihn zu erwarten *oder* nicht zu erwarten, sich seiner zu erinnern *oder* ihn zu vergessen, ihn mit anderen zu verknüpfen *oder* davon abzutrennen), daß die hingebungsvolle Bereitschaft, sein Vergehen zu beachten, d. h. die vollends neutrale Haltung, die der Sprache dafür abverlangt wird, sich selbst am Ende nicht mehr von einer Gleichgültigkeit zu unterscheiden vermag.

Das ist die Gefahr, die Heidegger wahrnimmt. Ein Satz wie „Das Ereignis ereignet" (streng genommen alles, was sich vom Ereignis sagen läßt) läuft nicht nur Gefahr, logischen Anforderungen nicht zu genügen, weil seine Aussage solipsistisch ist; er geht mit der Sprache so weit (zurück), daß *ihre* Möglichkeiten, einen Unterschied zu markieren, sämtlich versagen. Das Ereignis ereignet. Die Dinge dingen. Die Welt weltet. Die Stille stillt. Die Sprache spricht. Zeugnisse des Bleibens, sind diese Formulierungen alle gleich. Das Denken denkt. Und mit der Wirkung des Denkens findet ein Ausgleich in der Sprache statt, der sie ihres Reichtums an Andeutungen, Motivationen und Plausibilisierungen beraubt. Niemals war die Sprache so gleichgültig wie in der Präzision, die Heidegger ihr abverlangt, wenn er versucht, das Selbe zu sagen.

Und doch handelt es sich bei dieser Gleich-Gültigkeit um kein bloßes Desinteresse, keinen Mangel an Engagement oder Differenzierungsvermögen. So jedenfalls behauptet Heidegger, da er das Wort „neutral" von der Indifferenz und die Identität des Selben vom unterschiedslos Gleichen distanziert. Es zu beglaubigen, fällt ihm notwendig schwer. „Das Selbe ist niemals das Gleiche", schreibt er in *Identität und Differenz*[50] – um jedoch festzustellen, daß die ganze technische Moderne dieses Apodiktum bedroht und bereits begonnen hat, am Ort jenes „niemals" eine neue Organisation, ihre neue Gesellschaft, Wirtschaft, Religion und vor allem ihre neue Sprache zu initiieren. Heideggers Warnungen vor der Technik, die in keiner seiner späteren Schriften fehlen, münden in den Vorwurf, daß in deren kybernetischer Organisation die Differenz des Selben sich im unter-

---

50   M. Heidegger, *Identität und Differenz*, Pfullingen 1957, S. 41.

schiedlos Gleichen verliere. Wie *nahe* Selbes und Gleiches einander dabei sind, zeigt die subtile Umdeutung des Wortes „Ge-Stell" aus dem *Kunstwerk*-Aufsatz zum Namen für das Wesen der Technik und so zum „Vorspiel des Ereignisses", in dem gleichwohl „ein anfänglicheres Ereignen" verwunden sei.[51] Heidegger investiert die volle Kraft seiner Rhetorik in dem Unterfangen, das Selbe gegen das Gleiche zu behaupten, indem er letzthin beides *in das Selbe* denkt.[52]

Ob uns heute am Gelingen seines Unterfangens liegt oder nicht – wichtig und, im Wortsinn, atemberaubend ist die Nähe, in die darin die denkerische Aufmerksamkeit für das Selbe und die Gleichgültigkeit zueinander rücken. Denken, so könnten wir mit einer Heidegger wohl wenig angenehmen, ihn aber doch genau nehmenden Formulierung sagen, ist nur um ein Blinzeln vom gleichgültigen Blick verschieden. Es ist eine besondere, dabei nicht so auffällig ungewöhnliche Weise, im Bereich des Gleich-Gültigen das Ungedachte ausfindig zu machen.

Wer zu Beginn des 21. Jahrhunderts unsere Kultur betrachtet, wird nicht übersehen können, in welchem Maß sie auf Gleich-Gültigkeit, d.h. auf dem systematischen Ausgleich von Relevanz und Irrelevanz beruht. Dabei ist das Gleiche der Gleich-Gültigkeit weder nur etwas Negatives noch etwas Einheitliches. Gibt man die pessimistische Hypothese auf, eine gleichgültige Haltung dokumentiere lediglich verfallene und verkommene Sorge, so zeigt sich zum einen, daß die zeitgenössische Gleichgültigkeit mit einer Vielzahl von Interessen und Aktivitäten einhergeht, ja diese in gewisser Weise mit hervorbringt, und zum anderen kommen in den Interessen und Ak-

---

51 Ebd., S. 20.
52 So letztlich auch die Pointe von Heideggers Nietzsche-Lektüre, weshalb er Nietzsches Modell der Wiederkehr des Gleichen von einer Logik des *Wertes* ablöst, da er im Wert der Umwertung das Letzte erblickt, was sich dem Ereignis des Selben widersetzt. Vergl. für eine ausführlichere Diskussion von Heideggers Verhältnis zur Technik und der Problematik des Selben/Gleichen van Eikels, *Zeitlektüren*, S. 333–380 und W. Schirmacher, *Ereignis Technik*, Hamburg 1980.

tivitäten durchaus verschiedene Qualitäten des Gleichgültigen zum Vorschein – weshalb wir Anlaß genug haben, dem abfälligen Begriff neue, nicht durch Pessimismus (oder einen ihm bloß aus Trotz entgegengehaltenen Optimismus) verstellte Beachtung zu schenken und ihn auf seine Nuancen zu prüfen. Ob dies mit oder ohne Heidegger geschieht, dürfte am Ende nicht so entscheidend sein wie die Fähigkeit eines solchen Sicheinlassens mit dem Gleich-Gültigen, die Ungleichgültigkeit der eigenen Frage nicht vorschnell an eines jener Interessen zu verlieren, die den soziokulturellen Text der Gegenwart mit frischen Möglichkeiten versorgen. Soll diese Frage bis zu ihrer Sache gelangen, so gilt es das Gleich-Gültige und das Ungleichgültige in der größten Nähe zueinander zu halten, ja in dieses Verhältnis einer unentwegten Annäherung selber einzutreten. Genau das möchte ich hier Denken nennen.

Ist dieses Denken somit Heideggers Denken? Ja und nein. Es ist ein Denken, das bei Heidegger einen Gedanken findet, in dem es sich selbst erstmals wirklich entdeckt. Und es ist ein Denken, das – mit seinen eigenen Worten, auf seinem eigenen Weg zur Sprache, in den Spuren seines eigenen Interesses – gegen Heideggers Seinsdenken gleichgültig wird. Es handelt sich um eine Vergleichgültigung Heideggers, die von keinem anderen Ort ausgeht als seinem Text, jedoch von einer Stelle, wo dieser Text selbst so offensichtlich den Versuch darstellt, einen anderen Ort zu beherbergen, daß einsehbar wird, wie sehr Heidegger für sein Denken eine gewisse Gleichgültigkeit wünschte. Freud hat uns gelehrt, daß Träume den Wunsch des Schlafenden auch gegen seinen Willen erfüllen. In diesem Sinn entfalte ich auf diesen Seiten einen Traum Heideggers, dessen manifester Inhalt das Bild einer Hand und eine Gebärde sind und dessen Handlung irgendwie nach Japan verlagert ist. Ich beschreibe und analysiere ihn mit einiger Ausführlichkeit – in der Gewißheit, daß Heidegger ihn unmittelbar nach dem Erwachen vergessen hat und dort, wo er ihn erzählt, von etwas ganz anderem spricht.

3. Derridas Kritik des abendländischen *logos* in *Heideggers Hand*

In *Heideggers Hand*, einem Vortrag von 1985, der als zweiter Teil einer Auseinandersetzung mit dem „Geschlecht" erschien, zitiert J. Derrida aus *Die Technik und die Kehre* Heideggers Behauptung, das Denken sei das eigentliche Handeln:

> ...das Denken ist das eigentliche Handeln, wenn Handeln heißt, dem Wesen des Seins an die Hand gehen. Dies sagt: dem Wesen des Seins inmitten des Seienden jene Stätte bereiten (bauen), in die es sich und sein Wesen zur Sprache bringt. Die Sprache gibt allem Überlegenwollen erst Weg und Steg.[53]

Den ausführlichen Kommentar zu dieser Stelle gibt Heidegger in einem der Stundenübergänge von *Was heißt Denken?*, wo er das Denken ein Hand-Werk nennt und das Wesen der Hand als ein denkendes bestimmt:

> Wir versuchen hier das Denken zu lernen. Vielleicht ist das Denken auch nur dergleichen wie das Bauen an einem Schrein. Es ist jedenfalls ein Hand-Werk. Mit der Hand hat es eine eigene Bewandtnis. Die Hand gehört nach der gewöhnlichen Vorstellung zum Organismus unseres Leibes. Allein das Wesen der Hand läßt sich nie als ein leibliches Greiforgan bestimmen oder von diesem her erklären. Greiforgane besitzt z. B. der Affe, aber er hat keine Hand. Die Hand ist von allen Greiforganen: Tatzen, Krallen, Fängen, unendlich, d. h. durch einen Abgrund des Wesens verschieden. Nur ein Wesen, das spricht, d. h. denkt, kann die Hand haben und in der Handhabung Werke der Hand vollbringen.
>
> Allein das Werk der Hand ist reicher, als wir gewöhnlich meinen. Die Hand greift und fängt nicht nur, drückt und stößt nicht nur. Die Hand reicht und empfängt und zwar nicht allein Dinge, sondern sie reicht sich und empfängt sich in der anderen. Die Hand hält. Die Hand trägt. Die Hand zeichnet, vermutlich weil der Mensch ein Zeichen ist. Die Hände falten sich, wenn diese Gebärde den Menschen in die größte Einfalt tragen

---

53 M. Heidegger, *Die Technik und die Kehre*, Pfullingen 1962, S. 40. Vergl. dazu J. Derrida, *Heideggers Hand (Geschlecht II)*, Wien 1988, S. 45.

soll. Dies alles ist die Hand und ist das eigentliche Hand-Werk. In ihm beruht jedes, was wir gewöhnlich als Handwerk kennen und wobei wir es belassen. Aber die Gebärden der Hand gehen überall durch die Sprache hindurch und zwar gerade dann am reinsten, wenn der Mensch spricht, indem er schweigt. Doch nur insofern der Mensch spricht, denkt er; nicht umgekehrt, wie die Metaphysik es noch meint. Jede Bewegung der Hand in jedem ihrer Werke trägt sich durch das Element, gebärdet sich im Element des Denkens. Alles Werk der Hand beruht im Denken. Darum ist das Denken selbst das einfachste und deshalb schwerste Handwerk, wenn es zu Zeiten eigens vollbracht sein möchte.[54]

Was heißt das? Von welcher Hand ist die Rede? Inwiefern hilft die Hand dem Denken? Vor allem aber: Wie bestimmt die Hand das Denken? Können wir von der Hand her etwas vom Denken erfahren, was auf anderem Weg unsichtbar bleiben muß? Ist die Hand für das Denken ein bevorzugter oder einmaliger Weg zu sich selbst?

Beide zitierten Passagen kreisen um dieselbe Behauptung, und es handelt sich dabei zunächst um nichts anderes als eine Behauptung. Widerspruch ist jederzeit, auch hier schon möglich und wäre wahrscheinlich schnell bei der Hand, wenn nicht die Behauptung als solche nachhaltig irritierte, denn sowohl der Wunsch, ihr zu entsprechen, als auch der, ihr zu widersprechen, stößt sogleich auf folgende Schwierigkeit: Sie ist offenbar nicht im üblichen referenziellen Sinn des Aussagens wörtlich gemeint. Heidegger initiiert keine kognitionsbiologische Sicht der Hand, die das Denken in ein bestimmtes Organ verlagert. Er spricht von der Hand nicht so, wie man vom Fuß oder von irgendeinem anderen Körperteil sprechen würde; auch nicht so, wie man gewöhnlich sagt, der Mensch denke mit dem Kopf, oder verlangt, daß er stärker mit dem Bauch oder mit dem Herzen denke. Es handelt sich aber wohl auch nicht um eine Metapher, denn die Hand stellt in ihren Handlungen kein Bild für das dar, was das Denken tut, wenn es denkt, und ebensowenig gibt sie bloß das Identifikations-Vorbild für eine organizistische Körpermystik ab. Wenn Heidegger sagt, das Denken sei ein Hand-Werk, dann mutet dieser Satz seinem Leser eine ebenso schwer verständ-

---

54   M. Heidegger, *Was heißt Denken?*, Tübingen 1954, S. 50f.

liche Einfachheit zu wie die berühmte Aussage, die Sprache sei das Haus des Seins, zu der er selbst warnend hinzusetzt: „Die Rede vom Haus des Seins ist keine Übertragung des Bildes vom ‚Haus' auf das Sein, sondern aus dem sachgemäß gedachten Wesen des Seins werden wir eines Tages eher denken können, was ‚Haus' und was ‚Wohnen' sind."[55] Derrida markiert daher die Formulierung von der denkenden Hand als eine der Stellen, wo Heideggers besondere Weise des Denkens und Sprechens in einer eigenen Bestimmung hervortritt. Seine Frage nach der Hand beabsichtigt keine Untersuchung eines isolierten Motivs, sondern einen Zugang zu Heideggers Denken, der es in seinem eigenwilligen Umgang mit der Sprache aufzuspüren versucht:

> Es ist geboten, die Hand zu denken. Doch man kann sie nicht denken wie ein Ding, ein Seiendes, und noch weniger wie ein Objekt. Die Hand denkt, bevor sie gedacht wird, *sie ist Denken*, sie ist ein Gedanke, sie ist das Denken.[56]

Da die Hand denkt, bevor sie gedacht wird, entzieht sich das, was das Wort „Hand" hier besagt, den geläufigen Kriterien, mittels derer wir *etwas* denken. Und wie die Frage nach der Alternative zwischen wörtlicher und metaphorischer Bedeutung gleiten auch andere Klärungsversuche an Heideggers Aussage ab. Ist die Hand konkret oder abstrakt gemeint? möchte man beispielsweise wissen. Handelt es sich um *die* Hand, die *ich* hier habe und von der ich ein gewisses Erlebnis haben kann, indem ich mit ihr handle? Oder verweisen der bestimmte Artikel und die Einzahl (Hand, nicht Hände) auf eine Allgemeinheit, wie ich sie hier, unter meinen beiden Händen, nicht finde, und die Dimension, in der es die Hand gibt, wäre von daher nur durch eine Abstraktion zu erschließen? Und weiter: Wenn, wie Derrida nahelegt, die Hand denkt, soll das heißen, sie denke *selbst* – also sie und nicht der Mensch als das Organ Hand umfassende Totalität (Körper, im Verhältnis zum Geist) sei das eigentlich denkende We-

---

55 M. Heidegger, *Brief über den Humanismus*, Frankfurt a. M. 1949, S. 43
56 Derrida, *Heideggers Hand*, S. 63

sen? Oder denkt etwa der Mensch, der das Hand-Werk des Denkens beherrscht, *mit* der Hand in dem Sinn, daß die Hand das Instrument, das Mittel oder Medium des Denkens ist?

Die Antwort lautet in jedem Fall: weder noch. Die Passage bleibt dunkel – oder weniger dunkel als offensichtlich unverständlich in ihrer Deutlichkeit. So überrascht es kaum mehr, wenn Heidegger im selben Zug behauptet, das Denken sei das „eigentliche Handeln" – allerdings sogleich hinzufügt: „*wenn* Handeln heißt: *dem Wesen des Seins* an die Hand gehen."

Eine philosophische Lektüre würde zweifellos von diesem Konditionalsatz her beginnen. In der Tat läßt sich so die eigentümliche Bestimmung des Handelns bis auf jene Hoffnung zurückverfolgen, die Heidegger im *Brief über den Humanismus* in Gestalt einer großen Interpretation des Seinsdenkens äußert: daß das Sein denke und das Denken nur vermöge seiner Zugehörigkeit zum Sein ein Denken sei.[57] Es mag sinnvoll sein, das Nachdenken über die Hand mit einer solchen Lektüre vorzubereiten.

Fragen wir deshalb zuerst nach dem An-die-Hand-Gehen. Offenbar stellt es keine bloße Mit-Hilfe im Sinn einer Verringerung der Anstrengung, einer Beschleunigung des Ablaufs o. ä. dar. Es ist ein *Bereiten*, und Heidegger erklärt das wiederum als Bauen:

Dies sagt: dem Wesen des Seins *inmitten des Seienden jene Stätte bereiten (bauen)*, in die es sich und sein Wesen zur Sprache bringt. Die Sprache gibt allem Überlegenwollen erst Weg und Steg.

Eine Lektüre, die sich, angeregt von derjenigen Derridas, im Bedeutungsraum von Heideggers Texten umherbewegt, kann diesbezüglich die folgenden Implikationen herausarbeiten:

1) Die Hand in dieser Handlung des Denkens ist nicht allein die eigene Hand des Handelnden, sondern zugleich, vielleicht zuvor die Hand eines anderen, dem das Denken *zur Hand* geht (die Hand

---

57 Heidegger, *Brief über den Humanismus*, S. 6 f.

„reicht sich und empfängt sich in der anderen", heißt es in *Was heißt Denken?*). Heidegger spricht dem Wesen des Seins als dem zu Bedenkenden zwar keine Hand zu, die unabhängig von jener ihm an die Hand gehenden Hand des Denkens wäre. Aber mit der Formulierung vom An-die-Hand-Gehen sind in gewisser Weise von Anfang an zwei Hände beteiligt bzw. ist die Hand, um die es geht, in ihrem Bezug zum Wesen des Seins als eine *helfende* und in ihrer Hilfe sich einer anderen mit-teilende berührt. Gerade hinsichtlich seiner eigenen Bestimmung als Handeln sollte sich das Denken so niemals gegenüber dem Wesen des Seins, das es bedenkt, verselbständigen können. Seine eigene Hand, die Hand seines Handelns eignet sich nur, um einer anderen zur Hand zu gehen. Andererseits vermeidet Heidegger es, hier wie überall, von der Hand in der Mehrzahl zu sprechen. Es sind nicht Hände, die denken oder sich beim Denken helfen, sondern es ist gerade auch im Bezug zur anderen *die* Hand. Diese Hand ist nicht eine von zweien, weder die linke noch die rechte. Das Kantsche Paradigma der Orientierung tut hier nichts zur Sache. Die Hand, um die es geht, ist keine von beiden (vielleicht eine dritte, *neutrale* Hand).[58]

2) Wenn es sich bei der Handlung der denkenden Hand nicht um eine Bewegung von rechts oder links aus handelt, was heißt dann hier „gehen"? Offenbar deutet das *An-die-Hand-Gehen* eine ursprüngliche Nähe und Vertrautheit des Denkens zum Wesen des Seins an – eine Nähe, die sich gerade deshalb in der Hand zeigt, weil sich nicht entscheiden läßt, um wessen Hand es sich handelt und die eigentliche Handlung der Hand ein Zur-Hilfe-Kommen ist. In der Sache des Denkens gibt es keine Arbeit aufzuteilen; dennoch kommt das Denken zu seiner Sache und kommt es also zum Denken nur dann, wenn die Hand dem Wesen des Seins zur Hilfe kommt. Heidegger nennt das, wozu es mit dem Zur-Hand-Gehen für das Wesen des Seins kommt, ein Bereiten. Handelt das Denken, so bereitet (baut)

---

58 In diese Richtung deutet die Verknüpfung von Derridas Untersuchung zur geschlechtlichen Neutralität des Daseins *Geschlecht (Heidegger)* mit dem Vortrag *Heideggers Hand*, der den Zusatz *Geschlecht II* trägt.

es dem Wesen des Seins inmitten des Seienden eine Stätte. In *Bauen Wohnen Denken* nennt Heidegger das Bauen bekanntlich die Eröffnung des Ortes als eines Offenen und bezeichnet den aus diesem Ort gedachten Raum als das Einräumende. Derrida hat in einer Auseinandersetzung mit dem platonischen Begriff der *chôra* (wiederum ausgehend von einer Bemerkung Heideggers, der *chôra* als das Sichabsondernde von allem Besonderen und so den Raum Vorbereitende versteht) ein solches Denken des Ortes und des Raumes reflektiert und dabei auch die dynamische Logik eines Worts wie „Stätte" oder „Statt" (frz. „lieu") untersucht, das auf ein „an-Statt" („au-lieu") verweist und seine Offenheit durch eine ständige Überschreibung und Neueinschreibung bewahrt.[59]

Hinsichtlich der Hand allerdings wäre noch einmal neu zu fragen: Wie das Offene bauen? Wie eine Stätte für dasjenige bereiten, was nicht stillsteht und sich in seinem Bestand gleich bleibt, sondern in seiner Weise zu bleiben zur Quelle aller Verwandlungen wird? Inwiefern vermag das die Hand, gerade und nur die Hand? In *Was heißt Denken?* führt Heidegger als Beispiel für den Handwerker den Schreiner an. Dieser ist nicht bloß Tischler – das Wort „Schrein" in seinem Namen strahlt bis in die Behauptung aus, das Denken sei das Bauen an einem Schrein. Dabei kommt es Heidegger, abgesehen davon, daß das Gebaute nicht irgendein Gebrauchsgegenstand, sondern ein Ort der Verehrung und der Begegnung mit den Göttern ist, auf die Übereinstimmung des Bauens mit dem Wesen des Holzes an, das es braucht. Die Hand des Schreiners stellt für ihn kein bloß aktives Organ dar, das blind und mechanisch einen vorgefertigten Plan vollstreckt; sie hat bzw. *ist* die Fähigkeit, dem, womit sie umgeht, zu *entsprechen*. Ihr Handeln ist ein entsprechendes Umgehen, und in diesem Entsprechen liegt ihr ursprüngliches Verhältnis zur Sprache (nicht Sprache als Ansammlung von Wörtern und Struktur grammatischer Bezüge, sondern Verhältnis im Sinn einer Zusage, in

---

59 Vergl. J. Derrida, *Chôra*, Wien 1990; Heideggers Bemerkung in: *Einführung in die Metaphysik. Freiburger Vorlesungen Sommer-Semester 1935*, GA Bd. 4, Frankfurt a. M. 1983, S. 50 f.

der mein Handeln steht und die sich im Anspruch des Holzes an mich formuliert).[60]

3) *Bereiten* hat einen zeitlichen Sinn, der einerseits auf das Vorbereiten, andererseits aber auch auf die augenblickliche Bereitschaft verweist. Man kann sich selbst bereit machen oder bereit sein. Das Gelingen einer spirituellen Unterweisung z. B. hängt nicht zuletzt am Verständnis dieses Unterschieds (was den Tod anbelangt, verfällt vor ihm vielleicht alle Vorbereitung, und es bleibt am Ende nur eine Bereitschaft, die dem Eintreten des Ereignisses zu seiner Zeit nichts entgegensetzt; Vorbereitung auf den Tod kann in dieser Perspektive nichts anderes sein als allmähliche Einsicht in das Wesen der Bereitschaft bar jeder Präparation).[61] Dieser Unterschied betrifft womöglich auch das Bereiten von etwas für den anderen. Man bereitet jemandem ein Lager – heißt, man macht einen Ort für ihn zurecht, schafft oder akzentuiert jene Eigenschaften, die diesen dafür geeignet machen, daß der andere dort bleiben kann. Der Ort, der in Heideggers Sache bereitet wird, ist die Sprache. Das Wesen des Seins soll zur Sprache kommen. Um das zu ermöglichen, braucht es einen Ort für dessen Bleiben. Denn das *Wesen* ist als Währen ein Bleiben, und es wird nur sein können, was es ist, wenn das Sprechen ihm in der Sprache zu bleiben gestattet. Dem Bereiten geht es daher um das Bleiben: um die Bereitschaft zu bleiben, die das Denken der Sprache für das Wesen des Seins geben muß; um ein Bleiben, zu dem die Sprache dem Wesen des Seins mit dieser Bereitschaft, die in der Zuständigkeit der Hand liegt, verhelfen muß. Es geht um das Bereiten des Bleibens, um das Bleiben-*Lassen* in dem Sinn, in dem Heidegger das Wort „lassen" häufig gebraucht. Will es das Wesen des Seins denken, so muß das Denken für das Wesen selber zu einer Bleibe werden, muß es, indem es ihm zur Hand geht, ihm seine Hand zur Hilfe reicht, sie ihm gibt und solchermaßen *sich* gibt, mit ihm *zusammen gehen*. Die Handlung des Denkens ist ein Akt des

60 Vergl. Heidegger, *Was heißt Denken?*, S. 49 f.
61 Vergl. J. Derrida, *Aporien. Sterben – auf die „Grenzen der Wahrheit" gefaßt sein*, München 1998.

Zusammengehörens von Denken und Wesen. Sie ist vielleicht *der* Akt des Zusammengehörens überhaupt, aus dem der Begriff des „Wesensdenkens" verständlich wird (den eine traditionelle Auffassung auf ein Denken des Wesentlichen, der *epistéme*, im Unterschied zum Unwesentlichen, der *dóxa*, reduziert).

Heidegger würde empfehlen, das Vorbereiten vom Bereiten her zu denken und nicht umgekehrt jenes vom Vorbereiten, das stets ein strategisches Moment des Berechnens, der Antizipation und der ökonomischen Kalkulation von Zeit impliziert. Es wäre hinsichtlich des Handelns der Hand jedenfalls zu unterscheiden zwischen einem Sich-Vorbereiten auf das Kommende und einem Sichvorbereiten des Kommenden in dem, was eben geschieht (insofern „*inmitten* des Seienden") und dessen Fortsetzung letzthin vollkommen offen bleibt. Wie Heidegger schon in *Sein und Zeit* unablässig betont, ist das eigentlich Kommende für das Dasein nicht das Ausstehende, sondern das ihm Zu-kommende, aus dessen Zusage das Gegenwärtige *bereits* geschieht. Dieses „bereits", mit dem Heidegger auf das Gewesene, jenes „immer-schon" hinweist, aus dem das Dasein seinen Anfang nimmt, verschafft sich auch im Bereiten Gehör. Einen Ort bereiten hieße demnach etwa soviel wie: ihn aus dem Gewesenen aufschlagen. Ein solcher Ort wird nur eröffnet, indem er als das bewohnt oder belagert wird, was er bereits ist. Das Bereiten holt nicht etwas anderes herbei, um den Ort auszustatten, verändert ihn selbst oder schafft ihn aus eigener Kraft erst neu. Es verlangt vielmehr, die Bereitschaft in dem Ort wahrzunehmen, die bereits da ist. Der Ort, um den es geht, muß sich für das Wesen des Seins eignen. Diese Eignung wird nicht die Spezifität einer Qualifikation haben, aber ohne sie gelingt nichts. Und das Gespür *dafür* hat die Hand.

4) „Die Hand reicht und empfängt", heißt es weiter in *Was heißt Denken?* – „und zwar nicht allein Dinge, sondern sie reicht sich und empfängt sich in der anderen. Die Hand hält. Die Hand trägt. *Die Hand zeichnet, vermutlich weil der Mensch ein Zeichen ist.*" Derrida rückt das in die Nähe von Hölderlins Gedicht *Mnemosyne*, das Heidegger oft zitiert:

Ein Zeichen sind wir, deutungslos
Schmerzlos sind wir und haben fast
Die Sprache in der Fremde verloren[62]

Die Erörterung des Sprachwesens und das Gedicht bilden bei Heidegger, wie man weiß, eine unauflösliche gedankliche Verbindung, die ihren Sinn in der besonderen Bewandtnis des *Wortes* hat. Die Nachbarschaft von Dichten und Denken erweist sich darin, daß Dichten und Denken die Erfahrung des Wortes gemeinsam haben. Dabei bezeichnet Heidegger mit „Wort" nicht die lexikalische Einheit, das Wort im Unterschied zu Wörtern, sondern das Wort als Dichterwort, dessen Einheit in einer Kraft zur Versammlung, einer gemeinsamen Zueignung liegt. Es handelt sich nicht um das *gegebene* Wort, wie die grammatische Darlegung der Sprache es repräsentiert, sondern um das *gebende* Wort, das der Sprache ihre ursprüngliche Kraft zu rufen und zu nennen gibt. Für die Erfahrung dieses Wortes braucht der Dichter eine Hand, die selbst bereit ist zu geben, nämlich das Wort sein *zu lassen*. Um das Wort zu hören, ist es nötig, sich im Umgang mit der Sprache dem Anschlußdruck einer immer nur fortschreitenden und zu weiterem drängenden Rede zu entziehen. Es gilt, beim Wort zu *bleiben*. Das will nicht auf bloßes Innehalten in der Bewegung hinaus. Heidegger denkt auch das Bleiben als ein zeitiges, er denkt hier eine besondere Bewegtheit, die den Charakter der Fortbewegung zugunsten einer größeren, wesensgemäßeren Nähe zur Flüchtigkeit verloren hat. Das Bleiben beim Wort gewährt erst Zugang zur *eigenen* Bewegung des Wortes: dem Entzug. Das Wort entzieht sich – es *gleitet*, wie Heidegger in *Unterwegs zur Sprache* mit Bezug auf S. Georges Gedicht *Das Wort* sagt, *aus der Hand*.[63] Erst darin erlangt es die Wörtlichkeit seines Sagens, denn es sagt wesentlich die Wahrheit des Entzugs als die Wahrheit des Seins und der Zeit.[64]

---

62 Vergl. Derrida, *Heideggers Hand*, S. 54 ff.
63 Heidegger, *Unterwegs zur Sprache*, S. 260 ff.
64 Auch im Anschluß an die zitierte Stelle aus dem Stundenübergang von *Was heißt Denken?* kommt Heidegger auf das Bedenklichste (das Sein) zu sprechen, das sich entzieht – weshalb wir „noch nicht denken" (vergl. *Was heißt Denken?*, S. 51 f.).

5) Mit der zeigenden und zeichnenden Hand geht es um das Zeichen, das *der Mensch ist*. Die Hand dient Heidegger zur Bestimmung der Besonderheit des menschlichen Seins, und er markiert diese Besonderheit, wie Derrida hervorhebt, nicht nur in sich selbst, von innen heraus, sondern auch von außen mittels einer Abgrenzung der menschlichen Hand gegenüber dem Greiforgan des Primaten: „Greiforgane besitzt z. B. der Affe, aber er hat keine Hand." Die Hand ist Heidegger zufolge von allen Greiforganen „unendlich, d. h. durch einen Abgrund des Wesens" verschieden. In der *Parmenides*-Vorlesung heißt es dazu ausführlicher:

> Der Mensch selbst ‚handelt' durch die Hand; denn die Hand ist in einem mit dem Wort die Wesensauszeichnung des Menschen. Nur das Seiende, das wie der Mensch das Wort (*mythós*) (*lógos*) ‚hat', kann auch und muß ‚die Hand' ‚haben'. Durch die Hand geschieht zumal das Gebet und der Mord, der Gruß und der Dank, der Schwur und der Wink, aber auch das ‚Werk' der Hand, das ‚Handwerk' und das Gerät. Der Handschlag gründet den bündigen Bund. Die Hand löst aus das Werk der Verwüstung. Die Hand west nur als Hand, wo Entbergung und Verbergung ist. Kein Tier hat eine Hand, und niemals entsteht aus einer Pfote oder einer Klaue oder einer Kralle eine Hand. Auch die verzweifelte Hand ist niemals und sie am wenigsten eine ‚Kralle', mit der sich der Mensch ‚verkrallt'. Nur aus dem Wort und mit dem Wort ist die Hand entsprungen. Der Mensch ‚hat' nicht Hände, sondern die Hand hat das Wesen des Menschen inne, weil das Wort als der Wesensbereich der Hand der Wesensgrund des Menschen ist.[65]

Derrida kommentiert:

> Dogmatisch in ihrer Form, setzt diese traditionelle Aussage ein empirisches oder positives Wissen voraus, ohne daß die dazu berechtigenden Geltungsansprüche, Beweise und Zeichen hier gezeigt werden.[66]

Dabei geht es weniger um fehlende Gerechtigkeit gegenüber dem Affen als um die Distanzierung *des* Tieres, das der Mensch auch *ist*, um die Abspaltung seiner Menschlichkeit von dem, was wir in Erman-

---

65 M. Heidegger, *Parmenides*, GA Bd. 54, Frankfurt a. M. 1982, S. 118
66 Derrida, *Heideggers Hand*, S. 66

gelung besserer Worte seine Animalität nennen. Für Derrida begründet Heidegger mit der Auszeichnung des Menschen durch eine Hand, die das Tier nicht habe, einen Humanismus. Es sei dies ein

> Humanismus [...], der gewiß kein metaphysischer sein will – Heidegger hebt das im folgenden Absatz hervor –, sondern ein Humanismus, der zwischen einem menschlichen *Geschlecht*, das man der biologistischen Bestimmung entziehen will [...], und einer Animalität, die man innerhalb seiner organisch-biologischen Programme einschließt, eben nicht Differenzen einschreibt, sondern eine absolute, über eine Opposition gebildete Grenze, von der ich anderswo zu zeigen versucht habe, daß sie, wie es stets bei einer Opposition geschieht, die Differenzen ausstreicht und auf das Homogene zurückführt, womit sie der widerständigsten metaphysisch-dialektischen Tradition folgt.[67]

Derrida antwortet auf Heideggers Unterscheidung des Menschlichen vom Tierischen mittels des Vergleichs zwischen Hand und Greifwerkzeug mit einer grundsätzlichen Kritik des Versuchs, durch einen Begriff von Menschlichkeit bzw. durch den Begriff „Menschlichkeit" die Einheit eines Geschlechts zu behaupten, die sich den genetischen, ethnischen und politischen Verschiebungen und Verwischungen ebenso entzieht wie denen der Sprache. Jede Sprache ist in einen Übersetzungsprozeß verstrickt, und das von Anfang an. Keine Sprache kann sich auf eine reine nationale Identität berufen. Wie *Heideggers Hand* in einer einleitenden Lektüre von Fichtes *Reden an die deutsche Nation* herausstellt, besteht demgegenüber ein gewisser Nationalismus auf einer „Deutschheit", die er mit der Menschlichkeit als solcher identifiziert – und zwar, im Fall Fichtes, indem er sie durch die Selbstverständlichkeit des Wortes „Menschlichkeit" definiert. Während ein Wort wie „Humanität" für die Deutschen (und sogar für die lateinischen oder neulateinischen Völker) „des Sinnes entleert" sei, weil es einen abstrakten, übersinnlichen Begriff darstelle, werde ein Deutscher das Wort „Menschlichkeit" „ohne weitere historische Erklärung verstehen".[68] Das Deutsche bedeutet hier keine territoriale oder ethnische Abgrenzung, sondern eine geistige Disposition, und jeder

---

67 Ebd., S. 67.
68 Ebd., S. 51.

Mensch wird aufgefordert, ein Deutscher zu sein, sofern er desselben Geistes ist, das heißt Deutsch, die Sprache des Menschen, spricht. Diese Insistenz auf der deutschen Sprache im Sinn einer Deutschheit, welche die Sprache klärt und ihr eine Klarheit gibt, die das philosophische bzw. denkerische Sprechen braucht und von der es in unvergleichlicher Weise profitiert, findet Derrida bei Heidegger wieder. Dessen scheinbar grenzenloses Vertrauen in die deutsche Sprache, der häufige Rückgang auf die germanische Wurzel eines Wortes, um seinen Sinn neu, nämlich „ursprünglicher" zu bestimmen, seine Kritik bspw. am Französischen, das die wichtigen Nuancen des Seinsdenkens in der Übersetzung verwischt und einem „Existenzialismus" überschreibt – all das sind für Derrida Indizien einer metaphysischen Strategie, die sich im Inneren der Destruktion der Metaphysik ungebrochen fortsetzt. Insofern hängen für ihn die Bestimmung des menschlichen Geschlechts und die des „geistigen" (sprachlichen, nationalen, völkischen) Geschlechts zusammen. Und die Hand wird in seiner Sicht zum Emblem eines Geschlechts, einer Sprache und ihrer Nation.

6) Derrida erschließt die Frage nach der *Schrift* als Horizont der Bemerkung vom Denken als Hand-Werk. Heidegger schätzt die Handschrift und äußert sich skeptisch hinsichtlich der Maschinisierung des Schreibens. Mit der Hand zu schreiben oder in eine Maschine zu schreiben sind dabei nicht nur unterschiedliche Tätigkeiten, in denen der Hand jeweils eine andere Funktion zukommt, eine andere Dynamik abverlangt wird usw. Diese Tätigkeiten implizieren auch ein jeweils anderes Verhältnis zur Schrift und zur Schriftlichkeit des aufgezeichneten Gedankens. Derrida hat bekanntlich in seinen frühen Arbeiten eine „Präsenzmetaphysik" kritisiert, die das lebendige, gesprochene oder handgeschriebene Wort privilegiert und seine technische Wiedergabe auf einen sekundären, instrumentellen Status reduziert. Für ihn ist Heideggers Haltung in dieser Sache symptomatisch für dessen Verhältnis zur Technik überhaupt, das von Vorbehalten gegen die Technisierung geprägt ist, in denen der Kritiker der Metaphysik selbst metaphysisch bleibt. Zum Beleg zieht er eine Passage aus dem zitierten Stundenübergang von *Was heißt Denken?* heran, in der Heidegger Sokrates dafür rühmt, nicht geschrieben zu haben:

Sokrates hat zeit seines Lebens, bis in seinen Tod hinein, nichts anderes getan, als sich in den Zugwind dieses Zuges [nämlich des Entzuges] zu stellen und darin sich zu halten. Darum ist er der reinste Denker des Abendlandes. Deshalb hat er nichts geschrieben.[69]

Man hat Derrida bereits gelegentlich für eine allzu schematische und vordergründige Applikation des ‚Anti-Schrift-Verdachts' kritisiert, und dies wäre gewiß auch hier zu wiederholen. Bemerkenswerter für unseren Zusammenhang ist es jedoch, daß Heidegger Sokrates, da er offenkundig eine Würdigung beabsichtigt, mit dem Titel „reinster Denker des *Abendlandes*" zugleich in Schranken weist, die durch die Betonung der Reinheit nur um so fester und unüberschreitbarer gezogen werden. Sokrates war ein Denker mit einer Hand, die nicht geschrieben hat. Als solcher begründet er eine Tradition der Nicht-Schrift, des nicht-schriftlichen Entsprechens gegenüber einem zu Bedenkenden, das sich wesensgemäß entzieht, und stellt sie doch im selben Zug in Frage. Denn bei dieser Tradition handelt es sich um keine andere als die der abendländischen Philosophie, der Metaphysik – und Sokrates steht hier genau an bzw. in ihrem Ur-Sprung, insofern „alle Denker des Abendlandes nach Sokrates, unbeschadet ihrer Größe" *de facto* geschrieben *haben*, so daß das Denken „in die Literatur" einging[70], jedoch *zugleich* in ihrer Abhängigkeit vom sokratischen Denken ein eigentlich nicht-schriftliches Sichhalten fortzusetzen hatten. Um diese Verbindung und Trennung von Nicht-schrift und Schrift, Freiheit und Abhängigkeit vom Schreiben, Souveränität und Unterwürfigkeit gegenüber der Literatur legt Heidegger die Klammer „Abendland". Und obwohl er an dieser Stelle nichts hinzufügt, was über den abendländischen Kontext hinausführt, gibt die ambivalente Wertschätzung des ersten Philosophen als reinster Abendländer Anlaß genug, die Frage nach dem Zusammenhang von Denken, Hand und Schrift an einen Text heranzutragen, in dem Heidegger versucht, mit der anderen Seite der so gezogenen Grenze zu sprechen.

---

69 Heidegger, *Was heißt Denken?*, S. 52.
70 Ebd.

III. Die japanische Hand –
Heideggers affirmative Kritik des Bildes

1. Kritik des Ästhetischen
im „Gespräch von der Sprache"

Im „Gespräch von der Sprache" kommen der Fragende und der Japaner auf Akira Kurosawas Film *Rashômon* zu sprechen, und dabei heißt es von einer „aufruhende[n] Hand", sie sei „von einem weither und noch weiterhin rufenden Anruf durchtragen, weil aus der Stille zugetragen".[71] Erinnert man, daß Heidegger in *Was heißt Denken?* das Denken ein Rufen nennt, so wird die Relevanz jenes Anrufs sofort deutlich. Diese Passage verdient besondere Aufmerksamkeit, denn sie verwickelt das Denken der Hand in den ambitionierten, strategisch ebenso überkomplexen wie andererseits plumpen Versuch eines Gesprächs zwischen einer Kultur und einer Nicht-Kultur, einem anderen Denken und einem eigenen Denken, einer fremden, unbekannten Sprache und dem eigenen Idiom, das sich gegen die Vertraulichkeiten der eigenen Sprache zur Wehr setzt. *Und* sie bezieht das *Denken* der Hand auf das *Bild* einer Hand, bezieht das Gespräch selbst auf das Medium des Films, in dem es einerseits offenbar zu einer kurzen Verständigung kommt, um daraufhin erst recht auseinanderzubrechen und *im* Bruch eine zweite, nicht mehr interkulturelle Begegnung herbeizuführen.

Wie man Tezukas Notiz zum Treffen mit Heidegger entnehmen kann, ging die Erwähnung des Films auf eine Unterhaltung über die Literatur zurück:

---

71 Heidegger, „Aus einem Gespräch…", S. 104 f

Heidegger zeigte die ganze Zeit Interesse und machte sich ab und zu Notizen. Er äußerte den Wunsch, japanische Literatur – und sei es auch in englischer Übersetzung – lesen zu wollen. Da er mich fragte, welche literarische Vorlage der Film „Rashomon" habe, erzählte ich ihm von dem Roman des Autors Ryonosuke Akutagawa, einem Schriftsteller der japanischen Moderne, und sprach auch davon, daß man im Original den Einfluß Brownings beobachten könne. Als ich Heidegger fragte, wie er den Film „Rashomon" gefunden habe, antwortete der betagte Professor ohne Falsch und mit kraftvoller Stimme: „Er war interessant." Ich meinte zu fühlen, daß die Art von Unbestimmtheit, die dieser Film gegenüber der Wirklichkeitserkenntnis an den Tag legte, als etwas Östliches Heideggers Interesse auf sich gezogen hatte. Ob man dieses Werk als reinen Ausdruck dieser östlichen Eigentümlichkeit betrachten darf, ist allerdings eine andere Frage.[72]

In Heideggers „Gespräch" ist es der Japaner, der Kurosawas Film zuerst erwähnt, und auch dort werden westliche Einflüsse diagnostiziert. Heidegger plaziert jedoch die *Rashômon*-Debatte auf dem Höhepunkt einer Auseinandersetzung, in der es um „das Wesen des Japanischen" geht – also genau um jene „andere Frage", die Tezuka eher beiläufig erwähnt und unerörtert läßt. Diese Auseinandersetzung erstreckt sich über mehrere Seiten, und es lohnt sich, sie etwas ausführlicher zu analysieren. Nachdem der Fragende und sein Gast sich eingangs über den verstorbenen Shûzô Kuki unterhalten haben, kommen sie auf Heideggers eigene Entwicklung seit der Dissertation zu sprechen, und das Gespräch beginnt mit der sich vertiefenden philosophischen Problematik die eigenen Voraussetzungen zu berühren. Der Japaner behauptet, die Notwendigkeit einer gewissen „Zurückhaltung", wie Heidegger sie vom Denken fordert (und ein andermal mit einem lebenslangen Wartenkönnen assoziiert), *als* Japaner sehr gut zu verstehen:

J Uns Japaner befremdet es nicht, wenn ein Gespräch das eigentlich Gemeinte im Unbestimmten läßt, es sogar ins Unbestimmbare zurückbirgt.[73]

---

72 Tezuka, „Eine Stunde mit Heidegger", S. 176 f.
73 Heidegger, „Aus einem Gespräch…", S. 100

Es befremdet uns nicht, will sagen: es ist uns vertraut; es ist uns eigen; es ist bei uns in Japan ohnedies so. Das bezieht sich, wie man zunächst vermuten wird, auf eine Scheu vor dem *Gegenstand,* die von westlichen Beobachtern gewöhnlich als Indirektheit oder mangelnde Direktheit erlebt wird (allerdings hauptsächlich das Verhältnis zum Aussagegegenstand betrifft, während die japanische Sprache unentwegt sehr deutliche Stellungnahmen zum sozialen Status der Gesprächspartner und zum situativen Kontext des Gesprächs verlangt). Die zentrale Stelle der Kommunikation, die im Westen für gewöhnlich der Gegenstand besetzt, scheint oft leer oder verschwommen zu bleiben. Ob das Wort „Leere" in diesem Zusammenhang angebracht ist, darf bezweifelt werden, aber die Gründe für das Phänomen liegen nicht zuletzt in der Grammatik des Japanischen, die sich von der europäischer Sprachen so stark unterscheidet, daß bereits die (zum Lernen unerläßliche) Übertragung von Termini zu Verwirrungen führt.[74] Was z. B. ein japanisches Sprachlehrbuch für Deutsche in einem forcierten Übersetzungsversuch als „Satz-Thema"[75] (markiert durch den Partikel *-ha*) bezeichnet, ist gerade nicht der Gegenstand des Satzes, sondern das, was in ihm als dem Adressaten bekannt vorausgesetzt wird und gewissermaßen den Rahmen oder impliziten Bezugspunkt seiner Aussage bildet: „*Was x anbelangt,* so verhält es sich folgendermaßen", könnte man eine einfache japanische Aussage im Deutschen umschreiben. X ist gerade nicht der Gegenstand der Aussage, mitunter aber dennoch der einzige Zugang zu diesem.

Elmar Weinmayr, einer der Übersetzer, die an der japanischen Heidegger-Ausgabe mitgearbeitet haben, bezeichnet das Japanische als eine Sprache des Verbs im Gegensatz zu den europäischen Spra-

---

74 Die japanische Sprachwissenschaft hat sich selbst für die Übernahme von Begriffen aus der europäischen Linguistik kritisiert. Zu dieser Kritik, den Bemühungen um eine spezifisch *japanische* Sprachwissenschaft und die Vermischung wissenschaftlicher und ideologischer Motive in dieser Sache vergl. I. Hijiya-Kirschnereit, „Sprache und Nation. Zur aktuellen Diskussion um die sozialen Funktionen des Japanischen", in: dies., *Das Ende der Exotik,* S. 62–97.
75 *Japanisch im Alltag,* Bd. 1, Kursbuch, Tsukuba 1999.

chen, die vom Subjekt ausgehen und das Verb als dessen Prädikat verstehen.[76] Das Verhältnis von Genauigkeit und Verschwommenheit wäre entsprechend ein völlig anderes und die häufig diagnostizierte Vagheit des Japanischen gewissermaßen als blinder Fleck einer anderen Präzision aufzufassen. Wer die englische oder deutsche Übersetzung eines japanischen Romans aufschlägt, findet in aller Regel im Vor- oder Nachwort des Übersetzers Klagen über die Schwierigkeiten, die Sätze einer „hoffnungslos vagen Sprache" in das logische Gerüst der europäischen zu übertragen.[77] Man könnte dies ebenso als eine Nähe zum Unbestimmbaren bezeichnen und derartige Befunde aus der Sprach- und Textwissenschaft anführen, um den Anspruch des Japaners in Heideggers „Gespräch" zu stützen.

Der Fragende geht an dieser Stelle auf die Selbstbehauptung („Uns Japaner...") jedoch *nicht* ein. Er entgegnet:

> F Dies gehört, meine ich, zu jedem geglückten Gespräch zwischen Denkenden. Es vermag wie von selbst darauf zu achten, daß jenes Unbestimmbare nicht nur nicht entgleitet, sondern im Gang des Gespräches seine versammelnde Kraft immer strahlender entfaltet.

Treten wir für einen Augenblick in die Fiktion ein, die Heideggers Text eröffnet, und nehmen die beiden Figuren für Charaktere eines stattfindenden Dialogs. Der Japaner hat, wenngleich im Gestus eines Beipflichtens, auf etwas hingewiesen, was den Europäern, so sie seinen Wert überhaupt erkennen, schwerfällt. Sein Gegenüber erkennt die damit angedeutete kulturelle bzw. sprachliche Differenz indes nicht an. Er verwendet das Wort „Denkende", nicht das abendländisch konnotierte „Philosophen" oder „Wissenschaftler", aber er

---

76 E. Weinmayr, „Aspekte des Übersetzens zwischen Heidegger und Japan", in: *Japan und Heidegger*, S. 177–196, hier S. 191 f.

77 Vergl. z. B. E. G. Seidensticker im Vorwort zur englischen Übersetzung von Tanizakis *Tade kû mushi*: „It is undeniable, however, that the refusal of the Japanese language to make distinctions often seems scandalous, and the problems one faces in trying to make Japanese literature understandable in translation grow accordingly." (J. Tanizaki, *Some Prefer Nettles*, Tokyo/New York 1996[1955], Introduction, S. xiv) Tanizaki entwickelte daher für den japanischen Autor eine explizite Ästhetik des Vagen.

schreibt dabei das Gelingen des Gesprächs dem *Glück* zu. Und obgleich gerade in dieser Berufung auf die *týche*, das Schicksalhafte und Geschickhafte, ein griechisches Fundament unterlegt wird, dessen Implikationen bei Heidegger sehr weitreichend sind[78], reagiert der Japaner zustimmend und, was die vorangegangene Behauptung angeht, fast reumütig defensiv:

> J An diesem Glückhaften fehlte es wohl unseren Gesprächen mit dem Grafen Kuki. Wir Jüngeren forderten ihn zu unmittelbar heraus, unser Wissenwollen durch handliche Auskünfte zufriedenzustellen.

Er räumt damit ein, daß *innerhalb* der japanischen Kultur und Sprache ein Gespräch *nicht* gelang und zwar aufgrund einer Blindheit gegenüber der von seinem Gesprächspartner nahegelegten Notwendigkeit des Glückens. Diesbezüglich treten zwei Aspekte hervor: die Herausforderung, das heißt diejenige Vorgehensweise der modernen Wissenschaft, die Heidegger in seinen Schriften zur Technik als ein *Stellen* bezeichnet und in ihrer aggressiven Dringlichkeit dem Gedeihenlassen als dem traditionellen Verhältnis des Besorgens zu den Dingen kontrastiert – und die Hand, die hier erstmals, und zwar mit einem negativ belegten Bezug zum Zuhandensein, in der geforderten Handlichkeit der Auskünfte anklingt.

Der Fragende seinerseits enthält sich jeder Höflichkeit und bestätigt den Japaner völlig in dessen Selbstverurteilung. Wie einmal mehr deutlich wird, behandelt er seinen Gast nicht freundlich, spricht nicht *die* „Sprache der Gastlichkeit", die den anderen „empfängt"[79], sondern stößt den Japaner in eine Zeit und an einen Ort zurück, wo dieser selbst die Chance eines Empfangens und Empfangenwerdens durch seinen Lehrer verfehlte:

---

78 Vergl. den Artikel von H. Tanabe zur Rektoratsrede und Heideggers Politik des Schicksals, in: *Japan und Heidegger*, S. 139–145.
79 Vergl. Derrida, „Das Wort zum Empfang".

F Das Wissenwollen und die Gier nach Erklärungen bringen uns niemals in ein denkendes Fragen. Wissenwollen ist stets schon die versteckte Anmaßung eines Selbstbewußtseins, das sich auf eine selbsterfundene Vernunft und deren Vernünftigkeit beruft. Wissen*wollen will* nicht, daß es vor dem Denkwürdigen verhoffe.

J: So wollten wir in der Tat nur wissen, inwiefern die europäische Ästhetik geeignet sei, dasjenige in eine höhere Klarheit zu heben, woraus unsere Kunst und Dichtung ihr Wesen empfangen.

Es ist dieses Interesse der Japaner an der *Ästhetik*, das hier als Beschränkung nicht nur des jugendlichen Übereifers, der einfach wissen will, ohne noch für das Denken bereit zu sein, sondern vielleicht überhaupt des japanischen Zugangs zur Philosophie benannt wird. Heidegger hat die Aufspaltung des Denkens in philosophische Disziplinen stets beklagt. Er hat darin eine Strategie der Metaphysik gesehen, die das Denken dauerhaft daran hindert, sich als solches in seiner anfänglichen, noch maßstablosen Größe zu erfassen, und es in isolierten, nur mehr sekundär verknüpften Segmenten mit begrenzten Fragestellungen desto abhängiger von der verborgenen Voraussetzung, nämlich einer einheitlichen Einrichtung des Seins als Seiendes werden läßt. Er hat sich selbst im *Brief über den Humanismus* geweigert, eine ethische, „humanistische" Dimension des Seinsdenkens aus dem fundamentalontologischen Ansatz herauszupräparieren. Und so leistet auch seine Unterscheidung von Dichtung und Literatur einen nachhaltigen Widerstand gegen die ästhetische Wahrnehmung und Interpretation.

Die japanische Bezeichnung *bigaku* versteht die Ästhetik nicht vom griechischen Wort *aisthesis* als Aufmerksamkeit für die Wahrnehmung, sondern als Lehre oder Wissenschaft (*gaku*) vom Schönen (*bi*), und die Orientierung an den deutschen und französischen Philosophen des 18. und frühen 19. Jahrhunderts dominiert das Fach Ästhetik an der Universität bis heute.[80] Zwar ist auch bei Heidegger

---

80 Der Begriff wurde 1884 von dem Übersetzer Chômin Nakae als Äquivalent des französischen *Esthétique* eingeführt. Vergl. K. Sasaki, „Beautifying Beauty", in: *International Yearbook of Aesthetics* Vol. 5, Tokyo 2001, S. 27–39, hier: S. 28 f.

ein gewisses Moment der Interesselosigkeit für seine Bestimmung der denkerischen Haltung, etwa als Gelassenheit, durchaus richtunggebend. Er hütet sich indes, es im Kantschen Sinne mit der Schönheit in Verbindung zu bringen. Heidegger spricht überhaupt nicht über die Schönheit, es sei denn abfällig. So heißt es einmal von der Naturschönheit fast provokativ: „Die technische Landschaft [...] ist gar keine Zerstörung der ‚Natur', weil ja zugleich mit der Technik und durch sie das ‚Wesen' der Natur in die machenschaftliche Maschinengemäßheit sich wandelt und *deshalb* in den technischen Einrichtungen erst *ganz* in *ihrer* ‚Schönheit' herauskommt."[81] Heidegger kommt mit seinen Wortprägungen unentwegt auf die Natur zu sprechen, ohne sich jedoch von ihrer Schönheit im mindesten beeinflußt zu zeigen.[82] Eben das sollte ein Japaner nicht vermögen. Und es scheint, als ob Heidegger diese Neigung zum Ästhetischen, die der Gesprächspartner eingangs der zitierten Passage bekennt, zum eigentlichen Gegenstand, ja in gewisser Weise zur Gelegenheit, das heißt zur konstitutiven Differenz des Gespräches wählt.

Die Differenz beginnt bereits bei Kuki und dessen Erklärung des *iki* (einem Leitwort der Êdo-Kultur, das auf das Reizvolle und Elegante verweist) im Vokabular der europäischen Ästhetik. Sie bezeugt daher letztlich auch einen unüberbrückbaren Abstand zu dem Toten, dem das Gespräch gewidmet ist.[83] G. Seubold hat in einem

81 „Die Technik", in: M. Heidegger, *Besinnung*, GA. Bd. 66, Frankfurt a. M. 1996, S. 173–178, hier: S. 175. Eine Ausnahme, deren Wortlaut jedoch das hier Gesagte wiederum bestätigt, stellt die Passage im *Kunstwerk*-Aufsatz dar, wo Heidegger die Schönheit auf die Wahrheit bezieht (vergl. M. Heidegger, „Der Ursprung des Kunstwerks", in: *Holzwege*, Frankfurt a. M. 1972, S. 7–68, hier: S. 68).

82 Was er akzentuiert und mit seiner Sprache für das Denken in Anspruch nimmt, ist eher eine gewisse Gewalt der Natur als Ereignis (der Blitz, aber auch das Ragen des Felsens oder das Begegnen der Gegend).

83 Zu Kukis Rolle im Konstituierungsprozeß einer japanischen „Ästhetik" und entsprechenden kulturellen Identität vergl. Leslie Pincus, *Authenticating Culture in Imperial Japan. Kuki Shûzô and the Rise of National Aesthetics*, Michigan/Cal. 1996. Ryôsuke Ôhashi hat dagegen darauf hingewiesen, daß zumindest Kukis eigene Absicht keineswegs auf eine Ästhetik zielte, sondern dieser vielmehr vorhatte, Heideggers Neuansatz einer phänomenologischen Analyse auf einen zentralen Begriff des „japanischen Seins" anzuwenden. Dies wurde teilweise dadurch kom-

Aufsatz zum japanischen Kunstbegriff gezeigt, wie weitgehend westliche ästhetische Kategorien die Wahrnehmung der Künste im modernen Japan dominieren. Er weist darauf hin, daß die Ästhetik in der traditionellen japanischen Auffassung der Kunst als *gei* (Pflanzung, ‚Stiftung') oder *dô* (Weg) wenig oder gar keine Grundlage hat, und fühlt sich selbst berechtigt, zum Ende folgendes zu sagen:

> Die Europäisierung Japans ist auch dort im Gange, wo an der Oberfläche alles beim alten geblieben ist. Ob irgendwann dieser Prozeß zum Stillstand kommen wird, ob man sich gar eines Tages wieder um eine ursprüngliche Aneignung der typisch japanischen Künste bemühen wird (und dann auch um eine wirkliche Auseinandersetzung mit der westlichen Kunst) – wer wollte darüber eine Prognose abgeben.[84]

Bei aller offenkundigen Problematik etwa des Begriffs einer ursprünglichen Aneignung – das Gespräch des Fragenden und des Japaners zeigt im folgenden, da es auf das „ostasiatische Wesen der japanischen Kunst" kommt, in dieselbe Richtung. Im Spiegel von Heideggers Ablehnung der Ästhetik sieht sich der Japaner zu einer Selbstbestimmung des Japanischen angehalten, die, durch die Erwähnung einiger Ähnlichkeiten hindurch, alles vermeintlich Europäische daran abträgt. Und in dem Maß, wie sie sich von der europäischen ästhetischen Überdeterminierung befreit, nähert sich die Sprache dieser Selbstbestimmung noch weiterhin *dem Heideggerschen Idiom* an, wird sie schließlich, an einem Punkt, dem das Gespräch offenbar

---

promittiert, daß Kuki seine Schrift über das *iki* verfaßte, bevor *Sein und Zeit* erschien, und er seine Informationen über Heidegger aus einem Text von Hajime Tanabe bezog, der bereits 1924 verfaßt worden war, teilweise auch durch einen verwirrenden und zu Heideggers Anliegen konträren Gebrauch klassischer Entgegensetzungen wie Form und Materie, Subjekt und Objekt etc. Vergl. R. Ôhashi, „Heidegger und ‚Graf' Kuki", in: ders., *Japan im interkulturellen Dialog*, München 1999, S. 203–214, bes. S. 205 ff.

84   G. Seubold, „Inhalt und Umfang des japanischen Kunstbegriffs", in: *Philosophisches Jahrbuch* Nr. 100, Freiburg/München, S. 380–398, hier: S. 398. Zu einer Analyse des Europäisierungsprozesses aus japanischer Sicht vergl. M. Sugiyama, „Der Traum der Verwandlung vom Selbst ohne Subjekt ins souveräne Subjekt. Die Europäisierung in Japan am Beispiel Fukuzawa Yukichi", in: W. Gebhard, *Ostasienrezeption*, S. 149–166.

von Anfang an zustrebt, darin übersetzbar und in sich selbst dadurch erhellt.[85]

Dieser Vorgang gewinnt in den sich anschließenden Repliken eine geradezu dramatische Qualität. Der Japaner setzt an zu einer Erläuterung des *iki* aus der Erinnerung an seinen Lehrer Kuki, der Heideggers frühes Denken aufgenommen und dann für eine Ästhetik verwandt hatte:

> Indessen muß für Kuki durch das von Ihnen gemeinte Hermeneutische irgendwie das *Iki* in ein helleres Licht gelangt sein.[86]

Für die Dynamik des Gesprächs ist es nicht belanglos, daß der Schüler die Philosophie seines Lehrers weder ausführlich noch klar wiedergibt. Zum einen *kann* eine ästhetische Auslegung des eigenen Denkens, die er damit vor sich hat, für Heidegger nicht klar sein. Zum anderen deutet diese Bemerkung etwas an, was, bei hellem Licht betrachtet, nicht weniger als ein *Mißbrauch* war. Kuki hat Heidegger das vom ihm „gemeinte Hermeneutische" entwendet, um es seinen ästhetischen Überlegungen einzufügen. Der Fragende reagiert dementsprechend verhalten und mit einem unüberhörbar negativen Akzent:

> Dergleichen spürte ich wohl, konnte jedoch seine Einsichten nie nachvollziehen.

85　In diesem Dialog, der vielleicht ein Gespräch ist, *entsteht* Japan (ein weiteres Japan, einmal mehr, das den Japanern zum Re-Import offensteht, ohne daß Heidegger sich für die Ökonomie dieser Transaktion verantwortlich fühlt). Es entsteht jedoch nicht mittels einer Geburt, wenngleich es auf einer gewissen Spur des Redewechsels in Heideggers Handschrift so aussieht, da der Fragende mit seinen Fragen, Nachfragen, Vorschlägen und Unterstellungen das Japanische aus dem Japaner herausholt. Aber der Anschein von Maieutik trügt – und zwar insofern, als der *Gesprächsakt*, wenn man ihn in Analogie und zugleich im Unterschied zum Sprechakt so nennen darf, sich nicht so sehr an das Entstehen und Vergehen kehrt als vielmehr an das, was in einem schon geschehenen oder geschehenden Entstehen und Vergehen hinterblieben ist und mit der Insistenz des Fragenden erst eigentlich anfängt zu bleiben.

86　Heidegger, „Aus einem Gespräch....", S. 101

Und, nachdem der Japaner das auf ein Sprachproblem im Sinn bloßer Mißverständnisse zurückführen will:

> Was wir besprachen, war im vorhinein in den europäischen Vorstellungsbereich hinübergezwungen.

Kuki nämlich hatte, wie der Fragende nun selbst rekonstruiert, versucht, das *iki* durch die Beziehung einer sinnlichen und einer übersinnlichen Welt zu erläutern – durch *iro* und *kû*, die für diesen identisch mit dem *aisthetón* und dem *noetón* sind.[87] Die Auseinandersetzung, die sich daran anschließt, ist von seiten des Japaners geprägt durch eine eigenwillige Mischung von Zustimmung und Insistenz, Verweigerung, ja indirekter Kritik, von seiten des Fragenden dagegen durch eine „Befürchtung", steigende „Unruhe" und eine andere Qualität der Erregung, die sich in der Nähe des zuvor angesprochenen Glücks einzustellen scheint:

> J Sie verstehen jetzt, wie groß die Versuchung für Kuki war, das *Iki* mit Hilfe der europäischen Ästhetik, d.h. nach Ihrem Hinweis, metaphysisch zu bestimmen.

> F Noch größer war und bleibt meine Befürchtung, daß auf diesem Weg das eigentliche Wesen der ostasiatischen Kunst verdeckt und in einen ihr ungemäßen Bezirk verschoben werde.

> J Ich teile durchaus Ihre Befürchtung; denn *Iro* nennt zwar die Farbe und meint doch wesentlich mehr als das sinnlich Wahrnehmbare jeder Art. *Ku* nennt zwar das Leere und Offene und meint doch anderes als das Über-Sinnliche.

> F Ihre Andeutungen, denen ich bloß aus der Ferne folgen kann, steigern meine Unruhe. Noch größer als die erwähnte Befürchtung ist in mir die Erwartung, unser Gespräch, aus dem Andenken des Grafen Kuki entsprungen, könnte glücken.

---

87 Vergl. ebd., S. 102. In Kukis Schrift zum *iki*, die Heidegger, der kein Japanisch sprach, nicht kannte, spielt diese Beziehung nicht die hier angedeutete ausschlaggebende Rolle. Der Bezug von Kukis Analyse zum „Hermeneutischen" bleibt allerdings, wie schon angemerkt, in der Tat sehr unklar. Vergl. Shûzô Kuki, *Die Struktur von ‚Iki': Eine Einführung in die japanische Ästhetik und Phänomenologie* (*„Iki" no kôzô*), hrsg. und übers. von M. Okada, Engelsbach u. a. 1999.

J Sie meinen, es könnte uns dem Ungesagten näher bringen?

F Dadurch wäre uns schon ein Reichtum an Denkwürdigem gewährt.

J Warum sagen Sie ,wäre'?

F Weil ich jetzt *noch* deutlicher die Gefahr sehe, daß die Sprache unseres Gespräches fortgesetzt die Möglichkeit zerstört, das zu sagen, was wir besprechen.[88]

Heidegger bedient sich einer Rhetorik der Steigerung und Überbietung: Seine Befürchtung übertrifft die Versuchung, der seinerzeit Kuki erlegen war; sie wird dabei ihrerseits von der Erwartung eines glückenden Gesprächs übertroffen, das dessen Tod in gewisser Weise zur Grundlage hat; diese Erwartung jedoch wiederum von der Deutlichkeit der Gefahr, in der sich das Gespräch von Anfang an und nun mehr denn je befindet. Der Dialog erreicht hier einen Punkt, an dem es absolut auf dem Spiel steht, ob er sich als ein Gespräch bewahrheiten kann oder scheitern wird.

Der nächste Abschnitt rückt das Problem des Miteinandersprechens auf einmal in eine globale Perspektive, da der Fragende dazu übergeht, von der „vollständige[n] Europäisierung der Erde und der Menschen" zu sprechen:

J Weil die Sprache selbst auf dem metaphysischen Unterschied des Sinnlichen und Nichtsinnlichen beruht, insofern die Grundelemente Laut und Schrift auf der einen und Bedeutung und Sinn auf der anderen Seite den Bau der Sprache tragen.

F Wenigstens im Gesichtskreis des europäischen Vorstellens. Ob es bei Ihnen auch so steht?

J Wohl kaum. Aber, wie ich schon andeutete, die Versuchung, europäische Vorstellungsweisen und deren Begriffe zur Hilfe zu rufen, ist groß.

F Sie wird durch einen Vorgang bestärkt, den ich die vollständige Europäisierung der Erde und des Menschen nennen möchte.

J Viele sehen in diesem Vorgang den Triumphzug der Vernunft. Sie wurde doch am Ende des 18. Jahrhunderts während der Französischen Revolution als Göttin angerufen.

---

88 Heidegger, „Aus einem Gespräch…..", S. 102 f.

F Gewiß. Man geht denn auch in der Vergötzung dieser Gottheit so weit, daß man jedes Denken, das den Anspruch der Vernunft als einen nicht ursprünglichen zurückweist, nur noch als Unvernunft verlästern kann.

J Man findet die unantastbare Herrschaft Ihrer europäischen Vernunft durch die Erfolge der Rationalität bestätigt, die der technische Fortschritt stündlich vor Augen führt.

F Die Verblendung wächst, so daß man auch nicht mehr zu sehen vermag, wie die Europäisierung des Menschen und der Erde alles Wesenhafte in seinen Quellen anzehrt. Es scheint, als sollten diese versiegen.[89]

Die Europäisierung betrifft zunächst Japan, dessen eigene, wie auch konservative Stimmen im Lande meinen, allzugroße und eilfertige Aufgeschlossenheit für westliche Vorstellungen von einer aggressiven imperialen Tendenz befördert wird, die diesen Vorstellungen innewohnt oder sie doch als historische und politische Bewegung trägt. Die Europäisierung betrifft so nicht allein Japan, sondern die ganze Welt. *Aber sie betrifft vor allem auch Europa* – denn es handelt sich, wie gleich darauf deutlich wird, um nichts anderes als die Etablierung jener technischen Rationalität, die Heidegger nach dem Weltkrieg unentwegt bemahnt und in der er eine Seinsvergessenheit heraufziehen sieht, die zum ersten Mal die Möglichkeiten eines *vollkommenen* Vergessens mit sich bringt. Heidegger nimmt die Europäisierung Japans mit dieser Ausweitung auf das Problem der Technik und der Technisierung der Vernunft für das sichtbare Zeichen der unsichtbaren Europäisierung Europas, einer zuinnerst aufgerichteten Herrschaft, die nicht zuletzt das Deutsche (im Sinn der deutschen Sprache und ihrer Wurzeln, an die er so häufig zurückgeht, aber auch im Sinn der Deutschheit, die Derrida anspricht) ins Vergessen drängt. Japan und Deutschland sind gleichermaßen durch ein Vergessen des je Eigenen gefährdet – des Japanischen und des Deutschen. Heidegger spricht es nicht aus, und es zeugt vielleicht von einer bei ihm sonst seltenen strategischen Umsicht, daß er es nicht tut. Aber in der Einigung auf diesen Punkt liegt die Möglichkeit des Gesprächs.

89 Ebd., S. 103 f.

2. Das Bild der „aufruhenden Hand" in *Rashômon*

Genau hier nun, auf dem Höhepunkt einer Mahnung und einer Anklage, die sich gegen eine(n) abwesende(n) Dritte(n) namens Europa zu richten scheint, erwähnt der Japaner den Film *Rashômon*, und zwar als „treffendes Beispiel" für das Festgestellte:

> J Ein treffendes Beispiel für das, was Sie meinen, ist der international bekannte Film „Rashomon". Vielleicht haben Sie ihn gesehen.

Er nennt den Regisseur Kurosawa nicht, weist aber auf den internationalen Erfolg hin, so daß der Film nicht nur als modernes Medium erscheint, das sich mit Akutagawas Novellen zweier bereits klassisch gewordener Werke der japanischen Literatur bemächtigt, sondern zugleich als Beispiel für den Internationalismus, für den weltweite Verbreitung, Synchronisation, Marketing und eine entsprechende Popularität so selbstverständlich sind, daß man durchaus annehmen kann, jemand aus einem fernen Land habe ihn wohl gesehen.[90] Und Heidegger *hat* ihn gesehen:

> F Zum Glück ja; doch zum Unglück nur ein einziges Mal. Ich glaubte, dabei das Bezaubernde der japanischen Welt zu erfahren, das in das Geheimnisvolle entführt. Darum verstehe ich nicht, inwiefern Sie gerade diesen Film als Beispiel der alles verzehrenden Europäisierung vorbringen.

Der Fragende hat den Film gesehen, und er bedauert, ihn nicht mehrmals gesehen zu haben. So geläufig diese Bemerkung im allgemeinen sein dürfte, ist es doch eine rare Stelle, an der Heidegger sich positiv auf die *technischen* Möglichkeiten eines Mediums bezieht.

---

90 Tatsächlich setzte mit dem durchschlagenden Erfolg von *Rashômon* in Cannes das breite europäische Interesse am japanischen Kino ein, das noch heute dafür sorgt, daß auf Filmfestivals hierzulande Filme zu sehen sind, die in Japan selbst kaum eine Chance haben, in die Kinos zu kommen. Vergl. S. Kaufmann, „Rashomon", in: J. Goodwin (Hrsg.), *Perspectives on Akira Kurosawa*, New York u.a. 1994, S. 92–98.

Anders als auf dem Theater, von dem kurz darauf die Rede sein wird, kommt dem Filmgeschehen die Wiederholbarkeit der Reproduktion zu. Darin unterscheidet der Film sich nicht unbedingt vom Buch – und Heidegger, der Fragende, mag hier wünschen, den Film mehrmals gesehen zu haben, wie er es gewohnt ist, bestimmte Texte immer wieder vorzunehmen und zu lesen. Dennoch gibt es in seiner Praxis der Lektüre nirgends einen Akzent auf der Wiederholung, ebensowenig wie eine Würdigung des Buches (und, so betrachtet, im Grunde keine Lektüre). Deshalb sei hervorgehoben: Heidegger ist ins Kino gegangen. Er hat sich *Rashômon* angesehen und wäre gern noch einmal wiedergekommen. Das überrascht – den Japaner vielleicht weniger, dafür gewiß denjenigen, der in diesem Philosophen jemanden sieht, der sich in der ländlichen Archaik seiner Breisgauer Abgeschiedenheit gegen den Urbanismus, die Kulturindustrie und überhaupt gegen das, was man ‚die Gesellschaft‘ nennt, verschanzt (wie in *Warum ich auf dem Lande bleibe*). Es ermöglicht dem Japaner indes, den Fragenden als Gesprächspartner direkt auf die Europäisierung als Technisierung anzusprechen:

J Wir Japaner finden die Darstellung vielfach zu realistisch, z. B. in den Zweikampfszenen.

Nun beginnt eine subtile Verschiebung der Positionen. Der Fragende widerspricht dem Japaner in der Beurteilung des japanischen Films als un-japanisch. Zunächst mit einem Einwand, dessen Ökonomie bemerkenswert ist –

F Doch erscheinen nicht auch verhaltene Gebärden? [91]

---

91 Es wäre vielleicht lohnend, eine Studie über das „auch" bei Heidegger anzufertigen. Ganz im Gegensatz zu seinem sonstigen Gestus akzeptiert diese Bemerkung Heideggers offenbar eine Vielheit (viele Gebärden, davon viele grelle und überdeutliche), um sich, ohne die mindeste Anstrengung, diese Vielheit zu neutralisieren, den (ebenfalls in der Mehrzahl genannten) verhaltenen Gebärden zuzuwenden, die „auch" erscheinen. Man könnte die Bemerkung lapidar nennen. Doch eben die Ökonomie des Lapidaren ist Heidegger scheinbar so fremd, daß die Stelle dadurch um so auffälliger wird.

– und den Japaner motiviert, von jener Hand zu sprechen, die das Urteil über den Film ins Wanken bringt:

J Unscheinbares dieser Art fließt in Fülle und kaum merklich für das europäische Betrachten durch diesen Film. Ich denke an eine aufruhende Hand, in der sich ein Berühren versammelt, das unendlich weit von jeglichem Betasten entfernt bleibt, nicht einmal Gebärde mehr heißen darf in dem Sinne, wie ich Ihren Sprachgebrauch zu verstehen meine. Denn diese Hand ist von einem weither und noch weiterhin rufenden Anruf durchtragen, weil aus der Stille zugetragen.

F Aber im Blick auf solche Gebärden, die anders sind als die unseren, verstehe ich dann vollends nicht, weshalb Sie diesen Film als Beispiel der Europäisierung nennen können.

J Dies läßt sich auch nicht verstehen, weil ich mich noch unzureichend ausdrückte. Um es jedoch zu leisten, bedarf ich gerade Ihrer Sprache.

F Und Sie achten dabei der Gefahr nicht?

J Vielleicht läßt sie sich für Augenblicke bannen.

F Solange Sie vom Realistischen sprechen, reden Sie die Sprache der Metaphysik und bewegen sich im Unterschied des Realen als des Sinnlichen gegenüber dem Idealen als dem Nichtsinnlichen.

J Sie haben recht. Allein, mit dem Hinweis auf das Realistische meinte ich nicht so sehr das hier und dort eingestreute Massive der Darstellung, das mit Rücksicht auf *nicht*-japanische Zuschauer ohnehin unvermeidlich bleibt.
Ich meinte im Grunde mit dem Hinweis auf das Realistische des Films etwas ganz anderes, nämlich dies, daß die japanische Welt überhaupt in das Gegenständliche der Fotografie eingefangen und für diese eigens gestellt ist.

F Sie möchten, wenn ich recht hingehört habe, sagen, daß die ostasiatische Welt und das technisch-ästhetische Produkt der Filmindustrie miteinander unvereinbar sind.

J Dies meine ich. Gleichviel wie die ästhetische Qualität eines japanischen Films ausfallen mag, schon die Tatsache, daß unsere Welt in den Film herausgestellt wird, drängt diese Welt in den Bezirk dessen, was Sie das Gegenständige nennen. Die filmische Vergegenständigung ist bereits eine Folge der immer weiter vorausgreifenden Europäisierung.

F Ein Europäer wird schwer begreifen, was Sie sagen.

Das Gespräch, die angedeutete, dann beschworene glückliche Einstimmung findet hier in gewisser Weise statt und mündet zugleich in eine Katastrophe. Zunächst bewegen sich die Positionen der Gesprächspartner weniger aufeinander zu als aneinander vorbei, und die impliziten Adressierungen tragen ebenfalls zu einer Verwirrung bei, die den Eindruck von Auflösung erzeugt. Wenn der Japaner von den (vom Fragenden in Erinnerung gerufenen) „verhaltenen Gebärden" sagt, sie flössen „kaum merklich für das europäische Betrachten durch diesen Film", so rechnet er den anderen schon nicht mehr (und noch nicht wieder) zu den Europäern. Überdies hat er sich mit seinem „Wir Japaner..." offenbar auf eine Gemeinschaft nicht-europäisierter, japanischer Japaner bezogen, die, obgleich sie ins Kino gehen (was sogar Heidegger, der nicht-europäisierte Europäer tut), ein lebendiges Bewußtsein des japanischen Wesens bewahrt haben und dessen Verwestlichung im „Realismus" der Szenen erkennen. Zum anderen unterstreicht er die Notwendigkeit, sich gerade zur Kennzeichnung dieser Sache des Wortes „Realismus", also der westlichen Sprache („Ihrer Sprache") zu bedienen, ja äußert den Glauben, die Gefahr (und dieser Dialog *ist in* der Gefahr) für den Augenblick bannen zu können.

Was er dann jedoch anführt, birgt die vollkommenste Zurückweisung, die zu diesem Zeitpunkt und in dieser Verwischung der Gegensätze denkbar ist: Nicht ein bestimmter Realismus vereinzelter Szenen, vielmehr der Realismus des Mediums Film überhaupt widerspreche dem Japanischen. Liest man das persönlich, auf der fiktionalen Ebene des Dialogs (den, um es nicht zu vergessen, Heidegger mit sich selbst führt), so sagt es: Sie, Herr Heidegger, der Sie in Ihren jüngeren Vorträgen und Aufsätzen wiederholt und nachdrücklich auf die durchgängige Technisierung der modernen Welt hingewiesen und dabei gerade auch auf jene Bereiche aufmerksam gemacht haben, deren technische Bestimmtheit nicht augenfällig ist, sind im Kino gewesen und haben einen Film gesehen, ohne die Technizität dieses Mediums in dem wiederzuerkennen, *was* Sie dort sahen. Sie haben es für *Japan* gehalten, obgleich sie eine technische Reproduktion des Japanischen vor Augen hatten! Und man könnte hier, aus dem Herzen jenes zuvor noch zurückgewiesenen, plötzlich aber starken und mächtigen „Wir", fortsetzen: Sie arbeiten an einer Kritik der Technisierung und eines nur technischen Verständnisses der Technik, die zwar mit Hilfe einiger sprachlicher Markierungen (unter anderem der eines selbst nicht-technischen Wesens der Technik) einen Unterschied ausmacht, nichtsdestoweniger jedoch immanent, eben: europäisch bleiben muß. Wir Japaner hingegen gehören einer Kultur an, der die Technik in ihrer importierten modernen Erscheinung, vor allem in ihrer Weise des Erscheinenlassens zutiefst wesensfremd ist. Und wir Japaner spüren diese Fremdheit immer noch angesichts eines solchen japanischen, aber, als ein solcher, europäischen Films. Wir blicken auf die Technik der Fotografie als etwas Äußerliches an uns selbst, und wir können nicht umhin, diese Äußerlichkeit zu bemerken – im Gegensatz zu Ihnen, der Sie dort, im Kino, einem Exotismus verfallen sind.

Was der Japaner hier sagt oder was Heidegger ihn sagen läßt, entlarvt nicht nur den Kinobesuch. Es behauptet, indirekt und unausgesprochen, dessen eigene Kritik der Technik zu überbieten, und erlaubt ihm so, sich selbst zu überbieten: im Ton; in der Berufung auf ein „wir", das Heidegger sich stets versagt hat; und nicht zuletzt, indem der Japan-*Erfinder* Heidegger den Japan-*Betrachter* Heidegger in eine Naivität zurückstößt, die sich weder auf kulturelle Ignoranz noch auf den Vorbehalt eines bloß situativen Mißverständnisses reduziert. In Gestalt dieses Japaners führt Heidegger mittels der Hand, die das Gespräch wiedergibt, gleichsam eine Begegnung mit dem absoluten Nicht-Europäer herbei, der niemals sein zu können er sich nur zu bewußt ist, um die *Gelegenheit* eines solchen Gesprächs vorübergehen zu lassen. „Ein Europäer wird nur schwer begreifen, was Sie sagen", lautet die Replik des Fragenden auf die grundsätzliche Zurückweisung der filmischen Vergegenständigung. Heidegger ist in diesem Augenblick, in dem die Gefahr alles andere als gebannt ist, in dem vielmehr ihr Höhepunkt inszeniert wird, dieser Europäer und ist es nicht. Und er ist jener Japaner und ist es nicht.[92]

92 Bhabhas Begriff der *Ambivalenz* wäre hier vielleicht am Platz – jedoch, wie stets bei Heidegger, ergänzt, verschoben und neutralisiert durch ein Drittes, was sich als das Eigentliche eben darin erweist, daß es nicht durch ein *re-entry* supplementär

3. Die „Fülle des Unscheinbaren"

Derrida unterstreicht in *Heideggers Hand* die Verwandtschaft zwischen Fotografie und Gemälde – das Posieren, Sich-in-Szene-Setzen des Portraitierten, dessen Gesicht und Hände ein bestimmtes hochsensibles Zeichensystem bilden M. Raphael behandelt in seiner Studie zur Farbe Schwarz eine Tradition von Portraits, auf denen das bleiche Gesicht und die weißen Hände sich als einzige helle Flecken von einem schwarzen Untergrund abheben.[93] Wenn er den Japaner vom Stellen und von der Gegenständigung sprechen läßt, betont Heidegger dagegen den Unterschied zwischen Foto und Gemälde. Der Fotograf oder Kameramann (nicht mehr durch eine Handlung, sondern nach dem Apparat benannt, den er bedient) stellt die Realität. Man hat häufig darauf hingewiesen, daß die Sprache der Fotografie, vor allem das Wort „Schießen", die Aggressivität des Kcamerablicks betont, und dieselbe Aggressivität attestiert Heidegger dem modernen wissenschaftlichen Blick, der ebenso selbstverständlich durch Kameras wie durch andere Meßgeräte zustandekommt. Dabei erfährt das Gegenständige in der Unterscheidung vom Gegen-

---

hinzutritt, sondern viel eher in der ambivalenten Polarität selbst verbleibt, in einem solchen Verbleiben und Insistieren besteht. Das „ist und ist nicht" wird in der Form des sowohl-als-auch zugleich von einem weder-noch organisiert, das sich nicht qua Negation auf sein Gegenteil beziehen läßt (da es, wie Heidegger sagen würde, *vor allem nicht negativ* ist). Heidegger wird mit der Insistenz des Fragenden in seinem eigenen Gespräch japanischer, wird *mehr* Japaner, um *mehr* Europäer zu werden. Er wird allerdings keineswegs im gleichen Maß und schon gar nicht auf dem gleichen Weg mehr Japaner, wie er mehr Europäer wird, und in der Einlassung des Japaners sowohl auf seinen europäischen Gesprächspartner als auch auf jenen Fragenden, der kein Europäer ist, wird das weder-noch auf andere Weise verwahrt als im Nachfragen und Nachsetzen des Fragenden selbst. Aber vielleicht ließe sich auf einer sehr intimen und respektlosen Spur der Lektüre auch zeigen, wie Heideggers Begehren, Japaner zu sein und kein Japaner zu sein, sein offenkundiges Begehren, kein Europäer zu sein, um den Wunsch nach einem Europäer bereichert, dessen Schuld er *tragen* könnte.

93 Vergl. M. Raphael, *Die Farbe Schwarz. Zur materiellen Konstituierung der Form*, Frankfurt a. M. 1989.

ständlichen eine sehr weitreichende Bestimmung. Heidegger miß-
traut vor allem der Ungegenständlichkeit der ‚dynamischen‘ wissenschaftlichen Vorgehensweise im Anschluß an Relativitätstheorie,
Unschärferelation usw., denn er mag darin nicht mehr erkennen als
ein Abstraktionsvermögen, das, weit davon entfernt, die Dinge in
Bewegung zu bringen oder in Bewegung zu erfassen, selbst von der
Bewegung eine Bestandsaufnahme macht. Er urteilt entschieden
anders als die Wissenschaften selber, die sich darauf zugutehalten,
die Solidität des Gegenstands als Illusion entlarvt zu haben. Im Gegensatz zu seinem Vorgänger, dem Positivisten des 19. Jahrhunderts,
geht ja der moderne Empiriker davon aus, daß die Dinge der Beobachtung nicht einfach entgegenstehen und bleiben, wo und wie sie
sind, sondern daß die Beobachtung selbst in den Zusammenhang
des Beobachteten eingreift, ihn unter Umständen zerstört und die
Dinge maßgeblich verändert. Ein Elektron, dessen Aufenthaltsort
man mißt, wird sich anschließend nicht mehr dort befinden, denn
zur Messung bedarf es wenigstens eines weiteren Teilchens, das mit
dem Elektron zusammenstößt und es aus seiner Bahn schleudert (und
einer Kamera, deren Belichtung die Energie des Zusammenstoßes
sichtbar macht). Das Untersuchungsobjekt ist ohne Abstand zur
Untersuchung; sein Verhalten zählt zu deren eigenen Effekten. Das
führt zu einer Neubestimmung des Objekts: Die Untersuchung *schafft*
Objektivität, sie verschafft dem, was sie wahrnimmt, den Status des
Objektiven. Das Resultat ist eine abstandlose Objektivität, die nicht
mehr zum Gegenstand gehört, sondern die Bewegung der Untersuchung projektiv (in einem *Vor*gehen) verlängert – also eine Gegen-
ständigkeit statt einer Gegenständlichkeit, die Ständigkeit des Be-
stands (die durch die Messung selbst zugemessene Verläßlichkeit,
die bis zur Falsifizierung reicht) statt dem Wider-Stehen dessen, was
im Gegenstand begegnet.

Heidegger formuliert von daher seinen grundsätzlichen Einwand:
Technik bringt nicht ins Anwesen, sondern nur zum Funktionieren.
In einem technischen Universum funktioniert alles. Es tut dies, in-
dem es in fortwährender Bewegung bleibt, und ein funktionierendes
Universum ist in der Tat nur als dynamisches vorstellbar – aber in
diesem „in sich geschlossenen Bewegungszusammenhang raum-zeit-

lich bezogener Massepunkte"[94] kommt die Bewegung nur insofern in Betracht, als sie jederzeit abrufbar, „bestellbar" ist: im Experiment, in der Produktion und Distribution, in der Verwertung.

Die Kritik an der Fotografie im „Gespräch" impliziert Heideggers gesamte Kritik der modernen Technik. Der Japaner erwähnt Kurosawas Film als Beispiel für die „Verblendung", die darüber hinwegsehen lasse, „wie die Europäisierung des Menschen und der Erde alles Wesenhafte in seinen Quellen anzehrt." Die inszenierte Desavouierung des Fragenden durch den Japaner führt, so betrachtet, eine der bittersten, am deutlichsten kulturpessimistischen Passagen des Textes zu ihrem Höhepunkt. Aber die spektakuläre Zurschaustellung von Heideggers Naivität und die anschließende gemeinsame ‚Einsicht' sollte nicht jenes Bild übersehen lassen, von dem der Japaner zuvor auf dessen kurze, suggestive Frage hin einräumt, daß es der europäischen Ästhetisierung wenn nicht entgeht, so doch durch ein unbestimmtes, aber augenblicklich wirksames „auch" in ihr ausgenommen bleibt – und etwas zeigt, was mit allem Recht in Heideggers Sprache eine denkende Hand genannt werden darf:

> eine aufruhende Hand, in der sich ein Berühren versammelt, das unendlich weit von jeglichem Betasten entfernt bleibt, nicht einmal Gebärde mehr heißen darf […]. Denn diese Hand ist von einem weither und noch weiterhin rufenden Anruf durchtragen, weil aus der Stille zugetragen.

Warum hier diese kurze verhaltene Affirmation eines technisch produzierten Bildes? Heidegger setzt sich sonst nirgends ausführlich mit Fotografie und Film auseinander, aber alles, was er an der Dominanz der Vorstellung im modernen technischen Realismus anficht, trifft diesbezüglich offenbar besonders direkt zu, und die folgende Zurückweisung des Fotografischen durch den Japaner ist, selbst wenn sie scheinbar gegen ihn vorgebracht wird, weitaus *charakteristischer* für den deutschen Philosophen als das Lob des Bildes.

Genau darin liegt eine eigentümliche Ambivalenz des ganzen Textes. Heidegger nennt nicht seinen Namen, sondern bezeichnet sich als Fragenden. Anders als im *Feldweggespräch über die Gelassen-*

---

94 M. Heidegger, „Die Zeit des Weltbildes", in: *Holzwege*, S. 69–104, hier S. 72.

heit, wo man den Eindruck bekommt, Heidegger habe sich selbst in drei Instanzen aufgespalten, die zusammen gehen und einander in der Erörterung zur Seite sind, handelt es sich hier jedoch um einen Dialog, der über eine Differenz hinweg geführt wird. Heidegger läßt den Japaner sprechen als Vertreter seines Landes und dessen Kultur, hier nun besonders einer ideellen oder tatsächlichen Gruppe von Menschen, die sich um die Integrität eben jener Kultur sorgen, während er selbst sich einen neutralen Titel gibt. Diese Asymmetrie ist, wie gesehen, wichtig für den Aufbau des Gesprächs und das, was man seine quasi-situative Konstruktion nennen könnte. Dennoch scheint es, als ob Heidegger im „Gespräch" mehr als in anderen Texten selbst *zugegen* ist. Die Anwesenheit (und kulturelle Markierung) eines Anderen verleiht ihm eine unerwartete Kontur, die der Stil des Dialogs, seine Sprachführung, die keineswegs dialogisch im Sinn der realistischen Konvention ist, niemals völlig verwischt. Im Gegenteil gewinnt jener Stil oder jener Umgang mit der Sprache, die jeder Leser mit Heidegger verbindet, hier ein persönliches Gesicht. In keinem anderen Text Heideggers ist die Sprache derart charakteristisch, zeigt sie derart bildhaft einen Charakter vor.

Die Erinnerung an den Film Kurosawas in der Bestätigung, ihn gesehen zu haben, und dem Bedauern, ihn nur einmal gesehen zu haben, stellt diesbezüglich vielleicht den stärksten Augenblick dar. Denn diese Erinnerung ist auf befremdlich *normale* Weise persönlich. Wer wäre nicht ein wenig verblüfft von der Vorstellung Heideggers, der in einem Kino sitzt und sich einen Film ansieht! – dabei weniger deshalb, weil man den großen Denker nicht mit einem Medium assoziieren mag, das der Trivialität so nahe steht, als aufgrund des Umstands, *daß* der Text hier wirklich eine *Vorstellung* provoziert. Ich *sehe* Heidegger, der sich einen Film ansieht. Und mit keiner der zahlreichen Anekdoten, die den Lehrenden, den Rektor, den Interviewten in mehr oder weniger interessanten Ausschnitten präsentieren, war ich der Person Heidegger so nahe wie in jenem imaginären Kino, das *Rashômon* zeigt.

Das Film-Bild der Hand, vom Japaner für den Fragenden, der Heidegger ist, aber nicht Heidegger heißt, aufgerufen, um dessen eigene Erinnerung zu bewahrheiten, bringt ein Bild Heideggers als

Betrachter eines Films zum Vorschein. Angesichts der kritischen Rolle der Fotografie in der Diskussion dieses Films stellt sich, was Heideggers Denken angeht, nicht nur die Frage nach der Technik, sondern besonders die nach dem Bild und nach dem Erscheinen im Bild. Derrida erwähnt eine Reihe von Fotografien, auf denen Heidegger seine Hand besonders zur Erscheinung bringt, auf denen er mit der Feder, dem Spazierstock oder der bloßen Hand zeigend bzw. in einer Inszenierung des Zeigens zu sehen ist.[95] Das mutet auf den ersten Blick unpassend persönlich, biographistisch, unphilosophisch, in gewisser Weise allzu strategisch und unlauter an – aber Derrida bemüht sich tatsächlich, Heideggers Denken der Hand auf eine *Erscheinung* der Hand und auf eine Erscheinung *Heideggers* durch seine Hand zu beziehen. Der Titel *Heideggers Hand* artikuliert diese Verbindung und bezeichnet damit nicht zuletzt den Versuch einer *persönlichen* Begegnung mit Heidegger, der mehr als andere Philosophen darauf bedacht war und auch vermocht hat, als Mensch, als Individuum, das heißt als Subjekt mit all seinen Determinationen und Beschränkungen *in* seinem Denken aufzugehen, wo nicht sich in ihm aufzulösen und mit der Präzision des Gedankens in der Wörtlichkeit des Gesagten zu verschwinden. Derrida hat sich in seinen Heidegger-Lektüren stets vor allem daran gestoßen und das ganze technische Raffinement der Lektüre aufgewandt, um hier etwas rückgängig zu machen: Heidegger zu dem Begehren zurückzuziehen, von dem die Gelassenheit zu den Dingen keine Spur bewahrt; seine Formulierungen an den Rand der Metaphorik zurückzuholen, von der sie sich lossagen; die freie Eigentlichkeit des Anfänglichen an die Idee eines Ursprungs zurückzubinden, dessen Implikationen sie neutralisieren soll. Und so geht es in *Heideggers Hand*, einem Text, den der Leser als ebenso haarspalterisch auf der einen wie unambitioniert und verschwommen auf der anderen Seite empfinden mag, gerade um Heidegger selbst, den ‚Menschen Heidegger‘, denjenigen, der in seinem Namen spricht und schreibt und es auf Deutsch tut, und auch denjenigen, der unter dem nationalsozialistischen Regime als Universitätsrektor politisch gehandelt

---

95 Derrida, *Heideggers Hand*, S. 58 f.

hat und dessen Menschlichkeit von jenen Handlungen her in Frage gestellt worden ist.[96]

Man könnte die Frage daher auch so stellen: Was fasziniert den Menschen Heidegger so sehr an Japan, daß er ein Bild von Kurosawas Film gegen seine eigene, vom Japaner gegen ihn vorgebrachte Kritik der technischen Repräsentation *behütet*? Weshalb hat Heidegger (oder seine Erinnerung) sich flüchtig in dieses Bild verliebt? Was hat Heidegger *selbst* in diesem Bild gesehen?

„Unscheinbares dieser Art fließt in Fülle [...] durch diesen Film", konstatiert der Japaner. In der Bewegung des Films, das heißt der mechanischen Bewegung von Bildern, die den Schein von Handlungs-Bewegungen erzeugen, gibt es etwas Unscheinbares, was *durch* sie hindurch*fließt* und in seiner Art des Fließens eine andere Bewegtheit, eine andere Qualität von Bewegung anspricht. Dieser Fluß ist *Fülle*. Der Japaner verleiht mit diesem Wort dem unbestimmten Plural des Fragenden eine positive Geltung: „Doch erscheinen nicht auch verhaltene Gebärden?" – „Ich denke an eine aufruhende Hand...", setzt er fort, und obgleich der Leser dahin neigen wird, die Hand als ein Beispiel zu verstehen (und der Japaner sie ausdrücklich als „treffendes Beispiel" bezeichnet), deutet nichts an der Formulierung darauf hin, daß eine *Auswahl* stattfindet und die Fülle sich dadurch reduziert, daß ein einzelnes Bild aus ihr herausgegriffen wird. Die federführende Hand der Argumentation zerrt das Bild der Hand nicht aus einer Sammlung von Bildern hervor. Sie entnimmt es der Fülle, und sie tut dies präzise mit den Worten: „Ich denke..."

So verbleibt das Bild in gewisser Weise in der Fülle des Unscheinbaren, während es zur Sprache kommt. Der Japaner gibt keine Beschreibung. Es erweist sich als unmöglich, das Bild nach Heideggers Text im Film zu lokalisieren. Die Singularität des Bildes kommt in keiner visuellen Spezifizierung zum Ausdruck, sondern in jenem zutiefst Heideggerschen Wort vom Ruf, von der Stille und vom Tragen, das sich gegen die Bildlichkeit der Sprache auf seine Weise ver-

---

96 Derrida betont, daß sein Text in einer indirekten, aber durchgängigen Beziehung zum Rektorat stehe – vergl. ebd., S. 53.

wahrt – einer Differenz von Sprache und Bild, die ihrerseits nur die Genauigkeit des An-denkens sprachlich ins Bild zu bringen versucht und dem scheinbar leicht entschiedenen „Ich denke an…" ein besonderes Gewicht gibt: Bei dem genannten Bild handelt es sich um ein Bild, an das man nur *denken* kann. Es ist eine Sache, den Film zu sehen (ihn ein einzigesmal gesehen zu haben wie Heidegger oder mehrmals wie wahrscheinlich der Japaner). Aber an dieses Bild muß man denken, um es zu sehen. Und die Einmaligkeit des Denkens, die der Einzahl ebenso fremd bleibt wie der Mehrzahl, löst es aus der Mechanik des optischen Vorgangs heraus, um es der Erinnerung an jenen Vorgang mit den Worten „Ich denke…" zurückzugeben.

Inwiefern ist dieses Bild dann noch Bild? Und inwiefern ist es das Bild *einer Hand*? Es handelt sich um eine ruhende Hand, deren Ruhe sich zweifach auswirkt: auf die Welt, die der Film in seiner Erzählung entwirft und die nach Heideggers Insistieren und dem Einvernehmen des Japaners zumindest als Welt dieser Hand für eine japanische Welt gilt; und auf den Film selbst, indem sie aus der dynamischen Abfolge seiner Handlungssequenzen ein einzelnes Bild herauslöst und zum Träger einer besonderen Wirkung bestimmt. Der Japaner spricht von einem „Berühren […], das unendlich weit von jeglichem Betasten entfernt bleibt, nicht einmal Gebärde mehr heißen darf" – einem Berühren also, das nicht zum Zweck des Wahrnehmens und des Begreifens unternommen wird und das auch nichts ausdrücken soll. Da sie ruht, ist die Hand nicht in einer der Tätigkeiten begriffen, welche die Handlung des Films ausmachen, und trägt nicht zu den Bewegungen bei, die er auf seiner visuellen Oberfläche organisiert. Es gibt in diesem Moment keine Action, und das Bild ist auch, mit Deleuze gesprochen, kein Bewegungsbild. Dennoch bedeutet die Ruhe keine bloße Untätigkeit und dies um so weniger, als es sich hier dem Wort nach um ein *Auf*ruhen handelt. Der Text verschweigt, worauf die Hand ruht (ob auf einem Schwert, einem Oberschenkel, auf dem Boden, auf der anderen Hand); aber er gibt zu verstehen, daß die Hand in diesem Ruhen ein Verhältnis zu etwas anderem eingeht. Obgleich *eine* Hand, ist sie nicht für sich, sondern noch im Ruhen eine helfende, denn im Gegensatz zum bloßen Aufliegen, das ein Sichabstützen und Ausruhen auf einer Unterlage suggeriert, scheint hier das Ruhen wie ein Handeln aufgefaßt. Indem die Hand aufruht, kommt sie dem, worauf sie ruht, mit ihrer Ruhe und Gelassenheit zur Hilfe, läßt sie es auf sich beruhen und teilt ihm, wie man sehen und hören soll, ohne das Bild vor Augen zu haben, in diesem Beruhen-Lassen sowohl das Schützende, Behütende als auch das Gefährliche dieser Ruhe mit.[97]

Und die Hand beruhigt gleichzeitig den Film, ruht auf dem Film, der in der Erinnerung abläuft. Sie teilt seiner Bewegung die Ruhe jenes einen Bildes *in* der Fülle von Bildern mit, das als ein verhaltenes, inmitten seiner Darstellung verhaltendes für ein An-Denken bleiben wird. Es sieht aus, als werde sie in einer Geste, die schon auf die danach genannte und gezeigte *nô*-Gebärde vorausweist, über jene Augen gehalten, die das kinematographische Verfahren des seriellen Transports von Bildern als sein Wahrnehmungsorgan projiziert. Heideggers sprachliche Affirmation wendet das Bild gegen den Film, dem es entstammt und den sie dafür würdigt, daß er es enthält. Heidegger dekonstruiert, wenn man so sagen mag, den Film als Technik von einem seiner Bilder her, indem er darin ein Hand-Bild sieht und hört.

Diese Dekonstruktion setzt das ‚Japanische' frei: Das Bild von der Hand eines Japaners zeigt die Hand des Japaners, aber es teilt zugleich die Hand *des* Japaners mit, der dieses Bild hervorgebracht hat (die Hand Kurosawas oder seines Kameramanns, ohne daß diese Beteiligten hier über ihre Hand hinaus zum Vorschein kommen). Die eine Hand hilft der anderen, und dieses Helfen ist es, was Heideggers Text anstelle jener Darstellung sichtbar macht, als die das Bild für gewöhnlich analysiert wird. Sowenig Heideggers Gedichterörterungen zwischen Inhalt und sprachlicher Form unterscheiden, so vollständig fehlt hier die Trennung der Hand im Bild von der Hand, die für das Bild sorgt, durch eine Ästhetik oder mediale Logik der Repräsentation. Das Hand-Bild hat keine repräsentative Ordnung, sondern eine denkerische – das heißt eine Organisation von Wirkungen, deren Wirklichkeit nur das Denken ist.

---

97 Der Schutz, den die Hand gewährt, ist nicht die Sicherheit eines Festgehalten- und Umschlossenwerdens; er impliziert die Möglichkeit des Loslassens, bzw. er ist im selben Augenblick Halten und Loslassen (Verhalten).

4. Tanizakis *Inei raisan* und die Technizität des Lichts

Wir lesen Heideggers Text heute, da zum europäischen Bild des Japaners die Kamera gehört, als ob sie ein Teil seines Gesichts wäre. Niemals wurde ich, der Besucher, häufiger fotografiert als an dem Wochenende, das ich in einer japanischen Familie verlebte, und niemals habe ich es bereitwilliger über mich ergehen lassen als in der Meinung, mit einer Weigerung gegen einen Wesenszug meiner Gastgeber zu protestieren, der zu ihrer kulturellen Identität gehört wie die Platzangst zur meinen. Heideggers Japaner behauptet dagegen, die Fotografie sei dem Japanischen fremd. Die aggressive Zudringlichkeit des Kcamerablicks verfehle, wenn nicht: zerstöre das Wesen, das heißt das unscheinbare Währen Japans in der Gegenwart ebenso, wie das Wissenwollen des Studenten Tezuka seinerzeit die Wahrheit verfehlte oder zerstörte, die sein Lehrer Kuki ihm hätte mitteilen mögen.

Es scheint nun, das fotografische Bild habe Japan heute völlig eingefangen: Kaum ein Japaner, der nicht mindestens eine Kamera besitzt. Automaten mit Einwegapparaten und das schon idiomatische *Hai-cheese!*, das man allerorten hört, wo es irgendetwas sogenanntes Sehenswürdiges gibt. Obligatorische Dokumentationen aller sozialen Vorgänge, selbst vergleichsweise belangloser wie der *konpa*, der regelmäßigen Feier mit den Kollegen der Firma oder des Instituts, oder des alltäglichen Treffens mit Freunden. Das vielleicht weltweit größte Interesse an Magazinen und Journalen und die entsprechende Flut solcher Produkte… Japaner machen so viele Bilder von Japan, daß diese Bilder mittlerweile ein nicht mehr subtrahierbarer Teil Japans sind.[98] Was ist aber ein Bild für die Japaner? Und was ein Foto? Inwiefern trifft Heideggers Interpretation der fotografischen Technik für den japanischen Umgang damit zu?

---

98 Und, auf dieser Ebene, von den Bildern, die dieselben Japaner von Amerika und Europa machen, nicht leicht zu trennen. Zur Einführung und Rezeption der fotografischen Technik in Japan vergl. C. Delank, „Japanbilder – Bilder aus Japan. Yokohama-Photographie in der ostasiatischen und europäischen Bildtradition des 19. Jahrhunderts", in: Gebhard, *Ostasienrezeption*, S. 255–275, bes. S. 257 ff.

Das japanische Wort für Fotografie *shashin* schreibt man mit zwei Zeichen, von denen das letzte „Realität", das erste „Abbilden" oder „Spiegeln" bedeutet. Dieses erste Zeichen wird für sich *utsu* gelesen und in den Formen *utsuru* oder *utsusu* gebraucht. Der Wortlaut *utsuru* bedeutet jedoch auch „übersetzen" oder „übertragen", „übergehen", „übergreifen", „umziehen" oder „anstecken", *utsu* auch „leer" und *utsutsu* „abschreiben", so daß sich der Kontext des fotografischen Bildes noch durch ganz andere Bezüge als die Mechanik der Wiedergabe bestimmen läßt.[99] Diese spielerische Verquickung von Lauten und Zeichen, die uns vielleicht allzu *offensichtlich* japanisch vorkommt, gibt Anlaß zu der folgenden Frage: Kann eine Kultur, eine Sprache oder auch ein Denken sich eine Technik *zu eigen machen*?

Heidegger hat die Frage so nie gestellt, und doch scheint er sie im Fall des Hand-Bilds bei Kurosawa positiv zu beantworten. Er hat sie nie gestellt, weil er die moderne Technik und ihr technisches (was für ihn heißt: kybernetisches) Denken als eine Sache versteht, die das Seinsdenken *angeht* – die ihm zustößt, ihm auf einem Schlachtfeld, als das sich die Sprache herausstellt, Niederlagen zufügt, ohne jemals in Gestalt des Feindes zu begegnen, und der das Denken selbst daher als einer Gefahr zu begegnen hat. Die Auseinandersetzung des Denkens mit der Technik, so vehement Heidegger sie gefordert hat, war niemals so gedacht, daß das Seinsdenken sich *seiner* Technizität besinnt und Denktechniken ersinnt, die mit den theorietechnischen Verfahren der Kybernetik konkurrieren oder gar sie sich zu eigen machen könnten. Heidegger denkt das Denken stets nicht-technisch als nicht-technisch – so jedenfalls erscheint es in all seinen Texten. Und auch um die Technik zu denken, behauptet er zunächst ein *Wesen* der Technik, das selber nicht technisch sei.[100]

99 Mitteilung von Ryôsuke Ôhashi, Kyôto (vergl. auch dessen Aufsatz „Phänomenologie der ‚Nô-Maske'", in: ders., *Japan im interkulturellen Dialog*, S. 93–111, hier S. 104). *Shashin* war in Japan dabei zugleich die Bezeichnung für die Ölmalerei im westlichen Stil.

100 E. Pankow hat das Wort „Ge-Stell", mit dem Heidegger das nicht-technische Wesen der Technik bezeichnet, als „terminus technicus" analysiert, und in der Tat kann man beobachten, daß Heidegger sich mit seiner Erfindung und Organisation der modernen Technik als hervorragender Kybernetiker der Sprache erweist. Vergl. E. Pankow., „Wortstellungen – Heideggers Frage nach der Technik", in: W. Schirmacher (Hrsg.), *Zeitkritik nach Heidegger*, Essen 1989, S. 61–78.

Demzufolge sollte man meinen, es helfe dem Vorhaben, die Hand zu denken, wenig, eine Hand auf eine Weise technisch ins Bild zu setzen, wie Kurosawa es tut. Doch Kurosawa, trotz der Zugeständnisse seines Kinos an den westlichen Geschmack, die *Rashômon* so großen Erfolg eingebracht haben, war Japaner. Und Heidegger führt dem Japaner seines „Gesprächs" ein Bild vor Augen, in dessen Anblick die Technik der Fotografie, indem sie selbst das Andere aneignet, um es sich gleichzumachen, sich vielleicht *zugleich* vom Anderen hat aneignen lassen.

In seinem kleinen Buch *Inei raisan* von 1933, das die deutsche Übersetzung als „Entwurf einer japanischen Ästhetik"[101] etikettiert, schreibt der Schriftsteller Junichirô Tanizaki über das japanische und das europäische Verhältnis zum Licht und kommt in diesem Zusammenhang auf den Film und die Möglichkeit einer japanischen Fotografie zu sprechen:

> Greifen wir als weiteres Beispiel den Film heraus, dann unterscheidet sich der amerikanische vom französischen oder deutschen in bezug auf Schattierung [*inei*] und Farbtönung [*shikichô no guai*]. Von der Art der Spielweise, der Verfilmung des Stoffes ganz abgesehen, manifestiert sich schon auf der Ebene der Aufnahmetechnik irgendwie der unterschiedliche Volkscharakter [*kokuminsei*]. Wenn das schon beim Gebrauch derselben Apparate und Chemikalien, desselben Filmmaterials der Fall ist, wie sehr müßte dann erst recht eine von uns selbständig entwickelte Fotografie [*koyû no shashinjutsu*] auf unsere Haut, unser ganzes Aussehen, unsere klimatischen und topographischen Verhältnisse [*kikôfûdô*] zugeschnitten sein.[102]

Welche Qualität hätte ein Lichtbild, das der japanischen Haut und den japanischen „Verhältnissen" entspräche? Wie Heideggers Japaner sich am Grellen und zu Deutlichen der Darstellung bei Kurosawa stößt, konstatiert auch Tanizaki die japanische Abneigung gegen

---

101 Der deutsche Titel lautet *Lob des Schattens*. Im Unterschied zu *kage*, dem von einem Objekt geworfenen Schatten, bezeichnet *inei* das Schattige im Sinne des Halbdunklen, Gedämpften. Der buddhistische Ausdruck *raisan* bezieht sich eigentlich auf die Lobpreisung der Wohltaten von Buddha, Gesetz und Meister.
102 J. Tanizaki, *Inei raisan/Lob des Schattens. Entwurf einer japanischen Ästhetik*, Zürich 1987, S. 18 f.

den Glanz, das übermäßig Helle, Gleißende und Reflektierende. Er beginnt beim Papier:

> Auch wenn alle Sorten weiß sind, so ist doch das Weiße des westlichen Papiers verschieden von dem Weiß des dicken japanischen *hôsho*-Papiers oder des weißen China-Papiers [*hakutôshi*]. Die Oberfläche des westlichen Papiers scheint die Lichtstrahlen gleichsam zurückzuwerfen [*hane-kaesu*], während das *hôsho*- und das China-Papier wie eine Fläche weichen, frisch gefallenen Schnees die Lichtstrahlen satt in sich aufsaugt [*fukkurato suitoru*].[103]

Ebenso steht es mit silbernem Besteck oder Metallgeschirr, das in westlichen Haushalten poliert, in japanischen dagegen erst dann geschätzt werde, wenn es eine schwarze Patina bekommen hat.[104] Und ebenso mit den Edelsteinen:

> Die Chinesen lieben auch die Jade, und ich frage mich, ob wohl außer uns Ostasiaten noch jemand etwas Reizvolles an diesen seltsam trüben [*usunigori*] Steinklumpen sehen kann, die in ihrem tiefsten Innern ein träges, stumpfes Licht [*doronshita nibui hikari*] umschließen, als wäre da die alte Luft von Jahrhunderten zu einer Masse geronnen. Auch wir selber sind uns nicht im Klaren darüber, was uns eigentlich zu solchen Steinen hin-

---

103 Ebd., S. 20.
104 Tanizaki spricht von einem „Handglanz" (*shutaku*), den er sehr schätzt: „den Glanz, der entsteht, wenn eine Stelle von Menschenhänden während langer Zeit angefaßt, glattgescheuert wird [*tsurutsuru nadete iru*] und die Ausdünstungen allmählich ins Material eindringen. Es handelt sich also, anders gesagt, zweifelsohne um den Schweiß und Schmutz der Hände [*teaka*]." (Ebd., S. 22 f.) Man denkt hier zum Vergleich vielleicht an das „Schuhzeug", das Heidegger in van Goghs Gemälde erblickt. Tanizaki akzentuiert indes weniger (oder gar nicht) die Arbeit, den Aspekt des Gebrauchs und die Weise, wie sich im Benutzen das Leben der Menschen und der Gegenstände durchdringen, sondern den Schmutz, die Ästhetisierung von etwas Unhygienischem, und dieser Glanz bekommt in seiner Schilderung eine geradezu erotische Qualität. Die schwitzende und schmutzige Hand ist auf eine Weise geschlechtlich, die von Heideggers Schuhen undenkbar wäre (obgleich ein gewisser Fetischismus hier naheliegt); sie teilt dies Geschlechtliche dem eigentümlichen Licht, mit dem sie den Gegenstand überzieht, wie eine schlüpfrige Andeutung mit. Dieser Glanz wäre ein Licht der Hand selbst, das sich auf der Oberfläche der Gegenstände abbildet. Gleichzeitig hat er eine indirekte Beziehung zum Tod, denn das Wort *shutaku* bezeichnet vor allem den von einem jetzt toten Menschen einmal geliebten Gegenstand.

zieht, die weder die Farben des Rubins noch des Smaragds noch das Funkeln des Diamanten an sich haben.[105]

Der „Liebhaber des Teeraums", wie Tanizaki seinen Typ des Japaners nennt, zieht das milchige oder vielmehr papierene Halbdunkel der Helle vor. Statt des dramatischen Wechselspiels von Licht und Schatten schätzt er ein Licht, das selbst eine schattenhafte Qualität hat, und statt der Reinheit und klaren Schärfe, die das Licht bei uns zur Metapher des Denkens hat werden lassen, scheint in diesem Licht etwas Trübes, Verschwommenes, ja Schmutziges bis zu einem Zustand feiner Vollkommenheit dissoziiert, der es unmöglich macht, einen Vorgang der Vermischung und etwa Gegensätze zu rekonstruieren. Das japanische Licht verwischt die Grenze, löst sie auf – macht sie vergessen, könnte man vielleicht sagen, denn Tanizakis gelassene, ein wenig schwermütige und zugleich ironische, vor allem aber pragmatische Weise, auf das Schattenhafte als japanische Tradition zurückzukommen, verteilt Erinnerung und Vergessen gleichmäßig in einem einzigen Raum, der nur (noch) durch die Erfahrung eines Liebhabers zu einem japanischen wird.

Tanizaki scheut sich daher nicht, etwas auch dann japanisch zu nennen, wenn seine Herkunft nicht *rein* japanisch ist. Seine „Ästhetik" beschreibt die japanische Kultur im Bemühen, ihre Eigenheit herauszuarbeiten, und mit durchaus nostalgischem Timbre doch von Anfang an als eine, die Techniken aus dem Westen importiert. Wie bringt man in einem traditionell japanisch eingericheten Haus am besten eine Zentralheizung unter? Diese amüsante Frage, mit der *Inei raisan* beginnt, geht davon aus, daß ein japanisches Haus auch mit einer Heizung nach westlichem Vorbild ein japanisches Haus sein kann. Mit vollem Ernst (und verzweifeltem Humor) geht es um einen guten Kompromiß (die Heizung darf nicht stören) *und* zugleich um seine Unmöglichkeit (es gibt keine befriedigende Lösung, denn der Heizkörper stört überall mindestens ein bißchen).[106]

---

105 Ebd., S. 21.
106 Die ausführlichste Problematisierung der Wohnsituation betrifft übrigens die Toilette. Der Wunsch nach den Bequemlichkeiten der „modernen Zivilisation", d. h. den westlichen Komfortstandards, kollidiert mit dem japanischen Geschmacks-

Mit Heideggers stechendem Blick möchte man Tanizakis japanisches Haus als korrumpiert, baulich entfremdet, als dünne historische Kulisse, ja als exotischen Kitsch im eigenen Land denunzieren, denn, so deutsche Konsequenz, wer nicht mehr vermag, in einem wahrhaft japanischen (d. h. kalten) Haus zu wohnen, der ist auch kein wahrer Japaner mehr.[107] Aber das japanische Haus, materiell konkret und auch im übertragenen Sinn (der dank Heideggers Bemerkung, die Japaner wohnten in „einem anderen Haus des Seins", hier stets mit hineinspielt), ist seinem Wesen nach ein pragmatisches Gebäude. Es ist ein ursprünglicher Kompromiß – und es ist zugleich die gebaute Unmöglichkeit eines solchen Kompromisses.

Tanizakis Buch ist insofern bemerkenswert, als er das Japanische ganz zu einer Sache der Suggestion (der Literatur, gerade in dem von Heidegger zurückgewiesenen Sinn) macht. Viel bewußter und offener als Okakuras *Book of Tea* konzentriert sich der Schriftsteller Tanizaki (er selbst betont, daß er „nur" Schriftsteller, kein Wissenschaftler sei) auf das Anmischen von Schatten, auf das Arrangement jener Stimmungen, in denen der Schatten seine besondere japanische Qualität offenbart. Die Lektüre von *Inei raisan* dürfte für einen japanischen Leser vielleicht nicht weniger fesselnd und erstaunlich sein als für einen Europäer. Und der japanische Leser wäre am Ende wohl ebenso bereit zu *glauben*, daß das, was dort behandelt und beschrieben wird, Japan ist – *sein* Japan, so wie ich glaube, daß es mein Japan sein könnte. Der literarische Charakter dieses Exotismus hat die Tendenz, ihn in etwas zu verwandeln, was sich der kulturgeographischen

empfinden; und das unlösbarste Problem, so scheint es, ist der Abort. Tanizaki singt daher ein Loblied des japanischen Aborts, der, vom Haus entfernt, aber durch einen überdachten Gang mit ihm verbunden, an einem Ort im Schatten eines Gebüsches liegt, „wo einem der Geruch von grünem Laub und Moos entgegenkommt" (ebd., S. 10), und dessen schimmerndes Halbdunkel ein „physiologisches Wohlgefühl [*arigatami*]" erzeugt, das die geheizte westliche Toilette mit ihren grell reflektierenden Fliesen nicht vermittelt: „Es macht sich besser, solche Orte in ein verschwommenes Halblicht zu tauchen und den Grenzbereich, von dem an es sauber oder weniger sauber wird, im Unklaren zu lassen." (Ebd., S. 13)

107 Ein ähnlicher Vorwurf, in dem sich eine bemerkenswerte Verbindung zwischen japanischer ‚Tradition' und der Strenge der deutschen Bauhaus-Modernität artikuliert, findet sich bei Bruno Taut, *Das japanische Haus und sein Leben*, Berlin 1977 (1936).

Trennung des Ostens und des Westens gegenüber ziemlich gleichgültig, auf jeden Fall äußerst gelassen verhält.

Tanizakis Buch ist auf der expliziten Ebene für Japaner geschrieben – für diejenigen, die Japaner sind, da sie ein bestimmtes Gefühl des Vergessen-Erinnerns oder Verbergen-Offenbarens kennen:

> Haben Sie, meine Leser, beim Betreten eines solchen [japanischen] Raums nicht auch schon das Gefühl gehabt, das darin schwebende Licht sei kein gewöhnliches Licht, sondern habe etwas besonders Ehrfurchtgebietendes, Gewichtiges an sich? Oder, hat Sie nie eine Art Schauder vor dem ‚Ewigen‘ erfaßt im Gedenken, daß Sie während des Aufenthalts in diesem Raum das Zeitgefühl verlieren könnten, daß unbemerkt Jahre verstreichen und Sie als weißhaariger Greis daraus hervortreten könnten.[108]

Das Japanische verweist zunächst einmal auf eine zeitliche Differenz im Leben des Japaners selbst: Die Vorstellung, daß er einen japanischen Raum (den Raum des Japanischen) als junger Mann betritt und ihn als Greis verläßt, bringt das Japanische als eine zeitliche *Untiefe* in Erinnerung, die in die Oberflächlichkeit des Lebens eingelassen ist und in die man unter Umständen gerät, ohne es zu bemerken.

Kann man hier noch fragen: Ist dieser Gedanke der Befremdung und der zeitlichen Erscheinung bzw. der Zeit als Erscheinung der Fremdheit japanisch? Ist er westlich? Ist er eines von beiden? Gibt es ein Eigentum an der Fremdheit? Eine *eigene* Fremdheit, die ein Land wie Japan nicht mit den anderen teilt? Vielleicht nicht, vielleicht doch. Wie die Antwort jeweils aber auch ausfallen mag, handelt es sich bei diesen Fragen bereits um andere als diejenigen, mit denen Heidegger seinem Japaner zusetzt. Wer, wie Heidegger und auch einige japanische Nationalisten, ein japanisches „Wesen" dem Import westlicher maschineller und kultureller Techniken entgegenstellt oder gleich einer Oberfläche und einer Tiefe, einem Vorder- und Hintergrund voneinander abhebt, unterschätzt die tiefe japanische und womöglich tief japanische *Bereitschaft* zur Übernahme des Fremden ebenso wie die Fähigkeit, Grenzen zu verwischen oder im Dunkeln zu lassen. Soll der Sinn des Wortes „Wesen", so subtil, wie Heidegger ihn als „Währen" bestimmt hat, nicht einer substantiali-

108 Ebd., S. 40.

stischen Idee von Essenz, Gehalt, Art und Geschlecht unterworfen werden, so dürfte hier als wichtigster Zug eben diese Bereitschaft als Disposition für ein Währenddessen nicht fehlen – und insofern *gehört* die Zentralheizung ins japanische Haus und der Spielfilm in die Hände japanischer Regisseure. Dabei wäre die Bereitschaft, sich von fremder Technik überwältigen und verändern zu lassen, aber nicht wirklich erkannt ohne das, was Tanizaki in seiner Beschreibung eines eigenartig dunklen, sich mit der Dunkelheit widerstandslos mischenden Lichtes zur Sprache zu bringen versucht. Die Bereitschaft impliziert, als Oberfläche der japanischen Untiefe selbst, nicht zuletzt ein *anderes* Verhältnis zur Grenze.[109]

109 Bestes Modell dieser Bereitschaft und ihrer Aneignung ist vielleicht das moderne Japanisch. Um die zahlreichen neuen Phänomene zu bezeichnen, die seit der Meiji-Zeit geradezu inflationär im japanischen Sprachraum auftauchen, werden statt komplizierter Synthesen aus japanischen oder chinesischen Wörtern zumeist die englischen, manchmal auch deutschen oder französischen Begriffe übernommen. Die Zahl der Fremdwörter übersteigt daher unsere gelegentlichen Anglizismen bei weitem und prägt den Charakter der Sprache entscheidend. Die Wörter finden jedoch in die japanische *parole* nicht Einzug, ohne zuvor einer Transformation unterzogen worden zu sein, die ihre linguistische Identität bis zur Unkenntlichkeit verändert: Sie werden ins japanische Silbensystem übertragen, das mit seinen 46 einfachen, d. h. aus einem Konsonanten und einem Vokal bestehenden, und einigen zusammengesetzten Silben nur geringe Ähnlichkeiten mit dem der englischen Sprache aufweist, um sie aussprechen und vor allem mit Hilfe der Silbenschrift *katakana* schreiben zu können.

Ein Amerikaner oder Engländer kann sich durchaus längere Zeit in Japan aufhalten, ohne zu bemerken, daß er fortwährend von Elementen seiner eigenen Sprache umgeben ist. Tatsächlich kann man bezweifeln, ob diese so veränderten Wörter noch Fremdwörter, ja sogar, ob sie Lehnwörter sind. Sie wurden vollständig neu codiert, anderen Gewohnheiten (Wiederholungsstrukturen) unterworfen und mit dem Japanischen vermischt. Das Resultat heißt *Japlish* und scheint sich den Kategorien des Eigenen und des Fremden nachhaltig zu entziehen, denn diese sprachtechnische Entwicklung liefert einerseits die gesamte japanische Kultur der Amerikanisierung aus und bringt es andererseits fertig, der mächtigsten Kulturnation der Welt ihre Sprache zu entfremden. Bezeichnend für diese Situation ist auch T. Suzukis Konzeption eines „Englic", das als internationales Verständigungsinstrument dienen soll und in seiner Aussprache nicht an das Britische oder Amerikanische gebunden sein, sondern von jeder Sprachnation (d.h. vor allem von den Japanern) möglichst weit zu ihrer eigenen Sprache „herübergezogen" werden soll. (T. Suzuki, *Tôzasareta gengo: Nihongo no sekai*, Tokyo 1975, S. 223 f. Zu den Komplikationen in diesem Zusammenhang vergl. Hijiya-Kirschnereit, „Sprache und Nation. Zur aktuellen Diskussion um die soziale Funktion des Japanischen", in: *Das Ende der Exotik*, S. 62–98.)

Wäre also das Lichtbild des Films, dieses projizierte Bild, das aus einem Übermaß von Licht besteht und dem, was es darstellt, eine übermäßige Lebendigkeit verleiht, dem japanischen Geschmack fremd? Dem ‚traditionellen‘ offenbar – aber niemandem wird andererseits die bunte Plastikwelt entgehen, die das heutige Japan in seinen Kaufhäusern, im Fernsehen, in der Kleidung und im Verhalten seiner Teenager bietet. Diese Überaffirmation des Grellen scheint an einem gewissen Punkt sogar zum Wesen des Schattigen zu passen, wenn man den Gedanken einer zeitlichen Untiefe in *Inei raisan* ernst nimmt. Das Grelle stellt par excellence *jenes* Neue dar, das sich dem Alten *ohne* Anbindung hinzugesellt, das daneben zu liegen kommt, ohne es zu negieren, durchzustreichen oder aufzuheben, weil es selbst *keinerlei genuine* Beziehung zur Vergangenheit hat. Tanizaki lokalisiert im trüben Schimmer den „Bodensatz" (*ori*) der in tiefe Vergangenheit reichenden Zivilisation. Das japanische Grellbunte hat mit der Tiefe nicht gebrochen; es strahlt so unschuldig und so nichtssagend, weil es sie niemals gekannt hat, und unterscheidet sich eben darin von einer expressiven, ‚schreienden‘ Farbigkeit im Stil der europäischen oder amerikanischen Ästhetik des 20. und 21. Jahrhunderts. Diese Weise des Neuen mag vom Westen übernehmen, soviel sie will (und sie will fast alles) – sie bleibt dennoch japanisch, eine Neuheit ohne Bezug zum Alten, wie es sie in unserer noch in der sogenannten Postmoderne mit einem Rest historischer Dynamik sich vollziehenden Erneuerung der Moden und Stile nicht gibt. Es ist diese neue Welt, in der das Foto, das Video, das digitale Bild Platz gefunden haben und auf der Stelle japanisch geworden sind.

Allein vom Werkzeugcharakter ausgehend, betrachtet die Technikgeschichte Apparate gewöhnlich als Verlängerungen, Erweiterungen, Optimierungen oder Spezifizierungen menschlicher Organe. Die Kamera erscheint als Verlängerung des Auges wie die Schreibmaschine als Fortsatz der Hand. Die klassische Filmanalyse ist dieser Auffassung gefolgt und hat den Film vom *Blick* des Kameraobjektivs und seiner Beziehung zu einem (realen, imaginären oder symbolischen) Auge gedeutet. Dieser Ansatz ist bereits innerhalb der westlichen Bild-Theorie kritisiert worden. Deleuze etwa hat mit Bergson darauf insistiert, daß es das Licht selbst zu verstehen gilt, um das

Bild wahrzunehmen, und in seinen *Kino*-Büchern den Versuch unternommen, eine Art technischer Geschichte des Lichts zu schreiben, die das Sehen im Denken beginnt und an Stelle der mechanischen Apparatur (mit ihren Verweisen auf den mechanisch, nämlich anatomisch partialisierten Körper) die Technizität der Materie selbst behandelt. In dieser Geschichte spielt auch Kurosawa eine nicht unwichtige Rolle.[110]

Das Bild ist bei Bergson nicht auf das Optische beschränkt, es korrespondiert vielmehr dem Handeln insgesamt. Spricht Bergson in *Matière et mémoire* vom Bild als elementarer Unterscheidung der Materie, nimmt er das Bild nicht als etwas, das sich als Resultat einer Wahrnehmung von der Wahrnehmungshandlung ablöst, sondern als deren durchgängiges Prinzip: „Die zentripetalen Nerven sind Bilder, das Gehirn ist ein Bild, die Reizungen, welche durch die sensorischen Nerven ins Gehirn fortgepflanzt werden, sind wiederum Bilder."[111] Das Bild, „eine Art der Existenz, die mehr ist als was der Idealist ‚Vorstellung' nennt, aber weniger als was der Realist ‚Ding' nennt"[112], empfängt Bewegungen und gibt Bewegungen ab, und diese zerebrale (aber universale) Dynamik zeigt von einem komplexen Gedankengang nur die Bewegungen jener Bilder an, die die Folge von Überlegungen begleiten – so als würde man bei der Aufführung eines Theaterstücks nur die Gesten und das Kommen und Gehen der Schauspieler sehen, nicht aber den Text hören, der gesprochen wird.[113] Ein solches materielles Theater ist die eigentliche Wirklichkeit des Lichts. Wie Deleuze betont, kennt Bergsons Theorie keine Trennung von Bild und Licht. *Licht* versteht sich vielmehr als der Name der Materie selbst; ein einzelnes Bild, als Segment in der materiellen Dynamik des Abgebens und Empfangens, ist dementsprechend eine immanente Brechung des Lichts, die zu einer besonderen allein dadurch wird, daß die Instanz der Brechung eine besondere Qualität in die Materie

---

110 G. Deleuze, *Das Bewegungs-Bild. Kino I*, Frankfurt a. M. 1997. Zu Kurosawa vergl. ebd., S. 248–259 – allerdings werden bemerkenswerterweise fast alle Filme des japanischen Regisseurs *außer Rashômon* behandelt.
111 H. Bergson, *Materie und Gedächtnis*, Hamburg 1991, S. 2 f.
112 Ebd., Vorwort, S. I.
113 Vergl. ebd., S. V f.

einführt – nämlich Freiheit, d. h. Handlungsmöglichkeit.[114] Das Bild geht also unmittelbar auf die Hand zurück.

Damit beginnt eine andere Theorie des Kinos. Das Übermaß an Licht, das dem kinematischen Bild so deutlich anzusehen ist, konkretisiert sich in der *unscheinbaren Fülle* des Möglichen im Verhältnis zur Handlung – jedoch nicht zur dargestellten Handlung, zu den Aktionen, welche die Story des Spielfilms oder das Geschehen der Dokumentation ergeben, sondern zu jener Handlung, die das Bild *ist*. Vom Bild her erscheint das Handeln nicht als ein reales oder fiktionales, d. h. als eine Reduktion von Möglichkeiten gemäß erwart- und erinnerbaren Strukturen, sondern als ein *wirkliches*, wobei Wirklichkeit die Wirk*samkeit* der gelegentlich des Entstehens und Vergehens des Bildes handelnden Hand, also die eigene Wirklichkeit des unmittelbar im Bild wirkenden materiellen (oder, wie Bergson in *Evolution créatrice* sagt: lebendigen) Denkens meint.

Von dieser Technizität des Lichts her wäre die Technik der verwendeten Apparate zu verstehen. Was die Kamera anbelangt, könnte man tatsächlich von einem *In-die-Hand-Geben* sprechen. Einmal nicht als repräsentatives (symbolisches) Zentrum einer apparathaften Ordnung der Dinge, sondern als Zugriff auf die Gelegenheit zu einem Bild verstanden, gibt die Kamera den Augenblick zu den Bedingungen des Lichts in die Verfügung der Handlung. Und dieser Umgang mit der Augenblicklichkeit des Handelns reorganisiert das Spiel der Organe, das den ,Körper' ausmacht.[115] Das gilt nicht allein für das Auge – wir

114 Vergl. ebd., S. 4 ff. Man könnte die Lichtbrechung im Sinne von R. Ôhashis Begriff des *kire* reinterpretieren als einen Schnitt, der das Kontinuum zerteilt, um in der Reihe von vollkommen endlichen Entitäten einen anderen durchgängigen Zusammenhang sichtbar werden zu lassen. Ôhashi lokalisiert in diesem „Schnitt-Kontinuum" (*kire-tsuzuki*) das Wesen des japanischen Schönheitsbegriffs, indem er das Wort *kirei* (schön) auf der Spur der lautlichen Ähnlichkeit vom Verb *kiru* (schneiden) her versteht. Vergl. R. Ôhashi, *Kire – das ,Schöne' in Japan. Philosophisch-ästhetische Reflexionen zu Geschichte und Moderne*, Köln 1994.

115 Und dies durchaus anders, als Benjamin in seinem *Kunstwerk*-Aufsatz meinte, wo es heißt, die Fotografie entlaste die (zeichnende) Hand und übertrage alle Gewalt dem Auge (W. Benjamin, *Das Kunstwerk im Zeitalter seiner technischen Reproduzierbarkeit*, Frankfurt a. M. 1977, S. 10 f.). Auch dabei ging es um eine zeitliche Relation – Benjamin behauptet, das Auge sei schneller als die Hand und könne daher „mit dem Sprechen mithalten".

kennen es bereits viel besser aus dem Zusammenhang von Stimme und Schrift: Das Diktaphon beispielsweise, das Heidegger, die Wortverwandtschaft zur Dichtung anmerkend, zusammen mit der Schreibmaschine nennt, gibt den Mund des Sprechenden in die Hand eines Schreibenden. Es überträgt damit die Stimme als einen Befehl („Schreib!"), aber ebenso vertraut es die Stimme einer Schrift an, die sich unabhängig von ihr in einem anderen Vorgang vollzieht. In der Beziehung des Chefs zur Sekretärin ist das Vertrauen als Moment in die Autorität eingebunden, die garantiert, daß das Schreiben niemals anderes als eine Umsetzung des Gesprochenen, die freie Tätigkeit der Hand nichts anderes als eine Wiedergabe dessen sein wird, was ihr mit der Aufzeichnung der Stimme übergeben und in Auftrag gestellt wurde. Eine solche Garantie ist jedoch nur *institutionell*, und bei einem anders institutionalisierten Gerät wie der Kamera sieht es entsprechend weniger eindeutig aus. Die Kamera gibt das Auge in die Hand – in die eigene zwar, aber jeder, der einmal fotografiert hat, wird erfahren haben, wie schwierig es ist und welch eigenartige Balance von technischer *Fertigkeit* und persönlicher *Kontrolle* (Gewalt) es erfordert, zwischen suchendem Auge und auslösender Hand eine planmäßige Koordination herzustellen, d.h. beide in dieselbe Zugehörigkeit zu einem Sehen zu bringen, das sich als Tätigkeit apparathaft realisiert. Jeder kennt den Effekt: Was auf der Fotografie erscheint, ist nicht mehr das, was der Fotografierende gesehen hat. Das Bild wurde entwickelt, indem man das Material chemisch behandelt hat (der Begriff der Manipulation ist in diesem Zusammenhang allgegenwärtig); aber bereits durch das Ablichten wurde das ‚Motiv' behandelt, wurde es in die Obhut einer Hand gegeben, die nach eigenen Möglichkeiten gehandelt hat.[116]

116 Vergl. dazu Ph. Dubois, *Der fotografische Akt. Versuch über ein theoretisches Dispositiv*, Amsterdam/Dresden 1998. Dubois schließt in seiner Interpretation des Fotografierens als Handeln an die Temporalisation der Differenz im Sinn der Lacanschen Psychoanalyse an. Er lokalisiert Subjektivität im zeitlichen „Spalt" oder „Riß" zwischen dem imaginären Bild und der aufgeschobenen Repräsentation durch das Foto. Dieser *différance*-Effekt teilt sich auch dem fotografierten Objekt mit. Auch Barthes nähert sich übrigens dem Wesen des fotografischen Bildes vom Apparat und von dem her, was seine Mechanik mit der Hand bzw. *dem Finger* macht. Der Fotoapparat wird bei ihm zum reflexiven Medium der Sehnsucht, zur romantischen Zeitmaschine. Vergl. Barthes, *Die helle Kammer*, S. 24.

Obgleich also in der sukzessiven Zeit, in der Organe zur Bedienung eines Apparates aktiv werden, das Auge zunächst sieht und dann die Hand auf den Auslöser drückt, ist das fotografische Bild *eher* als ein Bild des Auges eines der Hand. Man hat es mit mehr als der Übertragung einer Metapher von einem Bereich auf den anderen zu tun, wenn man von der Handschrift eines Fotografen spricht wie von der eines Autors oder Malers. Es gibt Künstler, die von der Emanzipation der Hand durch den Apparat bewußt profitieren, indem sie Schnappschüsse machen, ohne durch den Sucher zu schauen. Solche Handbilder sind aber erst möglich, weil die Technik das Bild um-organisiert. Die Zuordnung Hand-Schrift und Auge-Bild ist in der Fotografie in gewisser Weise von Anfang an aufgehoben. Als Licht-Maschine bringt die Kamera ein Hand-Bild hervor, das zur Hand-Schrift hinzutritt und die Bestimmung der Hand durch ihre Eignung zur Schrift mit einer Bestimmung der Hand durch ihre Fertigkeit zum Bild ergänzt.

Das gilt es zu berücksichtigen, wenn wir das fotografische Bild einer Hand in der Einstellung eines Films betrachten – und ebenso vielleicht, wenn wir Fotografien Heideggers betrachten, auf denen seine Hand erscheint. Denn was besagt dieses In-die-Hand-Geben? Basiert es auf einem Vertrauen in die Technik, das unter Umständen ungerechtfertigt, aber ohne Alternative ist? Wäre die Fotografie unmittelbarer Ausdruck der Gewißheit, daß wir uns der Technik nur ausliefern können? – und hätte der Diskurs über die Fotografie in einem Nachdenken über die Handlichkeit der Auslieferung sich zu beraten? Oder ist es auf eine bislang noch unbekannte Weise *meine* Hand, *unsere* Hand, eine *menschliche* Hand, die am anderen Ende des Auges auf den richtigen Augenblick wartet, um es in sich aufzunehmen und in die Zuständigkeit eines Bildes zu geben, das ihm *zeigt*, was es gesehen hat, einschließlich all dessen, was im Zeigen die Dimension des Sehens im Blick übertrifft? Haben in der Hand die Technik und der Mensch womöglich längst aufgehört, ein *nicht-technisches* Wesen zu haben, das sie in die *ontologische* Differenz des Selben verfügt, und sind vielmehr mit jeder bildenden Handlung in die *Technizität der Materie* eingelassen, bei der es sich um nichts anderes handelt als um eine das Bild ins Wesen (Währen) des Handelns verfügende Organisation des Lichts?

118

5. Die Erotik des Bildes und das Geschlecht der Hand

Ein weiterer Aspekt kommt hinzu, der die Beziehung zwischen Hand und Bild kompliziert und zur Sache des organisatorischen Vermögens der Handlung, das heißt ihrer Beziehung zu Organen und deren Anordnung zu einem ‚Körper‘, eine kurze Ergänzung verlangt: Derrida attestiert Heidegger einen „Diskurs, der alles sagt über die Hand, insofern sie gibt und sich gibt, außer, zumindest dem Anschein nach, über die Hand und die Gabe als den Ort des sexuellen Begehrens, über – wie man zu sagen pflegt – das *Geschlecht* in der sexuellen Differenz.“[117] Tatsächlich spricht Heidegger weder über die Liebe noch über die Geschlechtlichkeit, die Sexualität oder die Erotik der Hand. „[Es] wird niemals etwas über die Liebkosung oder über das Begehren gesagt. Macht man Liebe, macht der Mensch Liebe mit der Hand oder mit den Händen?“[118]

Wir werden auf die Liebeshandlung und auch auf das Problem der Berührung noch ausführlicher zu sprechen kommen. Hier stellt sich jedoch zunächst die Frage nach der Rolle des Bildes für die Möglichkeit libidinöser Besetzung einer Handlung. Im Sinne Derridas wäre zum Bild einer japanischen Hand in Kurosawas Film folgendes zu vermuten: Jedes Bild einer Hand bringt mit der Hand selbst auch die Möglichkeit einer Berührung durch diese Hand zur Erscheinung. Jedes Bild einer Hand ist erotisch – das heißt, es teilt mit dem, was es von der Hand zeigt, etwas Widersprüchliches, Schlüpfriges, Indiskretes mit. Es zeigt die Hand mit der Andeutung, etwas vom

---

117 Derrida, *Heideggers Hand*, S. 57.

118 Ebd., S. 81. Auch Heideggers Distanzierung von Kukis Interpretation des *iki* ließe sich als Hinweis auf eine Vermeidung des Sexuellen (wenn nicht auf eine Scham diesbezüglich) zurückführen, denn bei Kuki spielt in der Tat der „Sex-Appeal“ eine entscheidende Rolle, und wo er von der Hand spricht, handelt es sich um die Darstellung einer koketten Frau oder *geisha*: „Die Hand steht in enger Beziehung mit der Koketterie. Wenn ein interesseloses Spiel des ‚Iki‘ Männer bezaubert, dann kommt es auf jenes ‚Manöver‘ an, das nicht selten bloß in der ‚Handgestik‘ besteht. Die Handgestik von ‚Iki‘ findet man in den Nuancen zwischen beiden Körperbewegungen, *die Hand ein wenig nach hinten oder nach vorn zu biegen*.“ (Kuki, *Die Struktur von ‚Iki‘*, S. 36.)

Handeln dieser Hand *nicht* zu zeigen, und verbirgt in dem Hinweis auf das Verborgene den Ort einer Liebkosung, an dem ich als Betrachter dieser Hand *wiederbegegnen* könnte. Das Bild selbst verdoppelt die Handlung in das, was ich sehe, und das, was hinter der Einmaligkeit dieses Augenblicks, in dem ich sie sehe, an möglichen Beziehungen liegen könnte, die nicht nur aus dem Einmaligen, sondern im selben Zug auch aus dem Bereich des lediglich Sichtbaren herausführen würden. Der Augenblick schließt, wie Derrida einmal sagt, eine Dauer in sich ein, die das Auge fest verschließt. Es ist eben das *blind date* in der Fiktion eines gemeinsamen blinden Flecks von meinem Auge und jener Hand, bei dem die Berührung stattfindet.

Die Disqualifikation des fotografischen Bildes in Heideggers „Gespräch" hat also möglicherweise durchaus etwas mit einer Absage an die erotische Dimension der Berührung zu tun. Und auch diesbezüglich ist es von Belang, daß das fotografische Bild als un*japanisch* disqualifiziert wird. Falls es sich so verhält, daß die ‚Lebendigkeit' der Hand, zu der wir ihre Berührungen rechnen, der visuellen Logik des Erscheinens und Erscheinen-Lassens verbunden, ja ihr unterworfen ist, scheint dies vor allem für das moderne Japan zu gelten: Wenn ein japanischer Mann die Puppe eines Schulmädchens erwirbt, die detailgetreu realistisch nach dessen Foto gearbeitet wurde (das überdies zum Beweis der Verpackung beiliegt), und wenn er eine sexuelle Erregung dabei empfindet, diese Puppe *wiederum zu fotografieren* – hat da nicht das Bild eine eigene Realität, kaum mehr die eines Gegenstands, der einen Gegenstand abbildet, sondern die einer Handlung, in der die Hand selbst zum einzigen Geschlecht geworden ist? Heidegger spricht daher mit dem, was er zur Hand sagt, stets auch über das Geschlechtliche. Und die plötzliche Wendung von der Würdigung des Hand-Bilds in *Rashômon* zur generellen Verurteilung der fotografischen Technik, die sich mit dem Einwand des Japaners vollzieht, bestreitet vor allem auch die Erotik dieses Bildes.

Das verweist auf das Problem der Neutralität bei Heidegger, das hinsichtlich der Hand noch einmal neu zu erörtern wäre.[119] Derrida

---

119 Vergl. meine frühere Studie zur Neutralisierung in: van Eikels, *Zeitlektüren*, S. 233–241.

verwirft in einem Text, der sich auf Heideggers *Ohr* bezieht, dessen Postulat einer Neutralität des Daseins gegenüber der sexuellen Differenz, um jedoch andererseits die Möglichkeit der Verschiebung dieser Differenz durch eine Art Wiedereintritt des Neutrums in die es ausschließende und so konstituierende Binarität zu erwägen.[120] Doch obgleich der Untertitel *Heideggers Hand* als zweiten Teil des Aufsatzes über das Geschlecht ausweist, geht Derrida der Frage nach der Geschlechtlichkeit der Hand im Zusammenhang jener anderen, zwar geschlechtlichen, aber nicht durch ein sexuelles Geschlechterverhältnis in Form der Opposition von männlich und weiblich, phallisch und vaginal, aktiv und passiv, Überschuß und Mangel usw. determinierten Neutralität nicht weiter nach. Dabei gäbe es gerade hier die Chance, die Frage nach dem Geschlecht auf eine andere Weise zu stellen – nicht als Frage nach der *Geschlechtlichkeit* der Hand, also danach, wie die Hand in die sexuelle Differenz hineingehört und wie Heidegger diese Zuordnung verdrängt, ausstreicht oder bestreitet, sondern als Frage nach der Geschlechtlichkeit *der Hand*, nach der Hand ‚als‘ Geschlecht (oder ‚wie‘ das Geschlecht), nach dem eigenen Geschlecht, das die Hand *hat*, wenn sie das Wesen des Menschen innehat, und nach der eigenen geschlechtlichen Aktivität ihrer Handlung, des Denkens.[121]

Was Heidegger den Japaner im „Gespräch" über die Hand im Bild sagen läßt, wäre Anlaß genug, die Frage nach der Geschlechtlichkeit und der Erotik noch einmal in einem weniger kritischen

120 Vergl. Derrida, *Geschlecht (Heidegger)*, bes. S. 20 ff. und S. 41 f.

121 Heideggers Beziehung zur Fotografie war, zumindest dem Anschein nach, keine erotische, sondern eher eine, die mit der persönlichen Erinnerung an jenem Punkt zu tun hat, wo sie den Tod betrifft und sich von ihm her gegen die Verführungen des in die Ambivalenz eines beliebigen Augenblicks verspielten Lebens verwahrt. Die Berichte seiner japanischen Besucher erwähnen wiederholt, daß Heidegger ihnen Fotografien vom Grab Kukis zeigte, um die er eigens gebeten hatte (vergl. D. T. Suzuki, „Erinnerungen an einen Besuch bei Martin Heidegger", in: *Japan und Heidegger*, S. 169–172, hier: S. 170). Dennoch scheinen auch die Japaner ein wenig auf der Sexualität insistieren zu wollen. S. Yuasa vergleicht das romantische Denken des Idealismus mit einer Frau, die noch keine Erfahrung mit Männern hat, Heideggers Denken in seiner eigenartigen Bodenständigkeit und „Erdigkeit" hingegen mit einer erfahrenen Frau (vergl. „Heidegger im Vorlesungssaal", ebd., S. 109–126, bes. S. 110).

Gestus an sein Denken und an das Denken überhaupt heranzutragen. Die Frage nach der Hand könnte dann auch folgenden Sinn haben: Gibt es eine Erotik *des Denkens*? Das entspricht nicht der Frage, inwiefern sich das Denken auf die Erotik zurückführen läßt – eine Frage, mit der wir zumindest vertraut sind, seit Platon im *Symposion* die Liebe auf die allgemeine menschliche Disposition des Begehrens bezogen und den Eros als vermittelnde Kraft beschrieben hat, und die eine psychoanalytische Intelligenz in den Lektüren Derridas über alle Grenzen ausdehnt. Es geht stattdessen um ein geschlechtliches Handeln, bei dem die Hand weniger etwas macht (*es* macht, wie man *etwas* macht, und damit das Es zu einem Etwas macht), als vielmehr in einer bestimmten, keineswegs notwendig trägen, passiven oder gar beschwichtigenden Manier *aufruht* – und dies nicht so, daß die Handlung zugunsten des Ruhens unterbleibt, sondern die Handlung, worum es sich dabei auch handelt, zu einem Aufruhen und in dessen Ruhe konkret wird. Ein Berühren, kein Betasten, heißt es im „Gespräch". Ein Berühren also, welches das Berührte nicht erst erspüren und durch diese Wahrnehmung zum realen Adressaten erklären muß. Ein Berühren, das mit dem Berührten bereits vertraut ist, ohne daß die Hand vom körperlichen Gedächtnis her Sinnesdaten über ein Objekt empfängt, die sie selbst zuvor gesammelt hat. Vertrauen meint hier eine radikale Asymmetrie der Liebeshandlung hinsichtlich dessen, was eben niemals zu ihrem Gegenstand wird: Die Hand gibt die Ruhe ihres Ruhens, ohne eine Reaktion zu erwarten, vermittels derer sich das andere, worauf sie ruht, erkenntlich zeigt (sich zu erkennen gibt). Der Text des „Gesprächs" spricht vom Aufruhen, verschweigt aber die Unterlage, und wirklich ist es gleich-gültig, worauf die Hand ruht, und ist der unscheinbare Akt des Ruhens eine rückhaltlosere und bedingungslosere Auslieferung an das Andere in jenem anderen Körper als das Hineingreifen in eine Dunkelheit, gerade weil nichts riskiert und auf nichts spekuliert wird. Die Hand läßt auf sich beruhen, worauf sie ruht. Sie handelt, um das Unscheinbare, das sie berührt, wirklich werden und doch unscheinbar bleiben zu lassen. Sie handelt, damit das Unscheinbare eine Wirklichkeit bekommt. Und diese Handlung ist in gewisser Weise obszön, denn sie verstößt gegen das Gesetz der vergegenständigenden Konkretion genauso wie gegen das der Abstraktion.

Wenn im Denken der Hand uneingestanden Heideggers Begehren zum Ausdruck kommt, wie Derrida andeutet, so handelt es sich um die Sehnsucht nach einer *Konkretheit, die nicht auf der Ordnung des Gegenständigen basiert.* Diese Sehnsucht löst die Liebe zur Hand aus, und sie motiviert ebenso die Liebe zu Japan. Dieser gemeinsame Ursprung sorgt dafür, daß Heidegger auf Japan nicht anders blickt als auf die eigene Hand – mit einem Befremden, das nur die Reaktion auf eine Vertrautheit ist und das unfaßlich Gewisse in einer eigens dafür erschienenen Ferne die Voraussetzungen des Sprechens berühren läßt.

In der Hand ist der Bezug zum Gegenständig-Gegenständlichen so deutlich, daß jene andere Konkretheit in der Unterscheidung eines anderen Verhältnisses in diesem Bezug denkbar wird. Die Hand begreift, indem sie greift. Ihr Gebrauch ist die tätige Basis des Begriffs. Dieser Wortzusammenhang verdankt seine Prominenz nicht allein Hegel; er ist in der deutschen Sprache so greifbar, daß hierzulande jede Pädagogik der Erfahrung unfehlbar auf ihn zurückkommt. Die Koordination von Auge und Hand erarbeitet beim Kleinkind schrittweise das, was wir als unsere gegenständliche Realität kennen und teilen: die artifizielle Konstruktion eines kontinuierlichen dreidimensionalen Raums, der als Ganzes ruht, während sich selbstkonstante Objekte in ihm hin und her bewegen – darunter schließlich auch der eigene Körper.[122] Zwei Hände und zwei Augen sind die technischen Konstituentien dieser Welt, in der ein Gegenstand stets aus der Projektion aufs Abstrakte und der aufs Konkrete zusammengesetzt werden muß, wie Kant es im Schematismus formalisiert hat. Traditionelle Auffassungen vom Sensualismus bis zur Phantastik projizieren dabei die erste Projektion auf das Auge, die zweite auf die Hand zurück, als ob Auge und Hand in einer bestimmten Dynamik der Vergewisserung zusammenwirken. Das Bild, welches das Auge

---

122 Vergl. J. Piaget, *Die Entwicklung des räumlichen Denkens beim Kinde*, Stuttgart 1999.

aufnimmt, kann stets trügen, aber der Griff nach dem Gesehenen befindet über dessen Realität oder Irrealität. Konkret ist demzufolge das, was die Hand genau so ergreifen kann, wie das Auge es sieht. Diese Korrespondenz von Hand und Auge in der Wahrnehmungshandlung ist die Institution des Gegenstands.

Heidegger hat versucht, die Metaphysik des Sehens zu vermeiden. Worte wie „Lichtung" oder „Einblick" verweisen zwar auf ein Sehen, kommen aber doch ohne das Auge als Metapher des Geistes aus. Stattdessen sprechen die Erörterungen von Gedichten bekanntlich vom Hören; und auch hier entzieht Heidegger seine Sprache nicht nur dem semantischen Bezirk der Akustik, indem er etwa das „Geläut der Stille" für das eigentlich zu Hörende erklärt, er grenzt seine Affirmation eines „singenden Sagens" auch mit seltener Deutlichkeit gegen eine musikalische Poetik der Sprache ab.[123] Weder das Auge noch das Ohr sind jedoch in ihren Möglichkeiten für die Konkretion des Denkens metaphysisch oder nicht-metaphysisch. Entscheidend ist, wie ihnen die Hand zur Hilfe kommt. Heidegger nennt das Wesen der Hand ein helfendes, ein Zur-Hand-Gehen. Durch die Weise ihres Helfens bestimmt die Hand die Aufmerksamkeit des Auges oder Ohrs zu einer Handlung. Erst durch die Hand wird das Bild, welches das Auge sieht, zum Ort einer Wirkung, die dem zu Sehenden eine Wirklichkeit diesseits der Abbildung von etwas Gegebenem (eines Gegenstands) gibt. Die Handlung der Hand, die dem Auge hilft, das Bild hervorzubringen, befindet über dessen Wirklichkeit.

Dasselbe gilt für das Ohr, wenn es wirklich den Ruf in der Stille hören soll. Das eigentümliche Beispiel der japanischen Hand in Kurosawas Film zeigt, wie wenig Sehen und Hören hinsichtlich dieses von der Hand in jeder Hinsicht bestimmten Bildes zu trennen

---

123 So zitiert er in *Unterwegs zur Sprache* zu Beginn von „Der Weg zur Sprache" Novalis, um ihn dann zum Ende des Vortrags ohne weitere Differenzierung in die Metaphysik zurückzustoßen. Vergl. zum Unterschied von Heideggers und Novalis' Sprachdenken: K. van Eikels, „Zwei Monologe. Die Poetik der sprechenden Sprache bei Heidegger und Novalis", in: S. Willer/S. Jaeger (Hrsg.), *Das Denken der Sprache und die Performanz des Literarischen um 1800*, Würzburg 2000, S. 229–244.

sind. Im „verhaltenen" Bild, explizit als Bild angesprochen, wird der Ruf *hörbar*, der die Hand durchträgt. Das zu Sehende und das zu Hörende werden gleichermaßen von der Hand getragen. „Höre das Klatschen einer Hand!" lautet der erste *kôan* in der Ausbildung der Rinzai Zen-Schüler, an dem Heidegger besonderen Gefallen fand und den er öfter zitierte. Das Ohr allein vermag nur das Klatschen zweier Hände zu hören. Erst wenn die Hand ihm zur Hilfe kommt, wird jenes Klatschen hörbar, das eine Hand hervorbringen kann, weil es zur Hand gehört, weil dabei die Hand nicht irgendein Gegenstand ist, der gegen einen beliebigen anderen schlägt, sondern genau und *nichts anderes* als die Hand. Und die Antwort auf diese Aufforderung kann in der Tat nur eine Handlung sein: Der Schüler klatscht mit einer Hand. Es sieht aus, als schlage er in die Luft – aber in diesem Augenblick, da die Berührung von der Hand ausgeht, ist es vollkommen gleichgültig, was sie berührt, denn die andere Hand, die zum gewöhnlichen Klatschen nötig wäre, ist gleich-gültig geworden, und so allein kann die Hand ihr *eigenes* Klatschen von sich geben.

IV. Hingeschriebene Liebe –
Zum sozialen Charakter des Schriftzugs

1. Handschrift und Maschinenschrift

Kommen wir vom Bild auf die Schrift und auf Derridas Kritik zurück. Heideggers Beispiel des Handwerkers, der an einem Schrein baut, mag dem skeptischen Leser schon insofern zweifelhaft erscheinen, als der Philosoph, wie seit Thales' Brunnensturz aktenkundig, in der Welt des praktischen Besorgens eher durch seine Ungeschicktheit auffällt und in der Regel kaum einen Hammer, eine Säge oder Feile zu gebrauchen weiß. Sollte er auf irgendein Handwerk Anspruch erheben dürfen, dann auf das Schreiben. Auch das ist allerdings keineswegs gewiß. Thomas Mann hat den Schriftsteller jemanden genannt, dem das Schreiben schwerer fällt als anderen. Vom Philosophen darf man sagen, daß es ihm noch schwerer fällt, und Heideggers Haltung zur Sprache läßt ihn nicht nur der Literatur mit dem größten Mißtrauen begegnen, sie setzt der Eigendynamik des Schreibprozesses mit dem denkerischen Anspruch zu, beim Wort zu bleiben – einem Anspruch, dessen rigide Strenge gegen das generative Vermögen der Sprache Heideggers eigenen Sätzen fast überall anzumerken ist.

Diesbezüglich kommt Heideggers „offensichtlich positive Bewertung der Handschrift" nur deshalb nicht überraschend, weil sie eine negative Bewertung der Maschinenschrift mit sich bringt, und schließt, wie Derrida anmerkt,

> eine Abwertung der Schrift im allgemeinen nicht aus, im Gegenteil. Sie gewinnt ihren Sinn innerhalb der allgemeinen Auslegung der Art / der Kunst zu schreiben [*l'art d'écrire*] als einer wachsenden Zerstörung des

Wortes oder des Sprechens. Die Schreibmaschine ist nur eine moderne Verschlimmerung des Übels.[124]

Wenn Heidegger die Handschrift privilegiert, spricht allerdings nicht nur *ein* konservativer Mensch, der *noch* mit der Hand schreibt, und wenn er sich weigert, die Maschinenschrift als gleichwertig zu akzeptieren, ist das nicht gleichbedeutend mit der Weigerung, eine Schreibmaschine zu benutzen oder in ein Diktaphon zu sprechen (selbst wenn er sich tatsächlich geweigert hat). Heideggers Argwohn betrifft nicht die Verdrängung, Disqualifikation oder Zerstörung der Handschrift durch die Maschine, sondern das Vergessen, das jene Verdrängung, Disqualifikation oder Zerstörung selbst dem Blick entzieht und einen kontinuierlichen Fortschritt der Bequemlichkeit und Schnelligkeit erscheinen läßt, wo in Wahrheit das Verhältnis des Menschen zur Schrift, das heißt das Wesensverhältnis des Menschen zu sich selbst und des Seins zu ihm sich grundlegend wandelt:

> Wenn also die Schrift ihrem Wesensursprung, d. h. der Hand, entzogen wird und wenn das Schreiben der Maschine übertragen ist, dann hat sich im Bezug des Seins zum Menschen ein Wandel ereignet, wobei es von nachgeordneter Bedeutung bleibt, wie viele Menschen die Schreibmaschine benützen und ob einige sind, die ihre Benützung vermeiden.[125]

Die kurze Abhandlung über die Hand in der *Parmenides*-Vorlesung steht im Zusammenhang der „verhüllenden Wolke der Vergessung", das heißt jenem Vergessen, das im Anschein einer Helle, einer Normalität, eines alltäglichen Gangs der Dinge verbirgt, daß etwas verdunkelt und verborgen wird. Es geht um die Selbstvergessenheit des Vergessens. Deren Perfektion findet Heidegger in der modernen Entwicklung der Schrift:

> Die Schreibmaschine ist eine zeichenlose Wolke, d. h. eine bei aller Aufdringlichkeit sich entziehende Verbergung, durch die der Bezug des Seins zum Menschen sich wandelt. [...] In der „Schreibmaschine" erscheint die Maschine, d. h. die Technik, in einem fast alltäglichen und daher un-

---

124 Derrida, *Heideggers Hand*, S. 77
125 Heidegger, *Parmenides*, S. 125.

bemerkten und daher zeichenlosen Bezug zur Schrift, d. h. zum Wort, d. h. zur Wesensauszeichnung des Menschen. Hier hätte eine eindringlichere Besinnung zu beachten, daß die Schreibmaschine noch nicht einmal eine Maschine im strengen Sinne der Maschinentechnik ist, sondern ein ‚Zwischending' zwischen einem Werkzeug und der Maschine, ein Mechanismus. Ihre Herstellung aber ist durch die Maschinentechnik bedingt.[126]

Die Maschine ist selbständig herstellend. Mehr noch: sie ist, wie Heidegger später in der Auseinandersetzung mit der Kybernetik wiederholt andeutet, im Prinzip steuernd. Sie steuert ein Herstellen und richtet es ein und wird dabei selbst in ihrer Konstruktion durch die Kybernetik als neue Organisation des Wissens gesteuert. Die Maschine definiert sich nicht mehr durch den Bezug zu dem, *was* sie herstellt. Anders als beim Werkzeug, dessen innere Bestimmtheit immer noch ein wenig die des Hervorbringens ist, herrscht auf der maschinellen Ebene das Gleiche – gerade auch in dem Sinn, daß alles maschinell Herstellbare aneinander angleichbar, kompatibel zu machen sein muß. Die Schreibmaschine ist ein Werkzeug zur Erzeugung von Schrift; als solches hat sie einen Wechselbezug zur Schrift, den des Mechanismus. Sie mechanisiert die Schrift, indem sie selbst sich dem anbildet, was an der Schrift von jeher mechanisch war. Die Schreibmaschine wird ja nicht zufällig für die alphabetische Schrift erfunden, denn es ist das griechische Buchstabensystem, das die Mechanisierung vorbereitet, *die* Dimension des Griechischen, die im Lateinischen genau nachgebildet wird und in der sich das Griechische und das Lateinische *nicht* unterscheiden (also, wenn man so will: der *europäische* Ursprung unserer Schrift).[127]

Es wäre eine interessante und wichtige Frage, inwiefern die moderne Technik die Schrift wirklich maschinisiert oder noch im Werkzeughaften verbleibt – eine Frage, die sich uns heute von der Computer-

126 Ebd., S. 126 f.
127 Vergl. dazu E. Havelocks euphorisch eurozentrische (und dafür bereits ausführlich kritisierte) Theorie der Alphabetisierung: E. A. Havelock, *Die Schriftrevolution im antiken Griechenland*, Weinheim 1992.

129

technik und der ihr vielfach zugeschriebenen Umwälzung traditioneller Ordnung her stellt. In seiner Studie zum postmodernen Wissen äußerte J. F. Lyotard 1979 die Befürchtung, die Digitalisierung des Zeichens werde das Wesen des derart Gespeicherten und Übertragenen maßgeblich beeinflussen, Kommunikationen würden zukünftig auf Informationen beschränkt, die der eindeutigen Unterscheidung nach 1 oder 0 entsprächen, alles andere, Dritte, Störende, Analoge abgeschnitten und ausgeschlossen werden.[128] Die Schrift im elektronischen Medium wäre demzufolge ihrer Tiefe und Ambivalenz beraubt – und auch Lyotard zögerte nur wenig, diese Tiefe und Ambivalenz in Zusammenhang mit einer Menschlichkeit zu bringen, der er später, in *Le différend*, die juristische Möglichkeit der Berufung assoziierte. Handelt es sich bei jener Berufung um das Rufen, das sich sogar, vielleicht vor allem in der Stille, im einfachen Aufruhen der Hand zuträgt? Ist es die nicht einmal zur Abwehr oder zum Protest gehobene, sondern bloß daliegende und *für sich sprechende* Hand, die an der Schwelle des Werkzeugs zur Maschine zum Verstummen gebracht wird – als *untätige* Hand in einem Universum mechanischer Betätigungen elektronischer Maschinen zurückfällt und vergessen wird?

Es ist jedoch keineswegs entschieden, ob sich Lyotards Befürchtung bewahrheitet hat. Zum einen erweist sich die Digitalisierung, obgleich sie auf einer radikalen und gewaltsamen Vereinfachung beruht, als erstaunlich anpassungsfähig an all das, was wir für wunderbare Singularitäten eines analogen Universums gehalten hatten, und es zeigt sich vielerorts, daß das Analoge nur ein anderer Beobachtungsmodus ist, der sich überdies entlang der Grenze zum Digitalen eher weiter verfeinert, als daß er zu verschwinden droht.[129] Und zum anderen gibt es längst mehr als eine Ahnung davon, daß das Digitale als primitives Symbolsystem, wie wir es heute kennen, selbst nur Durchgangsstadium in einer Entwicklung ist, die schließlich den Unterschied von Soft- und Hardware aufheben und das Programm

---

128 Vergl. J. F. Lyotard, *Das postmoderne Wissen*, Wien 1984, S. 19–29
129 Die Beziehung von „Hi-fi" und „Lo-fi" in der Musik seit den späten 80ern wäre ein Beispiel mit tiefreichenden Implikationen.

vollends ins Reale, das heißt in den Bereich diesseits der Sprache verlagern wird.[130] Es könnte durchaus sein, daß die Technik auf längere Sicht die Sprache *von der Information befreit*, nachdem sie selbst aufgehört hat, sich an der Sprache als Modell zu orientieren.

Heideggers Bemerkungen über die Kybernetik lassen erkennen, daß er manches von dieser Entwicklung vorhergesehen hat. Er erwähnt jedoch mit der Schreibmaschine bewußt einen Apparat, der noch nicht ganz Maschine ist und dessen mechanische Disposition noch einen Bezug zum Hervorbringen hat, weil er aufzeigen will, wie derjenige Akt des Zum-Vorschein-Bringens, der im Griechischen (d. h. in der ursprünglichen Kontamination des abendländischen Denkens) der denkerische Akt selbst war, in der Moderne mechanisiert wurde. Die Schreibmaschine, halb Maschine und darin zu sehr und zu wenig modern, ist ein Mechanismus. Was man mit ihr hervorbringt, sind Zeugnisse eines mechanisierten Denkens.

Heideggers Sorge gilt nicht nur der Opposition von Integrität und Desintegration des Wortes, wie Derrida meint. In ihr artikuliert sich zugleich die Insistenz auf etwas Nichtmechanischem in der Handschrift, das erst der emphatische und polemische Vergleich mit der Maschinenschrift zum Vorschein bringt. Derrida betont zurecht, daß die Maschinenschrift auf ihre Art ebenfalls Hand-Schrift sei[131]; und wir finden bei Heidegger keine vordergründige Gegenüberstellung von Hand und Maschine, sondern die Differenzierung zweier Eigenschaften oder Eignungen der Hand, deren eine sich im Umgang mit der Feder oder dem Bleistift (oder dem Kugelschreiber[132]), deren andere sich in der Fingerfertigkeit des Tippens offenbart. Dabei durchzieht die Unterscheidung dieser Eigenschaften oder Eignungen auch die Handschrift. Denn auch wer mit der Feder o. ä. schreibt,

---

130 Diese Perspektive formuliert z. B. F. Kittler in seinem Aufsatz „Es gibt keine Software", in: ders., *Draculas Vermächtnis. Technische Schriften*, Leipzig 1993, S. 225–242.

131 Vergl. Derrida, *Heideggers Hand*, S. 74 ff.

132 E. Kawahara bemerkt anläßlich eines Seminar-Besuchs, Heidegger habe sich „mit einem Kugelschreiber" Notizen gemacht. Vergl. „Herzliches Beileid", in: *Japan und Heidegger*, S. 195–198, hier: S. 196 f.

verfährt in gewisser Weise mechanisch, und es wäre naiv anzunehmen, daß diese Schreibgeräte *weniger* technisch seien als die Schreibmaschine oder heute der PC, nur weil es sich um primitivere, weniger entwickelte Apparaturen handelt. So zu argumentieren hieße die Entwicklungslogik der Technikgeschichte unter Umkehrung ihrer Wertung wiederholen. Einer solchen simplifizierenden Interpretation seiner Hinweise zur Technik hat Heidegger im *Spiegel*-Interview später selbst widersprochen. Er bemüht sich dort, das Mißverständnis auszuräumen, das in ihm einen Feind der Technik sieht. Die Warnung vor der Technik muß als Warnung vor ihrer Unterschätzung und Fehleinschätzung verstanden werden, nicht als Ablehnung. Obgleich er ihre Fortschritts-Ideologie verdächtigt, weiß Heidegger sehr wohl, daß es keine Alternative zur Technik gibt. Mehr noch, angesichts der Wirksamkeit der Technik und der planetarischen Wirklichkeit, die sie geschaffen hat, verliert der Gedanke der Alternative vollends jede Macht und läuft selbst Gefahr, das Problem zu verkennen. Auch die primitivste Technik bleibt Technik, und wen der Blick auf unseren geschichtlichen Zustand zur bloßen Umkehr in der Geschichte drängt, der verwechselt das lediglich Ineffizientere der Instrumente mit der Freiheit von der Instrumentalisierung. Technisch heißt bei Heidegger niemals nur simpel im Gegensatz zum Komplexen und niemals nur künstlich im Gegensatz zum Natürlichen. Er sieht so unromantisch klar wie wenige, daß es keinen Sinn mehr macht, von der Natur her auf die Technik blicken zu wollen, nachdem die Natur längst in technische Prozesse involviert und ihr Begriff nach technischen Maßstäben geprägt ist. Ebensowenig läßt sich das Verhältnis zur Technik in der Inszenierung eines Kampfs des Menschen gegen die Maschine begreifen. Wenn der Mensch Herr über die Maschine bleibt, dann nur, weil er selbst die bessere Maschine geworden ist. Im Versuch, die Macht der Maschine zu übertreffen, steigert er sich in die höchste Machenschaft hinein.[133]

133 Vergl. M. Heidegger, *Bremer Vorträge*, GA Bd. 79, Frankfurt a. M. 1994, S. 3–77, hier S. 178.

Es geht also nicht um eine Alternative von natur-näherer bzw. menschlicherer und entfremdeter Technik, entsprechend etwa archaischer Landwirtschaft und moderner Industrie, federführender Handschrift und Maschinenschrift usw. – vielmehr um verschiedene Epochen, in denen sich das Wesen der Technik unterschiedlich entbirgt. Zwischen Feder und Schreibmaschine besteht ein wesentlicher, nicht nur gradueller Unterschied, der sich nicht zuletzt im *Verhältnis* des Schreibakts *zu* der Mechanik zeigt, die seine technische Realität bestimmt. Bei der Schreibmaschine ist der Akt selbst mechanisch, das Schreiben bekommt einen mechanischen Charakter, während die Handschrift zumindest die Möglichkeit hat, die Technik, die sie braucht und ohne die niemand schreibt, zu *meistern*. Das Eigene des Menschen, seine Hand, wie man hinsichtlich der Schrift ebenso wie hinsichtlich des Geschriebenen sagt, tritt dort hervor, wo er sich der Schreibtechnik bemeistert. Die Hand hat eine Eignung zur Meisterschaft. Sie kann sich die Technik an-eignen, sofern es ihr gelingt, ihr Schreiben und sich in ihrem Schreiben auf das Zu-Meisternde zu beziehen.

2. Der Schrift-Weg (*shodô*) und das Hand-Werden des Körpers

Wie unterscheidet sich die japanische Schreibtechnik von der unseren, sofern mit der Hand und nicht mit Hilfe der japanischen Version von MS Word geschrieben wird?[134] Auch wir lernen mehr oder weniger mühsam, den Stift zu führen, und was für existenzielle Dramen sich im Nachfahren der vorgezeichneten, auf eine bestimmte

---

134 Die Möglichkeit, *kanji* mit Textverarbeitungs-Programmen wie Word zu schreiben, indem man die alphabetische Umschrift eintippt und aus einem Fenster das gewünschte Zeichen auswählt, hat die Fähigkeit der Japaner, diese Zeichen mit der Hand zu schreiben, deutlich verringert.

Art ausgerichteten Linien abspielen, zeigen schon die Lebensläufe von Linkshändern.[135] Das Irritierendste für den Europäer, der im *shodô*-Kurs zum ersten Mal ein japanisches Zeichen schreibt, ist die Distanz, die seinem *Arm* zum Papier abverlangt wird. Wir schreiben mit aufliegendem Arm (was die Japaner imitieren, wenn sie einen Stift benutzen). Unsere fortlaufende Schrift entspricht der Verschiebung des Unterarms und des gesamten Körpers, dessen Gewicht auf ihm liegt, und die Flüssigkeit der Schrift, von der wir sprechen, entfaltet sich gewöhnlich nur innerhalb dieser stetigen mechanischen Fortbewegung. Beim *shodô* jedoch bleibt der Arm in der Luft; statt die Hand zu stützen, muß er sie vielmehr unterstützen, muß selbst zu einem Teil der Hand und *ihrer* Bewegung werden.

Ähnliches gilt für den Pinsel als Übergang zwischen Hand und Papier. Die Finger europäischer Schüler gleiten tendenziell am Schreibgerät *hinab* zum Papier hin.[136] Viele fassen den Füller ganz unten, direkt an der Feder. Die Beweglichkeit der Hand wird damit vom Körper abgeschnitten, wird isoliert, und zugleich die Hand selbst durch den Körper (der ganz zum *Gewicht* mutiert) beschwert. Der Gebrauch des Pinsels verlangt dagegen eine Distanz zwischen Hand und Papier ebenso wie zwischen Hand und Körper, in der die Hand erst die Freiheit erlangt, die Spitze auf dem Papier *und* den Körper in etwas ihr Entsprechendes zu verwandeln. So etwas kennen wir nur vom Zeichnen, und tatsächlich trennt die abendländische Kultur ja zwischen dem graphischen Format einer Zeichnung und dem lediglich graphematischen eines Zeichens und inszeniert in ihrer Romantik deren gemeinsamen Ursprung in einer Wiederkunft des Hieroglyphischen.

---

135 Barthes begeistert sich für Cy Twombly, den Linkshänder, der schreibt, ohne das Geschriebene dabei zu sehen, nur mit der Hand, und dessen Schrift daher grundsätzlich verschmiert ist. R. Barthes, „Cy Twombly oder *Non multa sed multum*", in: *Der entgegenkommende und der stumpfe Sinn*, Frankfurt a.M. 1990, S. 165–183, vergl. hier: S. 170f.

136 Vergl. die Schreibanweisung, einen „Katzenfuß" zu machen, in: Roger Chartier, „Macht der Schrift, Macht über die Schrift", in: H.U. Gumbrecht/K.L. Pfeiffer (Hrsg.), *Schrift*, München 1991, S. 147–156, hier: S. 155.

Wenn wir also nach der Technizität der Schrift fragen, müssen wir zunächst ein Hand-Werden des Körpers bemerken, das zu dem, was unsere Theorien des Körpers (vor allem die Psychoanalyse) erklären, nicht recht passen will. Man darf bezweifeln, ob das Wort „Körper" hier überhaupt angebracht ist, denn die Hypothese, die Schrift sei körperlich, leuchtet hinsichtlich des Schreibakts beim *shodô* nicht mehr ein als die entgegengesetzte, der Körper sei schriftlich. Das Eigentümliche dieses Schreibens liegt weder im einen noch im anderen, sondern darin, wie sowohl das logisch-graphematische Gestell des Zeichens als auch das körperliche Gerüst des Leibes von einer Technik in Anspruch genommen werden, die jeder Verfestigung in einem Zustand, d. h. einer mechanischen Interpretation, sei es der Schrift oder des Körpers, dadurch widersteht, daß sie auf der Technisierung selbst insistiert. Für *shodô* ist meine geläufige, mit dem Tippen am Computer alternierende und mittlerweile symbiotische Handschrift nicht etwa zu technisch, sondern nicht technisch genug. Denn der Apparat, so stellt sich heraus, hat *mir*, der ich ihn bloß bedienen muß, fatalerweise erlaubt, in meiner eigenen Technisierung auf halber Strecke anzuhalten und es mir (in einer unruhigen Haltung) bequem zu machen. Den Apparat vor Augen und unter den Fingern, bin ich dem Irrtum verfallen, den Wolfgang Schirmacher im Gefolge Heideggers als zentrales Mißverständnis unserer modernen Zivilisation ausmacht: nur den Apparat und nicht auch mich für etwas anzusehen, was in die Wirklichkeit der Technik gehört.[137] Dadurch wird der Apparat gefährlich, denn der Umgang mit ihm verführt dazu, die Technik in seiner Gestalt zu veräußerlichen und von uns abzutrennen – um dann in Fiktionen des Angeschlossen-Seins, der Vernetzung, des Relais, Interface usw., in denen die apparative Kopplung lediglich als *Metapher* für eine ‚technische' (menschliche *und* maschinelle) fungiert, deren Aufhebung zu begehren. Indem uns die Apparatur über den derzeitigen *Stand* der Technik informiert, täuscht sie zugleich über jenes Ständige des Technischen hinweg, dem wir selbst innestehen und das sich in all unse-

137 Vergl. van Eikels, *Zeitlektüren*, S. 368–373.

ren Handlungen, ganz gleich, ob sie Geräte benutzen oder nur die Hand gebrauchen, verwirklicht.

Heidegger beklagt nicht die Technisierung der Schrift. Er erinnert vielmehr an jenes Vergessen, das damit einhergeht und uns stets bequemere Geräte sehen läßt, während unser Handeln in einem flexiblen Sichanpassen an die Manuale immer weiter ins Unbedenkliche gerät. Je besser die Technik sich in die Sprache ihrer Tradition eingewöhnt, das heißt je besser sie ihre eigene Verbergung im Mechanischen organisiert, desto *unerfahrener* werden wir hinsichtlich des Technischen.

Der populäre Diskurs über die Technik ist unvermindert pathetisch, fetischistisch, modern. Dabei hängt das Verständnis des Technischen ganz vom Begriff des *Mediums* ab. Technisierung bedeutet, so die bei uns allgemein verbreitete explizite oder implizite Auffassung, Medialisierung, und damit wird eine frühromantische Einsicht über das Wesen der Subjektivität als Selbstvermittlung ins Apparative ausgelagert: Bereits in Novalis' Poetik hört das Ich auf, der *Rahmen* eines Verfahrens zu sein, das seine Identität ermittelt, und wird selbst zum Verfahren. Mit dieser Umwertung tritt das genuin Technische des Ermittlungsverfahrens, das absolute Medium hervor. Jedes Ding ist Mittel seiner selbst. Dabei erstrebt die Medialisierung eine Vollständigkeit, deren technische Disposition gerade darin besteht, daß ich (als irgendwer, irgendwas) nicht erst abwarte, bis eine von mir unabhängige, mich nur als Element einer Geschichte einbegreifende Macht die Voraussetzungen für die Identität und damit Wirksamkeit meines Handelns (wieder) geschaffen hat, sondern die Vollendung *sofort* anfängt und daß sie *daher* mit *mir* anfängt – aus keinem anderen Grund, als weil ich das nächstliegende Universale bin. Die magische Technik der romantischen Poetik erweist sich als technisch effizient gerade darin, daß sie mit mir anfängt und auf diese Weise *anfänglich* wirksam wird – nämlich *bereits* wirkt, *ehe* ihre Geschichte beginnt. Darin ergreift sie eine einmalige Chance gegenüber jeder geschichtlichen Fortbewegung zum jeweils bloß Effizienteren in der primitiven Simulation dessen, was schon immer gelungen war.

Diese Chance wird es in der zeitgenössischen Romantisierung von Technik, die sich mit dem Ausgang des 20. Jahrhunderts etabliert hat, nicht wieder geben, da man es offenbar systematisch unterläßt, an einen technischen Zugang zur Wirklichkeit zu denken, der nicht früher oder später die Form eines Apparates annimmt. Das Handeln vollzieht sich somit nun in unüberschreitbarer temporaler Abhängigkeit von der „technischen Entwicklung", deren historische Ordnung sich in jeder Fiktion einer radikalen Umwälzung, eines Traditionsbruchs oder selbst einer katastrophalen Bedrohung reorganisiert.

Was in einer solchen Historisierung von Technik in den dicht gefügten Bezügen von Erinnerung und Erwartung verschwindet, ist das genuin Unzeitgemäße einer Haltung wie: *Ich bin mir selbst zur Hand* – das heißt eines Ichs, das, obgleich es nicht mehr im Zentrum des Geschehens steht und nur *gelegentlich* zu dem dazukommt, was geschieht, diese Gelegenheit zum Ort seines *Handelns* bestimmt (und gerade insofern darauf *verzichten* kann, sich als Subjekt einer Geschichte zu identifizieren). Ein Nachdenken über die Technik, das von der Hand ausgeht und nicht zuvor einen Apparat ins Auge faßt, hätte dagegen aufzuzeigen, inwiefern Technisierung nicht auf das Zustandekommen eines Apparates angewiesen ist, und diesbezüglich auch deutlich zu machen, wie wenig die Differenz von Apparat und Hand zwischen zwei unterschiedlichen Geräten oder zwischen etwas Unmenschlichem und etwas Menschlichem liegt und wie sehr dagegen im *zeitlichen Verhältnis* zur Technik: Der Apparat Schreibmaschine, wann und wo ich ihn auch benutze und um was für ein Modell es sich handelt, gebietet dem Willen zu schreiben, darauf zu warten, daß er vorhanden ist. Die Schreibhandlung nimmt die Technik wie eine äußere Form an, in der die Hand als tätige selbst passiv wird, sich in ihrem harten, punktgenauen Anschlag doch von der Technik als etwas Fremdem überwältigen läßt. Mit dem Niederdrücken jeder einzelnen Taste vollzieht sich, was bspw. Friedrich Kittlers Umgang mit der Technik insgesamt kennzeichnet – die Identifikation eines Unterlegenen mit der Macht, der er gehorcht; eine sadomasochistische Explosion im Jetzt verborgener Potenz, in der die Hand weibliche Konturen annimmt und zugleich eine phallische Qualität von der apparathaften Struktur der Maschine empfängt.[138]

Das abendländische Verständnis oder Mißverständnis der Handlung, das die Welt, in der sie stattfindet, in etwas Aktives und etwas Passives zerlegt, um das Handeln nur in der Aktion zu lokalisieren, ist vielleicht ein Effekt jenes *Wartens*, das der Apparat dem Handeln aufnötigt. Dabei geht es nicht um meßbare Sekunden, die verstreichen, bis der Apparat benutzbar ist. Wir sind alle genervt von der Ladezeit des Rechners, die nicht kürzer wird, da der Umfang der Programme jenseits des Nützlichen weiterwuchert, wohingegen der Bleistift fast spottend auf dem Schreibtisch bereit liegt und nur aufgenommen werden muß. (Und das Anreiben der Tusche beim *shodô* gehört allerdings auf andere Weise *zum Schreiben* als diese Startphase einer Maschine, die Zeit für ihr eigenes In-Gang-Kommen verlangt.) Aber ungeachtet der erforderlichen Vorbereitung gibt es eine zeitliche Verfassung des Gebrauchs selbst, eine Zeitlichkeit *in der Sache*, eine Zeit, auf die sich die Hand mit der Handlung einlassen muß. Und diesbezüglich heißt die Maschine warten, zieht sie die Hand in eine Illusion des Wartens und des Agierens im Zustand des Wartens hinein.[139] Erst im medialisierten Verhältnis zum *objektiv*

---

138 Kittler hat darauf hingewiesen, daß mit dem Wechsel von der Feder zur Schreibmaschine das Privileg der Schrift von der männlichen in die weibliche Hand wechselt. Die phallische Aggressivität und Zärtlichkeit, die sich in der Tintenspur dokumentiert, weicht dem gleichmäßigen Einsatz von Sekretärinnenfingern, die zwar die Form des Weiblichen wahren (lange Fingernägel, tadellose Maniküre), jedoch in dieser Tätigkeit eine Härte und Kraft demonstrieren, die an einen weiblichen Phallus denken läßt (vergl. F. Kittler, „Draculas Vermächtnis", in: ders., *Draculas Vermächtnis*, S. 11–57, hier: S. 28 ff.). Tatsächlich wird die dynamische Disposition einer „Remington", jener Zustand des Technischen, den der Apparat verkörpert, durch den weiblichen Fingerphallus ziemlich gut beschrieben.

139 Kittler zitiert häufig Heidegger im Zusammengang mit technischen Apparaturen. In seiner Vorlesungsreihe zur *Kulturgeschichte der Kulturwissenschaft*, die sich auch ausführlicher mit Heidegger beschäftigt, geht er auf den Unterschied des Technischen vom Apparathaften nur mit einer einzigen bezeichnenden Wendung ein – seine Frage an Heidegger nach einem Durchgang durch die Begrifflichkeit von „Zuhandensein" und „Zeughaftigkeit" lautet: „Wie kommt es, daß nicht nur Zeuge sind, sondern auch mathematisch-naturwissenschaftliche Dinge?" (F. Kittler, *Eine Kulturgeschichte der Kulturwissenschaft*, München 2000, S. 233.) Kittlers Ant-

Vorhandenen, in der Ungewißheit, ob das Medium für mich und das, was ich tun will, vorhanden sei, werde ich passiv – und wird mir zu einem vorbestimmten, verschobenen Zeitpunkt Aktivität verliehen. Erst im Verhältnis zum Apparat, der selbstobjektivierenden Mediengestalt des Vorhandenen, wird mein Handeln aktive Tätigkeit, und gerade die formale Identität des Aktiven trennt es von einem Denken, das in sich die Ununterschiedenheit von Aktiv und Passiv verwirklicht (und sowohl im Bild einer denkerischen Aktivität als auch im Leidensgestus einer handlungsunfähigen Reflexion nur auf Ausdruckskarikaturen seiner selbst treffen kann).[140]

wort: Die Dinge schlagen zu Objekten um, sobald sie der Hand zu ihrer Handlung *fehlen* (vergl. ebd.). Eine ähnlich medial angelegte, von einer „Störung des Besorgens" ausgehende Interpretation des Heideggerschen Denkens von Handschrift und Maschinenschrift findet sich bei M. Schnödelbauer, „Diktat des Ge-Stells – Vom Schreibzeug zur Schreibmaschine", in: A. Lemke/M. Schierbaum (Hrsg.), *,In die Höhe fallen'. Grenzgänge zwischen Literatur und Philosophie*, Würzburg 2000, S. 99–122.

140 Zahlreiche *kôan* fordern den Zen-Schüler auf, etwas zu tun, von dessen Gegenstand ihn eine große Distanz trennt („Lösche das Licht, das tausend Meilen entfernt ist!"), wozu ihm die Mittel fehlen („Mache, daß ich stehe, ohne daß du deine Hände gebrauchst!") oder was die Ordnung der Dinge ins Gleiten bringt („Aus der zweiten Schublade des Arzneischrankes ziehe den Berg Tate!"). Diese Aufgaben scheinen nur durch Magie oder durch eine sich der magischen Wirkung anbildende technische Effizienz zu bewältigen, aber die Pointe der Lösung besteht darin, daß der Schüler etwas tut, was er mit dem ihm am Ort und zur Zeit seines Gefragtseins zur Verfügung Stehenden tun kann – d. h. ausschließlich mit sich selbst: Er löscht eine Lampe in dem Zimmer, wo er sich gerade aufhält, steht an der Stelle des Meisters selbst auf, bringt dem Meister eine Arznei, die sich in der Schublade befindet… Für das darin gezeigte Verhältnis zum Handeln gilt es zu verstehen, daß diese Handlungen *keine Vermeidungen* dessen sind, wozu der Schüler aufgefordert wurde, sondern die einzige wirkliche Weise, ihm zu entsprechen. Denn die unnachgiebigste Forderung der Aufgabe an den Schüler bezieht sich darauf, daß *er* etwas tun soll, so daß es in keinem Fall hinreicht, auf die Möglichkeit eines Handelns zu verweisen, die jemandem offenstehen würde, der die notwendigen Mittel aus dem Medium Zeit zu gewinnen vermöchte, und sich mit diesem zu identifizieren. Selbst dann, *wenn* der Schüler magische Kräfte entwickelte und das Verlangte durch eine Zaubertechnik erreichte oder sich als genialer Erfinder erwiese, fiele er damit durch. Vergl. J. Hoffmann, *Der Ton der einen Hand. Die bisher geheimen Antworten auf die wichtigsten Zen-Koans*, Bern u. a. 1978, S. 98 ff.

Technikhistorisch mag es sich so darstellen, als ob neue Apparate auch zu neuen Verwendungsweisen inspirieren und somit das Handeln beleben. Eine aufmerksame Chronologie der Technik verzeichnet nicht nur Lösungen für gegebene Probleme, sondern auch leere Innovationen, die sich erst im nachhinein mit Nutzen füllen, und Verschiebungen von alten Antworten auf neue Fragen. Aber in der Spekulation auf eine Technik, die sich in historischen Dimensionen entwickelt, gibt es stets ein Warten auf den Apparat, das nichts mit den innerhistorischen Zeitbezügen zu tun hat, eine Verzögerung gegenüber dem, was jetzt sofort zu verwirklichen wäre, die den Augenblick des Handelns in der Versicherung der Technik temporal bestimmt. Dieses Warten auf den Apparat ist an der Konstitution des Apparats maßgeblich beteiligt, es besteht im Apparat, in *seinem* Funktionieren fort und teilt sich auch seinen Anwendungen mit. Für eine solche apparathafte Einstellung wird die Zeit selbst zum Medium. Technisierung und Verzeitlichung kommen in der Medialisierung zusammen, welche die anfängliche (endliche) Ununterschiedenheit von Aktiv und Passiv in eine dynamische Vermittlung auseinanderlegt. Die Zeit ist dann die Zeit für diese Vermittlung, sie ist die Zeit *ihrer Dynamik* und ihr Sinn in der Verdopplung dieses Genitivs figuriert.

Dabei bleibt zu beachten, daß eine bestimmte Verachtung des Mechanischen zu den wichtigsten Triebkräften der technologischen Entwicklung gehört. Eine umfassende Lektüre der abendländischen Technikgeschichte hätte diese als eine Dynamik der Effizienzsteigerung des Mechanischen in der Auseinandersetzung mit seinem Anderen zu rekonstruieren, das vom Alchimismus bis zu den elaborierteren Fiktionen der Biokybernetik verschiedene Namen angenommen hat und, gemäß einer Arbeitsteilung, deren organisatorische Finesse nicht zu unterschätzen ist, häufig von Dichtern und Philosophen artikuliert wurde. Als Kunst der Ermittlung von Werkzeugen verkörpert der mechanische Zugang zur Welt eine originäre Vereinfachung. Der Hebel, mit dem Archimedes die Welt aus den Angeln zu heben versprach, ist deren erstes Symbol, und bis heute geht aus dieser Figuration von Vereinfachung ein ununterbrochener Strom von Zeichen hervor, der die Aufgabe hat, ein unerreichbares Einfachstes zu artikulieren: die unmittelbare Wirkung, verstanden als etwas Über-Mechanisches, das der Kraft einer göttlichen Hand am äußersten Rand des Universums gleichkommt. Die archimedische Hand, die in der Nähe zur Mitte des Universums an einem Hebel angreift, und die göttliche Hand, deren Berührung die Grenze des als Welt Erfaßbaren selbst markiert, stehen von Anfang an in einer Beziehung verborgener Dialektik, die das Wesen mechanischer Technik in jedem ihrer Entwicklungsschritte redeterminiert und sich auf der historischen Szene in einer Aufteilung der Arbeit am Technischen zwischen den Verteidigern und Vollstreckern des Mechanischen, den Ingenieuren und Naturwissenschaftlern, und den Anklägern des Mechanischen und Priestern des Nicht-Mechanischen, den Dichtern und Philosophen, darstellt.[141]

Heidegger kritisiert nachdrücklich die Selbstrepräsentationen der Technik, die das Technische nur als Instrument vorstellen und es in der Illusion einer Beherrschbarkeit durch Intentionen verharmlosen. Das ist einerseits ein weiterer Versuch, das Technische von der Vereinfachung des Mechanischen abzulösen und in einer Neubestimmung seines Wesens für ein Denken und Handeln zurückzugewinnen, das sich den Augenblick seines Stattfindens nicht von der durch

---

141 Der von Bruno Latour neuerdings mit einiger Resonanz geäußerte Vorwurf, die Verachtung des Mechanischen durch die Philosophie sei eine der Technik unangemessene Verkennung ihres Wesens, verfehlt diese Pointe, indem er die Abtrennung, mit der Dichtung und Philosophie sich häufig selbst als außerhalb des Technischen gesetzt haben, wiederholt – um sie aufzufordern, sich endlich *in* das Technische, d.h. das Mechanische hineinzubegeben und ihren Widerstand gegen dessen Vereinfachung fallenzulassen. Es wäre aber gerade zu verstehen, daß und inwiefern Dichtung und Philosophie mit ihrem Denken *niemals* außerhalb des Technischen standen, sondern vielmehr durch ihre Verachtung des Mechanischen die Entwicklung der Mechanik selbst motiviert, qua Unterbrechung requalifiziert und erst durch ihre metaphysische *Gefährdung* in jene Eskalation in den Bereich des Lebendigen getrieben haben, die heute unsere große Hoffnung und/oder Befürchtung darstellt. Das Wesen der Mechanik lag und liegt in der *Bestreitung* ihrer Verachtung, und die historische Weise, wie sich dieses Wesen offensiv ins Werk setzt, ist eine zutiefst metaphysische (und *darin* zur Hybris werdende) Vernichtung des metaphysischen Anspruchs auf eine Wirkung jenseits der mechanischen Kausalität und ihrer Manipulation. Vergl. B. Latour, *Pandora's Hope. Essays on the Reality of Science Studies*, London 1999; dazu S. Peters, „Figur und Agentur. Eine Ab-Handlung", in: G. Brandstetter/S. Peters (Hrsg.), *De Figura. Rhetorik – Bewegung – Gestalt*, München 2002, S. 127–149, bes. S. 142 ff.

Trägheit deklinierten und daher auf Beschleunigung programmierten Übertragung von Kräften einrichten lassen will. Es gilt diese Kritik jedoch andererseits von jener dichterisch-philosophischen Verachtung des Mechanischen zu unterscheiden, die sich durch die abendländische Geistesgeschichte zieht, noch bei Nietzsche immer wieder anklingt und doch lediglich einen inneren Widerstand des Mechanischen bezeugt, der die mechanische Technologie zu einer Expansion entlang der Grenze ihres Anderen antreibt. Es gilt diese Unterscheidung in einer Heidegger-Lektüre letztlich auch gegen Heideggers eigene Verachtung des Mechanischen durchzusetzen, die sein Denken des Technischen einschränkt und ihn das „Ereignis Technik" (Schirmacher) im selben Moment erblicken und abwehren läßt. Die Reformulierung von Heideggers Erläuterungen zur schreibenden Hand durch den Hinweis auf die japanische Schreibtechnik hat vor allem die Aufgabe, dieser Unterscheidung eine Handlung zu verschaffen, in der sie ihre Wirksamkeit beweisen kann: Das Schreiben mit dem Pinsel begegnet der mechanischen Vereinfachung und ihren nachfolgenden Komplikationen mit einem anderen Einfachen als der metaphysischen Projektion einer nicht-mechanischen, da übermechanischen Schrift des Denkens, deren Zeichen die Kraft eines ursprünglichen Nennens gegen die Trägheit der Verweise behaupten. Diese Begegnung findet *zu einer anderen Zeit im selben Augenblick* statt, während die Mechanisierung des Schreibens und die Produktion enstprechender Geräte längst begonnen haben, und läßt sich in jedem Stadium der Apparatgeschichte wiederholen. Das Einfache des japanischen Schriftzugs wird von keiner Umwertung der mechanischen Vereinfachung hervorgebracht, kraft derer eine reine, absolute Schrift des Denkens sich von der kompromittierten und relativen Schrift des Schreibens losschreiben könnte, und die Verbindung von Hand und Schreibgerät entgeht nicht etwa deshalb der Disqualifikation als ‚primitiv', weil sie mehr oder etwas anderes verlangen würde als mechanische Genauigkeit bei der Reproduktion einer Vorlage. Die Disziplinierung auf dem Weg der Schrift betrifft vielmehr den Ausgleich jenes Widerstands, der *im* mechanischen Umgang mit dem Schreibgerät selbst einen Vorbehalt einschreibt und der sich im Handeln immer maßgeblicher vergrößert, je weiter die Mechanik sich in sich selbst differenziert und je mehr vom übermäßigen Anspruch ihrer metaphysischen Verachtung sie in diese Differenzierung integriert.

Für meine europäische Hand geht es mit der Schreibübung im Japanischen darum, die Mechanik von ihrer Metaphysik zu befreien, mit diesem Schriftzug die gewaltsame und in ihrer spezifischen Einrichtung von Gewalt effiziente Allianz von Vereinfachung und Verachtung der Vereinfachung zu durchschneiden – und damit auch die Geschichte der Technik, die in Griechenland begonnen hat, von einem anderen Anfang her noch einmal zu schreiben. Erst ein solcher Zug zeigt die Spur eines *Wesensunterschieds*, wie Heidegger ihn in das Kontinuum der technologischen Entwicklung einzuführen versucht: Pinsel und Tusche sind als Schreibgeräte nicht weniger technisch als die Schreibmaschine oder der PC mit Textverarbeitungs-Programm. Sie gehören einer anderen Entwicklungsstufe innerhalb der Technikgeschichte an, aber dieselbe Logik, die kontrolliert, daß es sich dabei um *eine* Geschichte handelt, verbietet es, zwischen den drei Geräten einen wesentlichen Unterschied auszumachen, in dem ‚das Technische‘ sich zeigen könnte. Achten wir aber darauf, *wie* diese Geräte uns zur Hand sind, d. h. welches Verhältnis unsere Hand zu ihnen eingeht und in welchem Verhältnis sie sich damit jeweils als Hand zur Wirkung bringt, so kommt ein Unterschied zum Vorschein – weniger *zwischen* den Geräten als *in* jedem Gerät selbst zwischen dem, was es zu einem *noch* und *wieder* mechanischen, elektromechanischen, elektronischen Apparat macht, und dem, was es zur Gelegenheit einer Technisierung werden läßt, deren Disziplin ein Handeln im Bereich des Mechanischen von der Temporalität dieses „noch" und „wieder" befreit. Chinesische und japanische Schreibübungen führen uns sichtbar und gestisch spürbar vor Augen, was es heißen mag, im Schreiben dem Pinsel, der Tusche, dem Papier, der Schrift und schließlich ‚sich selbst‘, dem Zusammenhang all jener Bezüge und Gesicht ihrer Selbigkeit, zu entsprechen. Die Frage wäre jedoch, ob ich womöglich ebenso der Schreibmaschine und dem Rechner entsprechen könnte, sofern es mir gelingt, sie wie Handlungstechniken wahrzunehmen und nicht in ihrer Benutzung darauf zu warten, daß sie mir eine Handlungsstruktur als vorhanden präsentieren, die ich ausführen kann. Ob sich auch in dem durch diese Apparate bezeichneten Augenblick noch die Gelegenheit zu einer Disziplinierung ergibt.

Bei dem von Heidegger diagnostizierten, historisch und politisch aufgeladenen Wesensunterschied von Handschrift und Maschinenschrift scheint es also letztlich darum zu gehen, ob sich das *Handeln* des Schreib*vorgangs* zu bemeistern vermag. Das fällt keineswegs mit der Selbstermächtigung des handelnden Subjekts zusammen, und insofern setzt Heidegger nicht einen Apparat, dessen Konstruktion der menschlichen Hand ange*messen* ist, einem anderen entgegen, der sie sich gefügig macht. Die Frage lautet: Ist es im Zeitalter der maschinellen Textverarbeitung möglich – weiterhin, wieder, neu möglich –, schreibend zu denken? Kann etwas durchgängig Mechanisches wie das Schreiben heute Denken sein, und können geschriebene Sätze, unabhängig davon, ob sie Gedachtes darstellen und textuell vernetzen, der Zeitlichkeit eines Gedankens stattgeben? Das betrifft das Schreiben als Denk-Technik, und dabei kommt es vielleicht auf ein gewisses Verhältnis des Denkens zur Zeit an, das sich im Verhältnis der Hand zum Wie ihres Schreibens, diesem technischen, aber deshalb keineswegs *a fortiori* instrumentellen oder medialen Verhältnis verwirklicht.

3. Der Anstand: Identität von Handschrift und Herzensschrift

In einem sorgsam reaktionären Tonfall weist Heidegger darauf hin, ein maschinengeschriebener Brief habe früher als „Verletzung des Anstandes" gegolten.[142] Wiederum geht diese Bemerkung nur deshalb für ‚typisch Heidegger' durch, weil sie die Anonymität des modernen Menschen negativ herausstreicht. Dabei ist es ungewöhn-

142 Heidegger, *Parmenides*, S. 119.

lich genug, daß Heidegger sich auf eine *soziale Form* wie den Anstand bezieht. Welchen Wert soll die Höflichkeit hier haben?

Der Vergleich von Heideggers Affirmation der Handschrift mit der japanischen Schrift-‚Kunst' *shodô* liegt sehr nahe, denn jener Weg des Schreibens verlangt eine Disziplin, die zunächst rein technisch ist und die Individualität des Ausdrucks ignoriert, ja neutralisiert, um zu einer Meisterschaft zu gelangen, in der die Hand *in* der Technik *frei* wird und als eine eigene hervortritt. Hisamatsu zufolge ist beim *shodô* der Schreibende schließlich „nicht mehr ein bloß routinierter Techniker [...], sondern jener Mensch, der mit seinem ganzen Leib und Geist, eins geworden mit dem Pinsel, das Papier zum Leben erweckt und solcherweise auf ihm sich selbst zum Ausdruck bringt. Die so geschriebene Schrift ist nichts anderes als das *Selbst-Bild* des Schreibenden selbst und zugleich das Bild des ursprünglichen Lebens.“[143] Offensichtlich handelt es sich bei jenem Selbst um ein anderes als die Projektion des Ich, wie der europäische Subjektivismus sie entwirft, und ebenso offensichtlich entspricht die Individualität des meisterlichen Schriftzugs nicht der Einzigartigkeit, derer sich das Subjekt mit einem „Ich bin“ jederzeit versichern können

143 S. Hisamatsu, *Selbst-Bild*, zitiert nach: Seubold, *Inhalt und Umfang des japanischen Kunstbegriffs*, S. 393 f. P. Fuchs stellt als zentrales Charakteristikum des *shodô* die „Visibilisierung der Schriftzeichen“ fest und verweist auf die geläufige Praxis im *shodô*-Unterricht, zahlreiche Kopien eines Textes anzufertigen, was scheinbar heißt, daß die Bedeutung des Geschriebenen nicht im Vordergrund steht, sondern die Zeichen selbst ein eigenes Recht und Leben bekommen (vergl. P. Fuchs, „Kommunikation – japanisch“, in: *Die Umschrift*, Frankfurt a. M. 1995, S. 47–118, hier: S. 111). So schwierig diese Unterscheidung zumindest hinsichtlich der *kanji* ohnehin ist, muß man in jedem Fall betonen, daß die „Visibilisierung“ hier nicht einer ästhetischen Wahrnehmung entspricht. Das Zeichen im *shodô*-Schriftzug bleibt auch und gerade in jenem Moment, wo es ganz und gar *diese* Linie wird, das Zeichen eines Wortes, Textes, Gedichts usw. Seine Sichtbarkeit wäre nur ein beschränkter, der Bedeutung und Kommunikation abgerungener Effekt, wenn sie nicht zugleich die Bedeutung und den Mitteilungsakt, den semantischen und den kommunikativen Sinn betreffen würde. Insofern verwirklicht sich im Schriftzug weniger der „Mensch“ (der sich bei aller strategischen Zurückhaltung nur auf Kosten jener anderen Größen in Szene setzen könnte) als seine Hand, die im Schreiben niemals leer ist und niemals für sich in einem privaten Bereich (dem Papier) innehält, sondern die sich *mit* einem Zeichen, dem sie sich selbst mitgeben kann, jemand anderem reicht.

sollte. Auch nach der Freiheit, die der Schreibende am Ende seines Weges (d.h. am Anfang *seines* Weges) erlangt, wäre anders zu fragen als nach dem persönlichen Spielraum, den wir mit einem menschlichen Grundrecht verbürgen.[144] So tief diese Unterschiede sind, gilt es zunächst jedoch einen oberflächlichen festzuhalten, der westlichen Affirmationen der japanischen Wege leicht entgeht: Die Individualisierung auf dem Schrift-Weg ebenso wie auf dem Tee-Weg, dem Blumen-Weg oder dem Schwert-Weg usw. ist *keine Desozialisierung*. Obwohl die berühmtesten Meister dieser Techniken Mönche und Priester waren und einige zur höfischen Kultur ihrer Zeit in einem gespannten Verhältnis gestanden haben, hat die Freiheit auf dem Weg zum „Selbst-Bild" mit einer Befreiung aus gesellschaftlichen Zusammenhängen keineswegs unserer Vorstellung von Welt-

144 Das Erlernen eines Instrumentes wie der Violine oder des Klaviers, in dem japanische Schüler mittlerweile zu den weltbesten gehören und das man gerade deshalb zum Vergleich heranziehen könnte, unterliegt in seiner technischen Dimension von Anfang an einer Ambivalenz zwischen *Werktreue* und *Virtuosität*, die unsere europäische Musiktradition seit der Renaissance heimsucht. Dabei überkreuzen sich in jeder Wiederholung des Übungsstücks eine Interpretation der Gegenwart, für die das Technische einen *Mangel* ausdifferenziert, der später mit der Aufführung durch das metaphysische Mehr der Inspiration, des Empfindens, der situativen Spannung, des Dialogs mit dem Publikum usw. ausgefüllt werden muß, und eine korrespondierende Interpretation derselben Gegenwart, in deren Gestalt das Technische selbst auf ein Mehr hinausläuft und über die Konturen des Werkes in eine eigene Verfeinerung drängt. Der gegenwärtig Lernende ist der gewesene Mechaniker und der kommende Virtuose, und diese temporale Verdopplung seines Spiels bildet die Disziplin des Lernens auf die Figur einer Wiederholung ab, die das Technische selbst zu jeder Zeit erneut in ein Zuwenig und ein Zuviel auseinanderfallen läßt. Die Freiheit des meisterhaften Musizierens wird daher stets die pathetische Erneuerung eines Befreiungsaktes sein, da der Virtuose sein Zuviel-Können in selbstauferlegter Strenge in das Werk zurückbindet und in dessen Darbietung sein Selbstbild als Spiegelbild einer Selbstdisziplin zeigt, die die lineare Ökonomie der gesteigerten Instrumentenbeherrschung und die schöpferische Ökonomie des Kunstwerks für die Dauer eines monströsen (großartigen und entsetzlichen) *Nur-Jetzt* zusammenzwingt. Die Befreiung der Technik durch die Disziplin im *shodô* und den anderen japanischen *dô* kennt dagegen zwar eine bis zur völligen Preisgabe der Lesbarkeit voranschreitende Eigenwilligkeit der Hand, aber keine Virtuosität – und folglich auch keinen Sieg darüber in der Form einer dem Machbaren mit Gewalt abgerungenen Treue. Zur komplexen Dynamik von Virtuosität vergl. G. Brandstetter, „Die Szene des Virtuosen. Zu einem Topos von Theatralität", in: *Hofmannsthal-Jahrbuch zur europäischen Moderne*, Bd. 10/2002, S. 213–243.

flucht entsprechend zu tun. Geistige und körperliche Sammlung ist eine technische Notwendigkeit; aber es wäre verfehlt, den Schreibakt in eine meditative Einsamkeit zu projizieren.[145]

Die japanische Schreibtechnik zeichnet ein Anstand aus, der, obgleich er mit dem durch den Begriff des Sozialen und zumal der sozialen Form Bezeichneten nur gelegentlich übereinstimmt, den Augenblick des Schreibens vollkommen bestimmt. Diesen Anstand wird man in den unterschiedlichsten Bereichen finden, in Standardbriefen zur gesellschaftlichen Kommunikation und höfischen Gedichten ebenso wie in *haiku* oder den Abschriften von Sûtren-Texten, die in der Abgeschlossenheit von Zen-Klöstern entstanden sind. Die gesellschaftliche Bedeutung des Schreibens in Japan ist offenkundig und in zahllosen historischen und literarischen Beispielen dokumentiert: Das *Genji monogatari* verzeichnet eine fast unendliche Serie von galanten Botschaften, die auf vielsagende Blätter oder Fächer geschrieben werden und deren Hand nicht selten über Erwiderung oder Abfuhr entscheidet. Tanizaki beschreibt in *Sasame yuki* die Demütigung einer Familie durch eine Heiratsabsage, die mit dem Federhalter statt des formelleren Pinsels geschrieben ist. Bis heute verlangt die Höflichkeit von traditionsbewußten Japanern, eine Kondolenzkarte mit verdünnter, grauer Tusche zu schreiben, um zu signalisieren, wie bestürzend und unerwartet die Nachricht vom Tode kam, usw. Barthes hat es in *L'empire des signes* so dargestellt, als ob die japanische Gesellschaft ebensosehr Schrift sei wie die Schrift gesellschaftlich, als ob in einer selbstverständlichen Gegenbewegung zur Konventionalisierung der Schrift die Dynamik des einmaligen Schriftzugs (Barthes vergleicht ihn mit der *alla prima*-Malerei) die Konvention erfasse und in die Form eines Ereignens verwandle. In jedem Fall läßt sich sagen, daß die japanische Technik zu schreiben sich auf den Schreibakt, den Augenblick des Hinschreibens konzentriert – und zwar deshalb, weil das Geschriebene *jemandem gegeben*

---

145 Ein solches eskapistisches Mißverständnis wird auch im Zen als „stumm beschauendes Zen" oder „Zen des Toten" bezeichnet. Vergl. H. S. Hisamatsu, *Die fünf Stände von Zen-Meister Tosan Ryokai. Strukturanalyse des Erwachens*, Pfullingen 1980, S. 31 f.

werden soll. Der Adressat kann eine schöne Frau oder ein schöner Mann, die Familie eines Verstorbenen, mein Meister, ich selbst oder niemand Besonderes sein. Sogar ob das Papier mit den Spuren dessen, was sich im Schreibakt ereignet hat, abgeschickt wird oder nicht, spielt eine nachgeordnete Rolle, da das Schreiben in gewisser Weise selbst ein Abschicken ist.[146] Dabei hat das Loswerden mindestens ebenso großes Gewicht wie das Zusenden: Sôseki empfiehlt das Schreiben von *hokku* (*haiku*), um sich vom Eindruck der Gegenwart des Geschehenen zu befreien, und er schildert eine Nacht in einem unheimlichen, von dunklen romantischen Geschichten erfüllten Haus, in der sich der Erzähler schließlich mit Gedichten in den Schlaf schreibt.[147] Aber auch das galante Gedicht, das in den *Genji*-Geschichten eine so zentrale Rolle spielt, daß man es als *das* Medium der Liebeskommunikation ansehen möchte, bringt mit dem Ereignis, das es schafft, die eigentümliche Ambivalenz des Verliebtseins zum Ausdruck, da sich eine gewisse Gleichgültigkeit gegen das Objekt der Werbung mit der Glut der Liebe verbindet. Genjis Eigenart, alle schönen Frauen zu begehren und noch mehr als von ihnen von der Gefahr der Situationen angezogen zu werden, in die er durch seinen Wagemut gerät, diese Mischung aus Phlegmatik und Übereifer, die Murasaki Shikibus Roman zu einer gleichermaßen zähen wie überraschend schnellen Lektüre macht, findet im hingeschriebenen Gedicht quasi ihre Urhandlung. Genjis Liebe ist eine hingeschriebene Liebe – eine Geburt der Gelegenheit, der erregten und zugleich gelassenen (wo nicht gelangweilten) Nähe zu einer Gegen-

---

146 Die Geschichte vom entwendeten Brief, einschließlich all dessen, was Lacan und Derrida ihr an Kommentaren mitgegeben haben, macht in diesem Zusammenhang *buchstäblich* keinen Sinn. Die Veräußerlichungen des Technischen in der geläufigen Medien-Semantik (Postkarte, Tele-Graphie, Internet usw.) bleiben sekundär gegenüber der Technizität des Schreibaktes selbst – sekundär, d. h. abgetrennt von der Liebe, der Würdigung, der Trauer usw. und erst in einer externalisierten Figur der nachträglichen Unterstellung ‚determinierend' im Sinn der Behauptung, daß das Medium die Botschaft bzw. jede Botschaft einer medialen Übermittlung ein anderes Medium sei. Die Techniken, um die es *hier* geht, *eignen* sich für die Übertragung, erklären sich jedoch keineswegs aus ihr.

147 Vergl. Natsume Sôseki, *Kusa makura / The three-cornered world*, London 1965, Kapitel 3, bes. S. 50 ff.

wart, die dadurch bestimmt scheint, daß sich Liebesakt und Schreibakt nicht unterscheiden.

Diese Technizität gilt es genau zu beachten, denn sie reicht bis in die
scheinbar weltabgewandtesten Formen von Dichtung hinein. Das
haiku bspw. ist ebensowenig ohne sozialen Bezug, wie es spontan
entsteht. Der Verfasser eines *haiku* investiert in den Schaffensprozeß
vielleicht nicht weniger Mühe und Leid als Hölderlin in eine seiner
Oden. Während jedoch dessen gedankliche Arbeit sich in zahlreichen Durchstreichungen, Überschreibungen, Änderungen und Neu-
anfängen auf der Ebene des Textes selbst manifestiert, endet der Weg
zum japanischen Gedicht in einer Handlung des Hinschreibens, die
das Vorausgegangene nicht dadurch erinnert, daß sie es in einem
externalisierten Gedächtnis wie dem Papier aufbewahrt, sondern
dadurch, daß sie es gleichsam anerkennend vergessen macht. Dieses
Vergessen ist wie eine Verbeugung des Augenblicks vor der Zeit und
scheint die eigentliche Meisterschaft in dieser Disziplin auszumachen.
 Hölderlins Denken liegt uns vor, aufgespalten in etwas Konkretes
(die körperlichen Spuren seiner Schrift, deren Komplexität die medien-
kritische Frankfurter Ausgabe Band für Band erschließt) und etwas
Abstraktes, das sich im Raum der Bedeutungen verliert. Heidegger
hat versucht, dieser Aufspaltung zu entgehen, indem er beides ignoriert. Seine Erörterungen wollen den Gedichten Hölderlins eine andere Konkretheit geben, und sein Wort dafür lautet bekanntlich *sagen*.
Im Gesagten handelt das, was wir sonst nur als Objekt von Handlungen kennen: die Dinge dingen, die Welt weltet usf. Dieses Handeln geht auf das denkerische Handeln des Dichters, das Sagen, zurück. Aber die Handlung des Sagens entspricht dabei keinem Akt des
Schreibens. Im Kontext abendländischer Dichtung würde ein solcher
Akt zwangsläufig von der Aura des Genialischen verdunkelt, weshalb
Heidegger es vorzieht, davon zu schweigen. Das japanische Gedicht
dagegen ist auf seine Weise alles andere als genial, sein lang vorberei-
tetes und schließlich doch rasches Entstehen vielleicht das genaue
Gegenteil des genialen Schöpfungsakts. Das gilt für das elegante *waka*,
„dessen Schlußphase des Prozesses der schöpferischen Veräußerlichung,
in der die innere Sprache in eine Folge von phonetischen Lauten, die

31 Silben oder geschriebene Zeichen bilden, umgesetzt wird, extrem kurz ist, fast nur ein Augenblick."[148] Und es gilt ebenso für das *haiku*, dessen Dichter Bashô ermahnt, sich nicht in den Höhen einer meditativen Vereinzelung zu verlieren: „Seine Geistesverfassung [*kokoro*] auf kontemplativer Höhe haltend, sollte der Dichter zum Profanen seiner Erfahrungswirklichkeit zurückkehren."[149] Wann, wo und wie findet diese Rückkehr statt, wenn nicht im Akt des Hinschreibens, der in diesem Fall gegenüber den kostbaren Worten des *waka* die gewöhnlichen wählt und das Einmalige, das sich im *hai-i*, dem „Geist des *haiku*" spiegelt, der allgemeinen, für jeden verständlichen und von jedem gesprochenen Sprache übergibt. Das Existenzielle hängt gerade im Schreibakt unlösbar mit dem Sozialen zusammen, und keine Erfahrung wird sich anders als durch die Anerkennung dieses Zusammenhangs artikulieren lassen.[150]

Für Heidegger ist das Gedicht gesagt, und der Augenblick seines Gesagtseins läßt den seines Geschriebenseins gleichgültig werden. Aber, so könnte man fragen, handelt es sich beim Schreibakt nicht um eine Verwirklichung eben jener Gleichgültigkeit? Kann ein japanisches Gedicht nicht erst und genau dann hingeschrieben werden, wenn es vollends gleichgültig ist, zu welchem Zeitpunkt es geschieht – und dennoch, mit einer Notwendigkeit, die vom Termindruck befreit ist, jetzt *gleich* geschrieben werden muß? Vielleicht ist der Schreibakt dort nur die ins Positive gewendete Gleichgültigkeit, die Heidegger durch eine bei ihm selbst weitgehend unthematische, aber offensichtlich bestimmende Unterscheidung des Sagens vom Schreiben bemerkt. Kein dramatisches Jetzt wie beim Herausplatzen des Werks aus dem schöpferischen Geist des Genies, sondern eine unscheinbare Gegenwart, die im Gedicht selbst als etwas verbleibt, was

---

148 T. Izutsu, „Die ästhetische Struktur des waka", in: ders., *Die Theorie des Schönen in Japan. Beiträge zur klassischen japanischen Ästhetik*, Köln 1988, S. 10–40, hier: S. 18.

149 Zitiert nach Izutsu, „Haiku – ein existentielles Ereignis", ebd., S. 90–110, hier: S. 101.

150 Auch die scheinbar ontologischen Begriffe in Bashôs *haiku*-Poetik wie „*ryûkô*" („Unbeständigkeit") und „*fueki*" („Ruhe") sind zugleich stilistische Kategorien und verweisen durch die technische Dimension des Stils auf die historisch-soziale kommunikative Realität, die durch den Schreibakt zugleich beachtet und *anders* bestimmt wird. (Vergl. ebd., S. 102.)

wir westlichen Leser (zumeist übersetzter) *haiku* deren Leichtigkeit nennen, weil wir ahnen, daß eine solche Gegenwart uns in der Tat Erleichterung bringen würde: Erleichterung vom Schreiben im Schreiben; Erleichterung von der Gespaltenheit und medialen Selbstvermittlung des Sinns in einer Handlung, die den Sinn zu Gast zu haben vermag, weil die handelnde Hand die Bereitschaft eines Ortes entdeckt und sogleich an das nächstbeste Ereignis vergibt: Ein Frosch springt ins Wasser, Schnee fällt, ein großes Glück spiegelt sich in einem banalen Gedanken. In Gestalt des nächstbesten Ereignisses verbringt der Sinn einen Augenblick bei dem, was an Worten zur Hand war. Und unsere Lektüre des gelungenen *haiku* (gibt es für uns andere?) ist die Nacherzählung jenes flüchtigen Beisammenseins, bei dem wir nicht zugegen waren und dessen Wirklichkeit uns deshalb von uns selbst zu erleichtern scheint.

4. Notebooms *Mokusei!* und die soziale Form der Liebe

In *L'empire des signes* schreibt Barthes vom *haiku*:

> Der Sinn ist hier nur ein Blitz, ein Lichtsprenkel: *When the light of sense goes out, but with a flash that has revealed the invisible world*, schrieb Shakespeare; aber der Blitz des Haiku erleuchtet, enthüllt nichts; er ist der Blitz eines Fotos, das man mit größter Sorgfalt (auf japanische Art) aufnähme, während man doch vergessen hätte, einen Film einzulegen. Oder auch: Haiku (der *Zug*) reproduziert die Zeigegeste eines kleinen Kindes, das mit dem Finger auf alles mögliche zeigt (der Haiku läßt das Subjekt unberücksichtigt) und nur „das!" sagt [...].[151]

In dieser übersprudelnden Beschreibung treten drei Motive wie selbstverständlich zusammen: Die Hinwendung zum anderen Symbol-

---

151 Barthes, *Das Reich der Zeichen*, S. 115

System, zu Japan, die mittels einer Affirmation *und* Abwendung vom Abendland (von Shakespeare, dem abendländischen Geist schlechthin) geschieht; die Verbildlichung der Differenz in verschiedenen Techniken, ein Foto zu machen (der Schnappschuß vs. das sorgfältige, künstliche Foto, die Erhellung durch den Blitz zur besseren Ablichtung vs. die Nichtigkeit des Lichts, das im Blitz verpufft); und die Hand, als Gelegenheit eher denn Medium eines Zeigens, die hier nicht auswählt und einen einzelnen Gegenstand als *etwas* Besonderes bestimmt (d. h. den Gegenstand als solchen konstruiert), sondern wahllos auf irgendetwas zeigt aus purer Lust, die für Barthes der eigentliche Ur-Grund jeder Differenz und auch der zwischen Westen und Osten ist.

Für diese Kinderhand ist die Welt flach, ist sie überall gleich. Ihr Zeigen hat keine Funktion der Bedeutungszuweisung, es ereignet sich einfach. Die Hand, die Barthes sich denkt und mit deren Kindlichkeit er das Japanische erklärt, befindet sich in einem selbstvergessenen Zustand von Sprache, einem Zustand, in dem es kein Bild von der Sprache gibt (der vergessene Film: Licht, aber kein Bild, oder vielmehr: ein Lichtbild, aber keine lesbare Spur davon). Diese Hand hat keine privilegierte Beziehung zum Namen. Ihr Zeigen nennt nicht, und obgleich sie ein Verhältnis zum Wort unterhält, da das *haiku* aus Wörtern und nichts sonst besteht, handelt es sich um ein anderes als das des Nennens. In diesem Zeigen gilt ein *jedes* Wort *nichts anderes* als „das". Die Manier der Hand, ihre Weise zu sprechen, ist der gewöhnlichen Sprache durchaus nahe; sie gebraucht alle Wörter, die sie kennt, doch zu nichts anderem als einem solchen Zeigen.

Aber wie vermag ein solches Kind gleichzeitig ein so anständiges, ein so vollkommen soziales Wesen zu sein? Oder, anders gefragt: Um was für eine soziale Form handelt es sich, die dadurch beachtet wird, daß ich dem anderen (irgendeinem anderen) etwas gebe, was nichts anderes ist als ein „das"? In seinen kurzen Dialogen der Begegnung deutet Barthes selbst an, wie nahe diese *höfliche Form* (die Schriftform) und das *Ereignis der Liebe* einander sind, ohne in einem Zustandekommen zusammenzufallen. Wahrscheinlich wird das Ereignis des Schreibens erst von dieser Koinzidenz her verständlich, die sich im Geschriebenen auf beiden Seiten, der östlichen und der westlichen, bezeugt. Denn das Besondere, von dem die Liebesgeschichten berichten, die seit *Madame Butterfly* vom Schicksal eines *Fremden* (*gaijin*) und einer Japanerin handeln, ist eben jene unerträgliche Insistenz des Höflichen in dem, was wir uns seit Jahrhunderten als Aufhebung aller Formen denken. Es ist die *Liebestechnik* – nicht im Sinne der erotischen Gelenkigkeit, die exotische Projektionen gern mit den Frauen des Ostens assoziieren, sondern das irreduzibel Technische, verhaltenstechnisch Angemessene, wie ein Schriftzug Gelungene jener *Handlungen*, die in unseren Geschichten immer wieder unter der Bezeichnung „Liebe" zusammengefaßt werden. Die ausführlichere Version des Versuchs, mit der europäischen Hand einen Pinsel zu ergreifen und ein japanisches Zeichen zu schreiben, stellt daher die Erzählung einer gescheiterten Liebe dar.

C. Nootebooms Erzählung *Mokusei!* von 1982 ist ein jüngeres Beispiel für diese Liebesgeschichte und unterscheidet sich von ihren Vorgängern dadurch, daß sie das umfangreiche Wissen über Japan, das wir mittlerweile haben, ebenso wie den populären Diskurs über Fremdheit, Andersheit und Exotik bereits mitreflektiert, ohne diese Spuren deshalb zu verlassen. „Solche Länder existieren nur in der Zeit, schon lange nicht mehr im Raum", heißt es von jenem *dort*, auf das Barthes referiert.[152] Auch hier steht ein Bild am Ursprung der Begegnung. Der Erzähler, ein holländischer Fotograf, besucht Japan, um Aufnahmen für eine Broschüre zu machen. Verlangt wird das übliche Klischee, eine Frau im Kimono vor dem Fuji, und der Eintritt des Erzählers in das, was in einer ebenso schmerzhaften wie unumgänglichen Vereinfachung immer wieder „Japan" genannt wird, beginnt damit, daß er versucht, die Erwartungen seiner Auftraggeber zugleich zu erfüllen und doch einen eigenen, widerständigen, gewissermaßen künstlerischen Akzent zu setzen.

Der Beruf des Fotografen, des ökonomisch-abhängigen Quasi-Künstlers, repräsentiert nicht nur einen heute obligatorischen Kom-

---

152 C. Noteboom, *Mokusei! Eine Liebesgeschichte*, Frankfurt a. M. 1988, S. 12

promiß unserer Kultur mit sich selbst. Er wird zugleich zum Paradigma einer ziemlich zeitgenössischen Offenheit, die das Klischee nicht darum zurückweist, weil es eins ist (um etwa ins Klischee der Zurückweisung zu verfallen). Die erfolgreichsten europäischen Kulturprodukte der letzten beiden Jahrzehnte waren ja solche, in denen eine irgendwie etwas andere Darstellung sehr bekannter und konventioneller Vorstellungen gelang.[153] In dieser erneuerten Affirmation von Klischees haben wir angefangen, uns selbst als Kultur wieder zu beherzigen, und vielleicht einen endgültigen (nunmehr *souverän* US-kompatiblen) Europäismus etabliert. Fotografie, Film und Video waren dabei zweifellos dominierend. Das fotografische Bild, so scheint man heute einzusehen, ist *immer* konventionell. Gerade darum vermag es vielleicht etwas sichtbar zu machen, was dem Blick, der sich geradezu auf das Andere richtet und den schönen Schein der visuellen Oberfläche ohne Zögern durchdringt, zwangsläufig entgeht. Für den Protagonisten von *Mokusei!* entscheidet sich das, als er in einer Agentur das Modell für sein Bild auszuwählen hat:

> Arnold Pessers hatte gelernt, durch das Nichtssagende solcher Fotos – die nur dazu bestimmt waren, einen lebendigen Menschen zu verkaufen – hindurchzusehen, diesmal aber konnte er nicht finden, was er suchte. Die Gesichter mit den aufgeschnittenen Lidern hatten etwas Verkrampftes, als wollten sie um jeden Preis anders sein, als sie waren (aber war es das?).
> *„I want something more Japanese"*, hatte er schließlich gesagt und selber gehört, wie lächerlich das klang.
> *„But they are all Japanese girls."*
> *„Yes, I know, I can see that. But I am looking for something more, eh…"*
> *„Younger? You want young girl?"*
> *„No…no, you don't understand. I want something more…real."*

---

153 Der überaus erfolgreiche Nooteboom ist selbst das beste Beispiel. Historisch spielte Holland bei der Einführung der Fotografie in Japan übrigens die entscheidende Rolle: „Bereits 1840 wurden die ersten Daguerrotypien (japanisch: *ginbanshashin*) auf einem holländischen Schiff nach Japan gebracht." Und auch das Naß-Kollodium-Verfahren wurde von den Holländern „zwischen 1854 und 59 über Nagasaki, Yokohama und Hakodate nach Japan importiert." (Delank, „Japanbilder", S. 257 f.)

„Für ihn sind sie alle *real*", sagte de Goede. „So bekommst du nicht, was du willst."[154]

Die Unmöglichkeit, verbal direkt zu kommunizieren, das geschulte, aber erfolglose Durchgehen der Folder – Sprache und Bild scheinen sich in dieser Situation voneinander abzulösen, und so kommt es, daß Satoko, die spätere Geliebte, in einem rein ökonomischen (indes die gesamte Problematik von Ökonomie und Kunst, Klischee und Wahrheit, Westen und Osten implizierenden) Vorgang der *Auswahl* zum Vorschein kommt:

> „*I want somebody who is not beautiful*", versuchte Arnold es noch einmal.
>
> „Oh mein Gott", stöhnte de Goede, „haben Sie auch Fisch, der nicht frisch ist?"
>
> Es wurde still. Der Mann sah sie unbewegt an, sagte dann aber in einem Ton, als mache er sich noch Gedanken: „*Maybe in one hour I have girl you like.*"
>
> Als sie eine Stunde später ins Zimmer trat, war Arnold Pessers zweierlei sofort klar. Erstens, daß sie die Frau war, die er suchte, und zweitens, daß ihre Erscheinung eine enorme Spannung in ihm erregte.[155]

Satoko ist anders und doch nicht anders. Sie ist *natürlich* nicht die Japanerin, die sie auf dem Foto darstellt, und doch gelingt es Pessers nicht, ihre Person von dem zu trennen, was er aufnimmt. Vor allem muß er die Erfahrung machen, daß zwischen seinem Selbst und dem, was er als Anderes erwarten kann, eine völlig unzugängliche Wirklichkeit liegt. Die Geschichte spielt *diesseits* des Anderen – nicht dort, bei Heidegger und Barthes, aber ebensowenig hier, in Hollywood. Pessers und Satoko, von ihm „Schneemaske" oder nach der japanischen Blume „Mokusei" genannt, führen über mehrere Jahre hinweg eine Liebesbeziehung, doch das Verhalten der japanischen Geliebten bleibt letztlich unbefragbar, eine Oberfläche für Projektionen, die ebenso leicht abgleiten, wie sie augenblicklich haften. Diese Projektionen, Lebenssehnsüchte wie Todesängste gleichermaßen, konzentrieren sich in der japanischen Hand:

154 Ebd., S. 36.
155 Ebd., S. 36f.

Wie kann man einem anderen, und sei es der beste Freund, beschreiben, wie am Griff einer Frauenhand zu spüren ist, daß diese von einer Begierde getrieben wurde, die weit über jeden kurzweiligen Besitz hinausging, daß diese Hand nach seinem Gebein griff, nach Schultern, Ellenbogen, Knien, dem Becken, dem Kopf, überall wo es mehr Knochen als Fleisch gab, als wüßte sie, daß da sein eigentlicher Wesenskern steckte, daß seine Seele eher in dem harten, technischen Teil seines Körpers wohnte als in dem weichen, der so viel eher vergehen würde. Er hatte gelernt, solche Gedanken für sich zu behalten.[156]

Während die Geliebte in ihn hineingreift, bleibt Pessers' körperliche Erfahrung dem japanischen Körper dagegen so äußerlich wie der fotografische Blick. Was er von Satokos Körper, „der in hundert Bruchstücken weiter durch seine Erinnerung irren würde", *vor allem* gesehen hat, ist „die Geste, mit der eine Hand verzweifelt vor das Gesicht gedrückt wurde, um die höchste Ekstase zu verbergen"[157] – so daß *jene* Ekstase, die Erwiderung seiner eigenen verzweifelten Entrückung, stets etwas Phantastisches, ja Gespenstisches bleibt, dessen Szene hinter der vorgehaltenen Hand vom eigenen Begehren entworfen wird. Zum Ausdruck kommt das in der für das japanische Gesicht notorischen, dabei offensichtlich hilflosen Metaphorik der Maske:

> Später, als sie in einer Verlassenheit schlief, wie er sie von niemandem kannte, schaute er sie an und fragte sich, was jetzt weiter mit ihm geschehen solle. *Drei* Masken trug sie jetzt, übereinander, die asiatische, die ihrer eigenen Undurchdringlichkeit und als dritte den ebenso verhüllenden Schirm des Schlafs.[158]

Die zuerst genannten Masken werden von einer aufgeschreckten, verängstigten Phantasie über die dritte geschoben, die ihrerseits in nichts anderem als dem Faktum besteht, daß die Frau nach dem Sex (und *in* ihrer Liebe) einfach eingeschlafen ist.[159] Das Einfache, Fol-

---

156 Ebd., S. 26.
157 Ebd., S. 59.
158 Ebd.
159 In ihrer letzten gemeinsamen Nacht versucht Pessers, ein Foto von der Schlafenden zu machen, um den Anblick in einer Erinnerung zu bannen (vergl. ebd., S. 68 f.).

gerichtige, in gewisser Weise Folgsame, dann jedoch, an einer wiederum völlig nachvollziehbaren Stelle, Unnachgiebige von Satokos Verhalten stellt die eigentliche Quelle von Pessers Leiden dar. Die Japanerin tut vom Anfang bis zum Ende nichts Überraschendes. Sie führt den Fotografen an einen Ort, wo er ein „japanisches" Foto schießen kann (einen Ort, der so klischeehaft ist, daß nur Japaner ihn für japanisch halten können). Sie legt einen Kimono an und bedient ihn im *ryokan* wie eine Geisha. Sie bleibt „Tag und Nacht" an seiner Seite. Sie weint beim Abschied, und „jedesmal, wenn er wieder einen Auftrag gefunden hatte, durch den er nach Japan konnte, stand sie am Flughafen, und sie bezogen ihr Apartment in Tokio, als wäre er nie fortgewesen".[160]

Ein solches Verhalten erscheint Pessers unverständlich, gerade weil es in jeder einzelnen Handlung vollkommen verständlich ist und nichts Rätselhaftes zurückläßt. Es bleibt unverständlich, weil es auf eine unbekannte Weise selbstverständlich ist, in die der europäische Sinn für das Gewöhnliche nicht einzudringen vermag. Anstatt ebenfalls zu schlafen und den gerade gehabten Sex sein zu lassen, was er ist, treibt es den aufgewühlten Liebhaber aus dem gemeinsamen Apartment auf die Straße, und er empfindet sich „als Angehöriger einer anderen Rasse [...], eines billigen, oberflächlichen, banalen Menschenschlags, der tiefere Emotionen mit Rauchen, Scherzen, Parlieren, Sichdistanzieren vertreiben mußte."[161] Aber ob die andere überhaupt tiefere Gefühle hegt, ob das emotionale Drama zwischen zwei „Rassen" nicht ein Versuch ist, gerade die unüberbrückbare Differenz zwischen Selbstverständlichkeit und Gewöhnlichkeit zu überspielen, bleibt in der vollendeten Faktizität ihrer Handlungen unbeantwortet.

Er hätte sie aufbrechen mögen, um ihr Geheimnis zu erfahren oder um zumindest dahinterzukommen, was für ein Gefühl es sein mochte, das sie für ihn empfand, sofern sie überhaupt eines empfand.[162]

160 Ebd., S. 65.
161 Ebd., S. 25.
162 Ebd., S. 69.

An den entscheidenden Stellen scheinen dem Erzähler die Worte zu fehlen und Bilder, mehr oder weniger verlegen und durch ihren technischen Charakter kompromittiert, an ihre Stelle zu treten. Aber das eigentlich Beängstigende ist, daß es weder an dem Leben mit der Japanerin noch an den Bildern, die er daraus macht, etwas Unbeschreibliches gibt. „Wie leicht, dachte er jetzt, ließ sich die Geschichte dieser fünf Jahre zusammenfassen."[163] Am Ende ist diese Liebe wie eine Reisschale, die auf dem Tisch steht – und die Schale das einzige, was von Satoko bleibt.[164]

Läßt sich von etwas Selbstverständlichem sagen, es sei japanisch? Noteboom tut genau das. An einem Ort, wo man es kaum erwartet, entdeckt er die bekannteste Eigenart der Japaner: die Höflichkeit, die selbstverständiche Wahrung der Form. Die größte Subtilität erreicht *Mokusei!* darin, daß die Geschichte auf ungewöhnliche Weise und mit einer unbedingten Konzentration auf die Liebeshandlung von diesem ältesten, hartnäckigsten und womöglich angemessensten aller Klischees über Japan erzählt. Das Wort „Höflichkeit", auf der Grenze dessen, was wir darunter zu verstehen vermögen, bezeichnet hier nichts anderes als den Umstand, daß alles, was der andere tut, selbstverständlich so getan wird. Es handelt sich um keine wechselseitige, verpflichtende, sondern um eine durchaus einseitige Höflichkeit – um einen Anstand in dem wörtlichen Sinn, daß jeweils das, nur und genau das, was ansteht, getan wird. Barthes präsentiert in *L'empire des signes* das Foto eines Mannes und einer Frau, die sich tief voreinander verbeugen, und er schreibt darunter: „Wer grüßt wen?"[165] In der Tat läßt sich die Frage nicht beantworten, weil, im Anschein einer symmetrischen Figur, jede der beiden Verbeugungen vollkommen für sich steht und für sich vollkommen ist. Die Verbeu-

---

163 Ebd., S. 61.
164 „Als er keuchend und verschrammt und noch immer von den Nebelschwaden verfolgt, rennend und stolpernd zum Gasthaus zurückgekehrt war, sah er ihr Auto nicht mehr. Von den Gesichtern des Personals war nichts abzulesen. Er ging in ihr Zimmer und schob die Tür auf. Auf dem Tisch stand nur eine Reisschale." (Ebd., S. 74)
165 Barthes, *Das Reich der Zeichen*, S. 88 f.

gung ist, wie Barthes ahnt, zutiefst asymmetrisch.[166] Sie berücksichtigt die allgemeinen Regeln, die Hierarchie, die spezielle Situation usw.,

166 Barthes zeigt in *Das Reich der Zeichen* ein Foto des Shidai-Korridors im Nijô-Schloß in Kyôto und schreibt dazu: „Drehen Sie das Bild um: nichts mehr, nichts anderes, nichts." (Ebd., S. 69) Tatsächlich scheint die Raumanordnung vollkommen symmetrisch – aber diese Symmetrie verweist nicht auf eine Opposition, deren Pole kraft einer wechselseitigen Angleichung aufeinander abbildbar geworden wären; sie ist eher das Resultat einer Gleichgültigkeit gegenüber oben und unten als den absoluten Punkten einer Ordnung.
   Wie kann das sein? Das japanische Leben ist bestimmt von der Hierarchie. Doch wie man leicht beobachten kann, handelt es sich dabei stets um *relative* hierarchische Unterschiede, deren Wirklichkeit genau mit ihrer Wirksamkeit in einem konkreten sozialen Ereignis übereinstimmt und in ihm selbst einen ereignishaften Charakter erhält. „Wer grüßt wen?" Die Verbeugung, Paradigma des Sozialen, ist ein Spiel mit Relationen, in der das Oben und das Unten in der augenblicklichen, jeweiligen Qualität des Oberen und des Unteren wie ein kleines Feuerwerk verglühen. (Der Gipfel des hierarchischen Systems wird folglich ausgeblendet; seine Gegenwart reduziert sich darauf, einmal im Jahr die Verbeugungen aller anderen unerwidert zu lassen.)
   Die vom Zen beeinflußten Wege wie der *sadô* betonen das Asymmetrische (die Architektur des Teehauses, die unvollkommene Rundung der Keramik). Aber gerade dort, wo sich in Japan Symmetrien finden, gilt es sie von den symmetrischen Formen unserer Kultur zu unterscheiden. Beim *shodô* sind für eine europäische Hand die schwierigsten Schriftzüge die vertikalen. Der charakteristische Zug, die Geste unserer Schrift verläuft von links unten nach rechts oben. Es ist eine aufstrebende Bewegung, die den Ort aus sich selbst heraus entwirft, während das *kanji* wie ein Portrait in einen vorab umrissenen Raum eingezeichnet wird, in dem bereits der erste Strich die Proportionen aller weiteren berücksichtigt. Das Zeichen *kawa* für „Fluß" z. B. besteht aus drei parallelen senkrecht von oben nach unten verlaufenden Linien (deren erste zum Ende hin leicht nach links abbiegt). Als Piktogramm stellen sie offenkundig das Fließen des Wassers dar. Aber die Schlichtheit dieser Darstellung birgt ein fast unlösbares Problem: Weder sind diese Linien gerade (eine solche mit dem Lineal gezogene Gerade entspricht nicht dem Wesen des Pinsels), noch weisen sie eine deutliche Krümmung zu einer Seite hin auf oder einen der feinen, mit der Spitze ausgezogenen Haken, die einen Schriftzug sonst häufig abschließen und die stets eine Erleichterung bedeuten; noch imitieren sie die Strömung durch einen wellenförmigen Schwung, wie es bei den ägyptischen Hieroglyphen der Fall ist. Die Vertikalen in diesem Wasserzeichen sind *dieselben* wie im Zeichen für „Berg".
   Weder gerade noch gebogen – man könnte sagen, daß ihrer Symmetrie, die vollkommen ist, eine Asymmetrie innewohnt, die diese Vollkommenheit nicht mindert und ihr nicht widerspricht. Obwohl es kein Ausweichen nach rechts oder links gibt und der Zug senkrecht von oben nach unten geführt werden muß, hat diese Mitte, die er durchquert, keine feste Position zwischen zwei Polen (rechts,

aber sie beruht auf einer Selbstverständlichkeit, die in der Geste, dem Signal oder Zeichen des Rückenbeugens gerade nicht zum Ausdruck gebracht, sondern zurückbehalten wird – weshalb die beiden Begegnenden, obwohl sie jeweils nichts anderes tun, als der Selbstverständlichkeit zu entsprechen, in deren Bereich einander niemals gegenübertreten. So jedenfalls stellt es sich *für mich*, den Beobachter, den Betrachter des japanischen Bildes dar. In der Selbstverständlichkeit seiner Handlungen bleibt der andere von mir abgewandt; und ich erfahre das um so stärker, da er während unseres Zusammenseins alles *für mich* zu tun scheint.

Zu jeder Zeit tut Satoko genau das, was sie tut – nicht weniger und nicht mehr. Als etwas Unfaßbares und zusehends Unerträgliches muß der Fotograf erleben, daß die gesamte Dynamik des *Bedeutens* mit ihrem konstitutiven Mangel und Überschuß (zu wenig Signifikate, zu viele Signifikanten) am *Ende*, d. h. gerade auf der Schwelle zum Jetzt, von der schlichten Bestimmtheit einer *Handlung* erfaßt wird, die nicht um eine Spur über sich selbst hinausragt, geschweige denn eine leere Stelle aufweist.[167] Satokos Hand ist ein Organ des Anstands – sie agiert in ihren Handlungen dabei sowohl heftig als auch schamhaft, aber sie *zittert nicht*.[168] Satokos Liebe ist eine ange-

links). Es ist nicht die zentrale Achse eines Landes, das von ihr in zwei Hälften geteilt wird, sondern eine Mitte des Wassers, eine positive, auf kein Signifikat „Wasser" verweisende Spur seines Fließens, die der Fluß der Tusche hier souverän und ohne andere Hilfe als die der Hand zieht. Auf eine vergleichbare Differenz verweist das Verhältnis von *shô* (das Aufrechte) und *hen* (die Neige) in den „fünf Ständen" des Sôtô-Zen. Vergl. Hisamatsu, *Die fünf Stände...*, passim.

167 Satoko teilt dem Erzähler schließlich mit, daß sie zu heiraten gedenkt – jedoch nicht ihn, da das, mit Rücksicht auf ihre Familie, nicht möglich sei: „Es hatte wie ein Kindervers geklungen. ‚*I want to be near parents. I don't want to make trouble. I want to make house and children.*' Daß sie auch noch *I love you* hinzugefügt hatte mit dieser leichten Verzögerung im l, die er bei ihr – und nur bei ihr – immer so reizvoll fand, half nun nichts mehr. Er hatte zum wiederholten Mal gesagt, auch er wolle heiraten und Kinder haben, doch da verschloß sich dieses Gesicht wieder und sagte, daß es unmöglich sei. ‚*It is not possible!*'" (Noteboom, *Mokusei!*, S. 67 f.) Die Mitteilung ist in diesem Fall wörtlich zu nehmen: Es ist nicht möglich – d. h., die Möglichkeit wird nicht abgewiesen, sondern es gibt sie nicht und hat sie nie gegeben.

168 Zum Zittern der Hand als Liebesbeweis vergl. U. Vedder, „Mit zitternder Hand: Gesten, Lektüren, Delirien", in: U. Bergmann/A. Sick (Hrsg.), *Hand. Medium – Körper – Technik*, Bremen 2001, S. 28–37, bes. S. 31 f.

160

messene Dankbarkeit für die Gelegenheit zur Liebe, und es gibt kein noch so heftiges Gefühl in ihr, das die Anstandsgrenzen des Dankes überschreitet. Und das, so legt die Erzählung nahe, ist keine persönliche Kompetenz oder Fähigkeit. Es ist eine soziale Fertigkeit, etwas *Japanisches*.

Die soziale Handlung vollbringt in diesem Fall kein Werk. Sie leistet ihren Beitrag, aber nicht zu einer Gesellschaft oder Gemeinschaft, die im Sinn der *polis* selbst als Werk zu verstehen wäre, sondern zum Fortwirken einer Selbstverständlichkeit, in der mein Leben wie eine auf Papier gestreute Hand von Ereignissen genau aus dem besteht, was man tut. Ich tue, was man tut. *Ich* tue es, und indem ich tue, was *man* tut, werden das Ich und das Man einander gleich-gültig in der Handlung – und wird die Handlung *diese* Handlung, weil sie um nichts weniger konventionell als einmalig ist und in der Hand die soziale Dimension der kommunikativen Schrift und den intimen Bezirk der Herzensschrift zu einem Ausgleich bringt, der nichts von beiden zurückbehält, was sich dem gemeinsamen Ereignen verweigert.

Sozial ist diese Handlung genau darin, daß sie über ihre eigene Verwirklichung hinaus nichts zurückbehält (keinen Sinn, der sich einer Interpretation, d. h. einer Betrachtung oder Lektüre der Handlung als eines künstlerischen Akts der Selbst-Schöpfung anbieten würde). Und eben weil sie nichts zurückbehält, sich mit allem, was sie zu halten vermag, dem hingibt, was sie tut, scheint es *uns*, die wir nicht in die Selbstverständlichkeit des Japanischen gehören und daher gezwungen sind, davon zu sprechen, als ob diese Hand *alles* vorenthält, was wir ihr entnehmen möchten: Intention oder Motiv; Sinn oder Bedeutung; Mangel oder Überfluß… „Leere", das große Klischeewort für Japan, ist vielleicht eine unbeholfene Beschreibung für das, was eher im Unterschied zu der aus Möglichkeiten hervorgegangenen und in solche zurückgestellten Realität *Wirklichkeit* heißen sollte – für einen Zustand, in dem die Wirklichkeit nichts anderes ist als wirklich und den Menschen in dem, was sie ihn tun läßt, nichts anderes tun läßt, als wirklich zu sein.

5. Liebe der Hand und Liebeshandlung

Eine Liebe der Hand, nicht des Herzens – d. h. eine Liebe, die ganz in die Wirklichkeit einer Handlung gehört und nicht in die Zuständigkeit von möglichen Repräsentationen eines Gefühls. Eine Liebe, die sich in einer Handlung wie der, ein Gedicht zu schreiben, nicht ausdrückt, sondern die ganz präzise und restlos *die* Liebe *dieses* Schreibakts ist. Dabei geht es um nichts weniger als eine Durchdringung von Leben und Kunst. Die Eigenwilligkeit dieser Liebeshandlung bewirkt vielmehr, daß das Leben hier auf eine Weise Leben und die Kunst auf eine Weise Kunst bleibt, die westlichen Romantikern als etwas ungeheuer Enttäuschendes erscheinen muß. Für uns (Arnold Pessers und mich) ist Satoko nicht wirklich verliebt, ebensowenig wie Genji. Beide kennen offenbar den Unterschied zwischen dem Sichergeben einer Gelegenheit und der Erwählung nicht. Aber ihre Liebe zur Gelegenheit stimmt auch nicht mit dem überein, was wir jemandem zusprechen, der an seiner Fähigkeit, Liebe zu machen, Gefallen findet und einfach aus Liebe zur Liebe verführt.[169] Das Gelegentliche beharrt gegenüber dem Ausgezeichneten des romantischen Augenblicks durchgängig und bis in jede intime Sekunde hinein auf seinem Recht, aber sein Sinn liegt nicht in einer Entwertung. Diese Liebe ist, in einer schwer einsehbaren Verkehrung, nicht die Kraft, welche die Sprache aus der Realität ihrer kommunikativen Verwendung in ein dichterisches Sagen hinaustreibt. Sie ist gerade das, was die Worte an den Geliebten ins Einfache, Gewöhnliche, Alltägliche zurückholt, so kostbar gewählt sie auch sind. Sie ist das, was verlangt, daß das poetische Ereignis (sei es ein Gedicht, ein Kuß, Sex oder was auch immer) in seiner Berührung des Nichts/Alles sich *diesseits* eines anderen Ortes und einer anderen Zeit, das heißt *gleich hier* und *diesmal* vollzieht.

Man sieht so ein wenig das Mißverständnis, das die Wertschätzung des Schriftzuges und das Gefallen an Japan als einem aus solchen Schriftzügen komponierten Universum mit sich bringen. Denn so sehr wir zu glauben bereit sind, daß der Schriftzug dem Ereignis-

---

169 Ein solcher ‚männlicher Stolz‘ fehlt bei Genji allerdings nicht, und natürlich schreibt man in einer höfischen Gesellschaft vor allem deshalb Gedichte, weil man es kann.

haften, dem Einmaligen des Augenblicks zu seinem Recht gegen die verständigenden Wiederholungsprozesse verhilft, droht das Ereignis selbst sich wie ein Werk zu präsentieren, solange seine *durchgängig* soziale Bestimmung nicht den Charakter seiner Wirklichkeit von dem eines wie immer ephemeren Kunstwerks und des ihm eingeschriebenen Schöpfungsakts unterschieden hat. Das Ereignis des Schriftzugs stellt nichts Außerordentliches dar; es entgeht *keiner* Ordnung. Auf dem Weg des Schreibens ist der Schreibakt kein künstlerischer Akt, keine Einschreibung, keine Entäußerung oder Verinnerlichung in einer Spur – und ebensowenig ist der Liebesakt es. Darin besteht das eigentliche Problem von Notebooms Erzählung, jene Schwierigkeit mit Japan, die sie formuliert und selbst bezeugt. Diese „Liebesgeschichte" rekonstruiert etwas mit den künstlerischen Mitteln der Sprache, was von sich aus überhaupt kein Potential dafür besitzt, Kunst zu werden – die Liebe einer Japanerin. Dieses offenbar so poetische Sujet ist in Wahrheit vollkommen bar jeder Eignung für, geschweige denn Angewiesenheit auf Poesie. Diese Liebe nährt in sich weder einen Mangel, der erst durch ihre poetische Verklärung gestillt oder durch ihre mimetische Distanzierung entschärft werden könnte; noch birgt sie einen Überschuß, der darauf angelegt wäre, sich am Ende seiner selbst in einem Schöpfungsakt zu entladen, verarbeitet, betrauert oder dokumentiert zu werden. Die hingeschriebene Liebe ist eine Liebe, die *kein Kunstwerk* ergibt, sondern, Kunst hin oder her, am Ende *nichts als Liebe* (was im Verhältnis zu unserer Erwartung gar nichts sein kann). Deshalb produziert ein europäisches Ich, das *sich* als solches nicht mehr als Adressaten dieser Liebe sehen kann, das Werk, das es mehr oder weniger hilflos und darin mehr oder weniger erfolgreich dem anschmiegt, was es an Selbstverständlichkeit mit seiner Sprache des Besonderen und Allgemeinen nachzubilden vermag. Heraus kommt eine Erzählung von ‚japanischer' Kürze und Leichtigkeit, die den Augenblick einer Liebe in Form eines schönen, auf eine schöne Art lesbaren Werks einer sehr europäischen Flüchtigkeit anvertraut.

Japan, das bedeutet für die Liebe unerbittliche Konkretheit – aber des Handelns, nicht der Dinge. Und weil diese Bestimmung auf der

Ebene der Handlungen stattfindet und *von dorther* die Gegenstände erfaßt, bringt die Begegnung mit dem Japanischen in einem von uns noch einmal all die romantischen Widerstände gegen das Bestimmte, nicht vom Unbestimmten Durchdrungene und daher nicht von unserm Selbst Besetzbare hervor, die wir heute beinahe ganz eingebüßt haben, nachdem wir in eine Welt von Handlungen eingewöhnt sind, die ihre Qualitäten, ihren Sinn und ihre Zeit von sehr solide gewordenen und fair bewerteten Dingen her beziehen. Würde die Geschichte von *Mokusei!* in Holland (oder Deutschland) spielen, käme uns Pessers' Verzweiflung ziemlich übertrieben, auf sehr traditionalistische Weise dramatisch, das heißt peinlich unzeitgemäß und in seiner Peinlichkeit bestenfalls verzeihlich vor. In Westeuropa zu Beginn des 21. Jahrhunderts ist das Verhalten einer Frau im Wesentlichen genau das, was es ist: Ein Ja ist ein Ja (*ebenso* wie ein Nein ein Nein). Eine Verführung ist eine Verführung. Ein Kuß ist ein Kuß. Sex ist Sex. Ein Orgasmus ist ein Orgasmus. Eine Beziehung ist eine Beziehung und die Liebe – eben das. Die Epoche der Hysterie, ihres fortwährenden „Ist es wirklich DAS?"[170], das die Welt über die verstärkenden Kanäle des Selbst in Unordnung bringt, scheint endgültig vorüber und liegt nur noch in der fest umrissenen Form des Hollywood-Plots zur Bezugnahme vor. Kein Interesse dringt mehr bis zur dritten Rose vor, und die klassischen Projektionen des Weiblichen, die auf der Illusion einer Unkenntnis darüber beruhen, was eine Frau ist, sagt, denkt und fühlt, werden in jeder Begegnung von vornherein durch unzweifelhafte Artikulationen der anderen Seite begrenzt.[171] Wieviel poetische En-

---

170 Vergl. S. Zizek, „Judith Butler als Leserin Freuds", in: *Sehr innig und nicht zu rasch. Zwei Essays über sexuelle Differenz als ästhetische Kategorie*, Wien 1999, S. 9–53, hier S. 10.

171 Diese Begrenzung ist wirksam auch und vielleicht gerade dort, wo die Frau genau das artikuliert, was vordem auf sie projiziert wurde. Bei dem scheinbaren *roll-back* in Richtung klassische Geschlechterrollen, vor allem im Bett, handelt es sich tatsächlich um Zitate in einem durchweg veränderten Kontext. Die Frau, die sagt: „Ich bin die verruchte Schlampe, von der du verführt werden willst" / „Ich bin das Opfer, das du überwältigen willst" usw., ist nichts weniger als ein Zeugnis für das Wiedererstarken der entsprechenden Projektionen. Sie sorgt vielmehr für die Aufhebung der ambivalenten (daher immer auch gewaltsamen, möglicherweise tödlichen) Beziehung zum Phantasma im soliden und ungefährlichen Realismus der Perversion.

ergie müßte ich aufbringen, um *nicht* zu wissen, wo diese Frau anfängt und endet? Auch wer die zeitgenössische Literatur, Kunst und Musik betrachtet, kann nicht umhin zu bemerken, wie in der Schlußphase einer gewissen Liberalisierung und einer nunmehr relativ entspannten Nähe von Aufklärung und Gegenaufklärung schließlich alles als genau das herauskommt, was es ist – vom Mangel ebenso wie vom Überschuß befreit wird, da die Menschen in sich selbst die verhängnisvolle Neigung immer besser ausbalanciert haben: unbeschwert oder mißmutig pervers sind statt hysterisch; mit ironischen Bemerkungen den kommunikativen Anschluß sichern, statt ihr Unverhältnis zu sich selbst auszustellen; sich sozial im Verhältnis zu einer kleineren Gruppe realisieren, statt sich als Subjekt in Bezug auf eine Gemeinschaft zu entwerfen; die Gefühle haben, die sie kennen, statt sich mit dem unbändigen Anspruch eines Wissens gegen das Unbekannte zu stemmen; die relative Zufriedenheit poetisieren statt des absoluten Leids.

Das Unverhältnis selbst ist ein Ding, ein Thema, ein Topos, die flüchtige Besetzung jenes gewissen Ortes geworden, an dem ein zwanghaft vielfältiger Diskurs Kultur produziert. Das Leiden ist so ein Ding geworden, das Unheimliche, das Obsessive, die Erotik, und die Liebe ebenfalls. Die Liebe ist, was sie ist, gerade weil sie nur eines unter anderem ist und keinesfalls mehr eine Intensität von allem. Ihre Endlichkeit ist die abgegrenzte Endlichkeit von *etwas*, das hier, weil *dort nicht* stattfindet (oder eben dort und hier nicht), keineswegs mehr die Endlichkeit *des* Ereignisses, das auf *einmal* mit *allem* passiert. Daß eine Frau, die ich beruflich kennenlerne, mit mir schläft, weil wir ein gemeinsames Hotelzimmer bekommen. Daß sich daraus eine dauernde Beziehung ergibt, die nicht genauer definiert wird, die nur dann besteht, wenn wir zusammen sind, und während meiner Abwesenheit ruht. Daß sie schließlich abbricht, weil die Frau eine sozial vernünftige Lebensentscheidung trifft, und ich allein zurückbleibe – all das wäre hier bei uns durchaus wohlbestimmt gemäß einer Ordnung der Dinge, die jeder Handlung, jeder Beziehung, jedem Gedanken und jedem Gefühl die kompakte Form eines Dominosteins verleiht, auf dessen Oberfläche die Möglichkeiten für vorher und nachher geschrieben stehen. Und auch die Verzweiflung des Verlassenen hätte nur die Chance, die Form und Beschriftung eines weiteren Steins anzunehmen und sich in einem der vorgesehenen Verhaltensmuster (Mann säuft, gigantische Telefonrechnungen stürzen ihn in Schulden usw.) wiederzuerkennen. Arnold Pessers' Schicksal ist wie jedes zeitgenössische Lebensschicksal seinem Wesen nach normal – wobei die Norm in nichts anderem als einer Form von Endlichkeit besteht, die durch ein ‚unter anderem' zustandekommt und der sich kein Augenblick mehr entzieht.

Ihre Spannung gewinnt Notebooms Erzählung, indem sie den holländischen Helden mit einer anderen Bestimmtheit des Endlichen konfrontiert, angesichts derer noch einmal (und im Modus dieses „noch *einmal*" erst überzeugend) das alte romantische Drama aus seinem Verhalten hervorbricht. Es ist diese andere, östliche Endlichkeit und diese andere Herrschaft des Sozialen im japanischen Anstand, die auf westlicher Seite einen unzeitgemäßen Reflex erzeugt, indem die innere Unendlichkeit des abendländischen Subjekts aus ihrer Vergessenheit auftaucht und einen hilflosen, aber intensiven Strom von Projektionen hervorbringt. Es ist die sanfte Unnachgiebigkeit der japanischen Hand, die das abendländische Herz in einer hierzulande längst vergessenen Heftigkeit zum Schlagen bringt – die, in diesem Sinne, *den Abendländer* aus der Gleichgültigkeit gegen seine eigene Tradition von Gefühlen wieder erweckt. Der Exotismus, der bei Noteboom explizit und offensichtlich dazu dient, die normale Beziehung zweier Menschen mit einer Leidenschaft zu füllen, die sich zwischen Illusion und Zweifel austobt, hat hier präzise den Sinn einer Begegnung mit der fremden Endlichkeit. Das Exotische ist dieser Unterschied, das Milieu seiner Dramatisierung – und damit vielleicht bisweilen der einzige Ort, um diesen Unterschied *für uns* in Erscheinung treten zu lassen. Denn das Exotische bewahrt seit den ersten europäischen Projektionen auf die Japanerin die Wirklichkeit einer anderen Liebe, die in der Unmöglichkeit einer Liebesbeziehung zwischen dem Europäer, der ich bin, und der Japanerin beglaubigt ist. Ihr Ende und mein Ende – darin besteht diese Liebesgeschichte. Ihr Ende, das in meiner Unfähigkeit, diesmal auf die gewohnte Weise zum Ende zu kommen, bewahrheitet wird und das die großen, durchs Unendliche gezogenen Figuren meiner Vergangenheit in einer Art letztem, verspäteten Fest des Scheiterns inszenieren.

V. Hand und Handlung – Heideggers „eigentliche Gebärde des Denkens"

1. Die Handlung als Szene des symbolischen Tausches

Was hier vom Bild der Hand und von der Schrift der Hand gesagt wurde, zeigt, vielleicht gerade indem es befremdlich (und zwar befremdlich *banal*) klingt, wie verloren in unseren Anschauungen und Reflexionen die *Handlung* ist.[172] Wir tun so vieles, was wir eigentlich nicht tun – weil wir es nicht tun wollen, nicht können oder nicht wissen, was es ist. Darin liegt das konstitutive Dilemma unserer Kultur, ihre pathologische Auszehrung ebenso wie ihr Reichtum und ihre Originalität, d.h. ihre katastrophale Produktivität, die wir in jeder Situation neu zu spüren bekommen.

Die Ökonomie, die alle unsere Handlungen verwertet, beruht, wie Marx und auf seiner Spur Derrida in seiner „Hantologie" vorgeführt haben[173], darauf, daß nichts ist, was es ist. Es gibt für uns keine vollends wirkliche Handlung. Jeder Akt wird *a priori* und *a posteriori*, tatsächlich in einer Kopplung retentionaler und protentionaler Bezüge, von einem Geflecht halb verborgener Motive durchkreuzt, die ihm ein temporales Selbst verleihen, um ihn aus sich selbst herauszusetzen. Mit jeder Aktualisierung sterben Möglichkeiten, um im Schatten des gewählten Augenblicks wiederaufzuerstehen und das zeitliche Vergehen wie Gespenster zu begleiten, die es kommentieren, in Frage

---

172 Die folgenden Überlegungen wurden in skizzenhafter Form bereits vorgestellt in meinem Aufsatz „Das Denken der Hand. Japan-Affirmationen als Entwürfe einer nichtperformativen Pragmatik", in: *Zeitschrift für Germanistik*, 3/2002, Frankfurt a.M. u.a., S. 488–497.

173 Vergl. J. Derrida, *Marx' Gespenster. Der verschuldete Staat, die Trauerarbeit und die neue Internationale*, Frankfurt a.M. 1995.

stellen und selbst ungefragt wiederholen. Wir sind außerstande, das zu tun, was wir tun – ohne zugleich etwas anderes zu tun und nicht zu tun (es in der Weise eines Nicht-Tuns der Handlung zuzugeben und ihren Ertrag schon im vorhinein mit diesem Mehr an Passivität zu verrechnen). Wir sind vollkommen unfähig, uns nicht in jene Ökonomie zu verstricken, die im Ansatz der Handlung eine Bewegung zwischen Möglichem und Realem, Möglichem und Unmöglichem, Möglichem und Gleichmöglichem in Gang setzt und uns dazu verführt, ein Bewußtsein davon zu gewinnen, um den Preis, daß die Handlung sich mit ihrer Zeit im dynamischen Raum dieser einander überbietenden Bezüge verliert. Und wenn wir sie schließlich wiedergewinnen, doch erfolgreich etwas zum Abschluß gebracht haben, so deshalb, weil unsere Spekulation die *glücklichere* gewesen ist.

Das wird am deutlichsten an der elementaren ökonomischen Handlung, dem Kaufen selbst. Jeder Kauf birgt grundsätzlich die Möglichkeit einer persönlichen Katastrophe, und nicht selten gehen wir mit der durch den gekauften oder nicht gekauften Gegenstand nur mangelhaft verkörperten Erfahrung einer solchen Katastrophe nach Haus. Das kommt zunächst daher, daß sich in unserer aus dem Tausch hervorgegangenen ökonomischen Kultur die materielle Ökonomie der Gegenstände und die symbolische der persönlichen Einschätzungen, Gefühlswerte und intimen Motive ständig miteinander vermischen. In seinen *Confessions* beklagt Rousseau, es habe ihn nie glücklich gemacht, Geld zu besitzen, weil es für ihn unmöglich gewesen sei, sich etwas Gutes dafür zu kaufen. Nur wer mit dem Händler verwandt, befreundet oder in seinem Metier bewandert sei und zu feilschen verstehe, habe eine Chance, nicht betrogen zu werden und einen realen Gegenwert für sein Geld zu erhalten. Tatsächlich gelingt es heute ebensowenig, die Beziehung zwischen mir und einem Verkäufer durch den Kaufakt zu definieren – egal, ob es sich dabei um den Besitzer eines Marktstands oder kleinen Geschäfts oder um den Angestellten eines großen Warenhauses handelt.[174] Der Ver-

174 Die gewaltigen Institutionen der Warenhäuser sind hinsichtlich des Kaufakts nur scheinbar unpersönlich definiert. Wie Versuche gezeigt haben, ist es z.B. auch dort überraschend häufig möglich, über den Preis zu verhandeln, und natürlich schwankt die Qualität der Beratung, des Kundendienstes usw. beträchtlich.

käufer mustert mich beim Betreten des Geschäfts, und bereits die Begrüßung entscheidet über unser Verhältnis und die Situation, in welcher der Kaufakt stattfinden wird. Ob narzißtisch vergrößert wie bei Rousseau oder alltäglich unscheinbar, jeder macht früher oder später die Erfahrung, wie tiefgehend Kaufen eine persönliche Interaktion ist, und diejenigen, die Spaß daran haben, finden Gefallen an der Vorstellung des Verkäufers als eines vertrauenswürdigen Freundes oder an der Konkurrenz mit einem Gegner, mit dessen Kenntnissen über diese und jene Ware sich das eigene Wissen mißt. Belanglose Gespräche im Geschäft sind Dramen entweder des Vertrauens oder des Mißtrauens, und der zufriedene, d. h. *lustvoll un*zufriedene Kunde genießt es, die Rolle des Partners oder Antagonisten darin zu spielen.[175]

Ich kann nichts kaufen, ohne zu sprechen. Unabhängig davon, ob ich tatsächlich etwas sage oder schweigend warte, bis die Handlungen vorüber sind, die ich nicht ausführen kann, ohne sie *aufzu*führen und im Spiegel ihrer möglichen Kommentare agieren zu sehen, verdoppelt sich das Geben und Nehmen von Ware und Geld unausweichlich im Geben-Nehmen der Sprache, die wir miteinander zu sprechen gezwungen sind. Der materielle Austausch funktioniert nicht ohne das Supplement eines symbolischen Austausches.

---

175 Das setzt, zumal nach der Änderung des Rabattgesetzes in Deutschland, sich auch im Zustand der völligen Lustlosigkeit oder Verweigerung bzw. in der Klage über das Verschwinden ,händlerischer‘ Dialoge noch fort. Eine zeitgenössische Beschreibung liefert Botho Strauß in einem Fragment aus *Das Partikular*: „Berechtigte Frage, sagte die Möbelverkäuferin, die ihr von Trunksucht zerschundenes Gesicht hinter einem zittrigen spöttischen Dauerlächeln zu verbergen suchte. Ich fragte aber keine berechtigte Frage, sondern eine unnötige, nämlich die, ob der Bürostuhl, für den ich mich interessierte, in seinem Lift zu fetten sei? Und ich fragte nur, um die thronende Stummheit, die den Verkauf belastete, ins Wanken zu bringen. Man darf schließlich einen geringen Rest von Markt und Händlerflirt auch in unseren Breitengraden noch erwarten, selbst wenn es sich um die kühlste oder sprödeste Ware handelt. So ein Verkauf ganz ohne Werben, ohne Worte ist für den Käufer wie Trockenmasturbation. ,So reden Sie doch endlich! Oder wollen Sie mir gar nichts verkaufen?‘ Wie oft bin ich in diese verzweifelten Rufe ausgebrochen, um eine dieser händlerischen Mißgeburten aufzuscheuchen. Zum Anpreisen fehlt ihnen ohnehin jede Phantasie, ,informieren‘, das können sie gerade noch, aber auch nur, wenn sie bei Laune sind.“ (B. Strauß, *Das Partikular*, München 2000, S. 124)

Baudelaire, so wie Derrida ihn in *La fausse monnaie* analysiert, beschreibt die Ökonomie des Lebens in einer westlichen Großstadt präzise, wenn er den Wert einer Münze und den eines Wortes verknüpft und in dieser Verknüpfung das katastrophale Drama einer Begegnung lokalisiert.[176] Der Wert einer Aussage ist stets zweifelhaft, und die Produktivität des Zweifels initiiert eine spekulative Ökonomie, die das Subjekt selbst als Risikounternehmen in Szene setzt.[177] Auf dieser Szene ist der Akt des Kaufens nur ein Transport für verschiedene Prozesse des Gebens und Nehmens, die einander in der Hand des Käufers und Verkäufers, dieser einen, in sich selbst verdoppelten und auf zwei Positionen bezogenen Hand, durchkreuzen.

Ein bestimmter Zustand der Sprache zeichnet dafür verantwortlich, was mit der Handlung des Kaufens geschieht. Der Blick nach Japan auf seine beengten, den europäischen und amerikanischen sonst zitathaft nachgebauten, aber nur scheinbar ähnlichen Geschäfte entdeckt, angenehm überrascht, die unmittelbaren Auswirkungen der Höflichkeit auf den Kaufakt. Eine feudale Asymmetrie, die sich in der Sprache organisiert hat und das Wesen der Höflichkeit bis heute bestimmt, hält die Dynamik des Tausches fest umschlossen und händigt dem Kunden seine Ware in einem völlig anspielungslosen Schweigen aus. Der japanische Verkäufer (*tennin*) verhält sich *gleichmäßig* korrekt. Seine höflichen Formeln haben nichts zu tun mit der Freundlichkeit eines westlichen Verkäufers, der sich in der Vorstellung eines guten Verhältnisses zum Kunden selbst betrachtet und jenen mit offensichtlich nett gemeinten Bemerkungen nötigt, an seiner Selbstbetrachtung teilzunehmen. Es ist keinesfalls so, daß japanische Angestellte sich über ihre Kunden keine Gedanken machen, sie nicht beurteilen, im Stillen über sie lachen, fluchen, von ihrem Job genervt sind etc. Aber diese Reaktionen bleiben auf eine Weise stumm, die nicht von ihrer Selbstbeherrschung oder einem speziellen Druck von seiten der Vorgesetzten abhängt. Sie bleiben stumm, weil die Sprache sie nicht zum Ausdruck bringt. Ein *Das sagt man nicht*, das kein Befehl, sondern vollkommen indikativisch ist und einfach die

---

176 Vergl. J. Derrida, *Falschgeld*, bes. Kapitel 3 und 4.
177 Und auch die Ware, da sie auf dieser Szene erscheint, zweifelhaft werden läßt.

Wirklichkeit der Sprache beschreibt, schafft die persönlichen Einschätzungen und ihre Werte kraft der Rede selbst aus der Welt.[178]

Westliche Besucher empfinden das Leben in jener Sprache oft als unmenschlich, weil das ‚Mensch-Sein' für uns vor allem eine Ausdruckssache ist. Und dieses Urteil zirkuliert mittlerweile längst auch in Japan.[179] Aber es fällt auf, wie die japanische Sprache den Kaufakt befreit und die große Mehrheit der Japaner und Japanerinnen das Ereignis im Bereich dieser Freiheit mit großer Lust und als zentrales Ereignis in ihrem Leben erfährt. Auf die Frage nach ihrem Hobby antworten viele, vor allem junge Frauen, mit offenen Augen: „Shopping!" So entsetzlich es für die Ohren eines Europäers klingt, daß jemand ‚nichts Besseres' mit seinem Leben anzufangen weiß als diese scheinbar leere, unproduktive und damit sinnlose Tätigkeit[180], so wenig läßt sich bestreiten, daß der Einkauf in Japan tatsächlich eine ungetrübte Quelle der Freude ist, wie er es in Europa so nie sein

178 Selbst in kleinen Orten oder Vorstadtgebieten, wo Verkäufer und Kunde sich tatsächlich gut kennen und miteinander plaudern, unterbricht das Gespräch die höfliche Konstellation nicht einen Augenblick mit Vertraulichkeiten. Vielmehr laufen offenbar sogar das vertrauliche Gespräch und das Verkaufsgespräch nebeneinander ab, ohne sich zu kreuzen, weil es den intersubjektiven Punkt, wo eine solche Kreuzung stattfinden könnte, nicht gibt.

179 Dabei ist es schwierig, falls überhaupt möglich und sinnvoll, hier zwischen traditioneller und moderner Situation bzw. japanischen und westlichen Einflüssen zu unterscheiden. Der Kaufakt heute gehört ebensowenig zu dem, was Maruyama als klassisch-japanische „Ordnung des Seins" beschrieben hat, wie zu der von ihm so genannten modernen „Ordnung des Tuns". Für die zeitgenössischen Geschäfte gilt offenkundig nicht mehr, was er vom japanischen Gasthaus schreibt, wo „sich […] das Recht auf Empfang von Mahlzeiten und alle möglichen Dienste aus dem Umstand her[leitet], daß man Gast in diesem Hause *ist*; vor allem, wenn man dort sehr vertraut ist" (Maruyama, „Was man ist und was man tut", in: ders., *Denken in Japan*, S. 135–160, hier: S. 154). Andererseits steht das Handeln jedoch auch nicht im Zusammenhang der aktiven Durchsetzung oder (Re-)Aktualisierung allgemeiner Prinzipien, wie es die Demokratisierung menschlicher Beziehungen nach westlichem Vorbild kennzeichnet.

180 Sinnlos als Tätigkeit, denn Sinn wird dem Kaufen nur vom Gekauften her zugesprochen, das man entweder brauchte oder das einem Lust verschafft (Kauflust ist Objekt-Lust oder Lust an der sadomasochistischen Dynamik des Rollenspiels in der merkantilen Inszenierung). Sinnlos auch immer noch ein wenig als Symbol der Verfallenheit an eitle diesseitige Werte, deren Verachtung nicht schon deshalb aus einer Kultur verschwindet, weil die explizit religiöse Moral dahinter verblaßt ist.

könnte. Die Produkte enttäuschen gelegentlich, aber das Kaufen leuchtet. Alle Lust sammelt sich im Kaufakt selbst.[181]

Wenn ich mir in Deutschland etwas kaufe, wovon ich mir einen gewissen Genuß verspreche, etwa ein Eis an einem heißen Sommertag, findet, kurz bevor ich in der Eisdiele vor der Vitrine mit den großen Gefäßen stehe, oft eine eigenartige kleine zeitliche Verrückung statt. Es ist, als ob der Augenblick des Kaufens verrutscht. Das Gespräch mit der Freundin, die mich begleitet, anstatt abzubrechen und Zeit zu geben für die Einstimmung in jenen Sprechakt, mit dem das Kaufen beginnt, wird auf einmal intensiver – und als wir, scheinbar *plötzlich*, dran sind und der Verkäufer mich auffordernd ansieht, bin ich zuerst überrascht und stumm – und nenne dann, zögernd oder voreilig, wie aus Verlegenheit einige Sorten. Dabei hatte ich einen beträchtlichen Teil unserer Zeit in der Warteschlange geschwiegen, um genau diese Eissorten auszusuchen, und die Wahl ist jetzt nichts weniger als spontan. Ich habe nur das gesagt, was ich unterdessen unentwegt dachte; aber zwischen jenem Denken und diesem Sagen klafft trotzdem kurz ein Abgrund auf, den ich mit Hilfe der Ablenkung durch das Gespräch (oder irgendeinen Gedanken, wenn ich allein bin) überspringe.

Auf den ersten Blick handelt es sich dabei um ein Problem der Wahl. Es scheint, als wäre ich mir über die Eissorten nicht so sicher gewesen, wie ich selbst glaubte, so daß im Moment des irreversiblen Übergangs vom Möglichen zum Aktuellen eine Furcht aufblitzt, die zurechtgelegte Kombination sei nicht die optimale und der versprochene Genuß in Gefahr. Aber womöglich verbirgt dieses subjekttypische Entscheidungsdrama eine andere Verlegenheit, die das Ver-

---

181 Es gibt auf der Szene des Verkaufsgesprächs auch in Japan zahlreiche mögliche Verlegenheiten wie überall im Alltag. Zum Beispiel ist es vielen peinlich, das Geschäft nach längerer Beratung zu verlassen, ohne etwas zu kaufen – aber die Sprache hält auch hierfür die passenden floskelhaften Selbstverurteilungen bereit, die im letzten Augenblick die materielle und die persönliche Ökonomie doch zuverlässig wieder trennen (und zudem die Peinlichkeit als einen *allgemeinen* Sachverhalt dokumentieren, der daher nicht in der Zuständigkeit eines Einzelnen eingeschlossen wird).

hältnis von Genießen und Kaufen betrifft: Es ist mir, in gewisser Weise, *peinlich*, mir Genuß zu kaufen. Den Kaufakt umgibt eine *Scham*, von der wir, da sie weit subtiler als beim sexuellen Akt und sozusagen durchscheinend ist, kaum etwas merken und die uns dennoch dazu bewegt, das Kaufen als Handlung so zu verwischen, daß wir die Lust erst nachher von einem Objekt zu empfangen meinen, das wie durch Zufall in unsere Hand gelangt ist. Kaufen in unserer Kultur besteht aus dem Vorhaben zu kaufen (Einkaufen-*Gehen*, schon das Wort klingt soviel angenehmer als „Einkaufen" selbst) und dem Gekauft-*Haben* nebst der Objektlust, die uns hauptsächlich zukommt. Die Handlung des Kaufens dagegen wird von einer inszenierten Spontaneität verschleiert oder von den Protentionen eines ,wohlüberlegten Einkaufs' verdeckt.[182]

In den Erzählungen japanischer Autoren haben kommerzielle Orte oft eine besondere Bestimmtheit. In Yukio Mishimas Erzählung *Hyakuman en senbei* kauft ein Paar in einem großen Warenhaus Glückskekse und schlendert dann über den Vergnügungspark auf dem Dach. In Sôsekis poetologischer Reisegeschichte *Kusa makura* trinkt ein Wanderer abgestandenen, bitteren Tee in einem einsamen Teehaus am Höhenweg und läßt ein zu reichliches Trinkgeld zurück. Haruki Murakamis Roman *Hitsuji wo meguru bôken* beginnt mit dem Tod eines Mädchens, das jeden Tag in einem Café sitzt, literweise Kaffee trinkt und am Abend mit dem Mann ins Bett geht, der ihre Rechnung bezahlt. Sucht man diese Texte Satz für Satz nach Anhaltspunkten ab, ist es schwer zu sagen, worin die Prägnanz besteht. Die Aufmerksamkeit westlicher Erzähler für das Kaufen verrät in der Regel vor allem eine Haltung zum Kapitalismus insgesamt – im naiven Staunen der Figuren aufgespreizte Kritik, verzweifelte Af-

---

182 Was die Funktion angeht, die Kaufhandlung als solche auszublenden, unterscheidet sich das stotternde Zögern vor dem Nennen des Objekts nicht so sehr von jener *kompetenten* Haltung, die sich mittels einer Fülle von Wissen über das Zu-Kaufende dem Kaufakt nur scheinbar nähert, während sie tatsächlich alles unternimmt, um den *Akt* in fixer Erwartung des *Gegenstands* zu verdrängen. Diese Kompetenz ist die neurotische Stimme, die mir versichert, daß ich nachher, nach dem Durchgang durch den dunklen und gefährlichen Bereich des Kaufakts, das Richtige gekauft haben werde. Sie ist die organisierte Angst vor dem Akt.

firmation, abgebrühten Zynismus oder stumpfe Gelassenheit. Aber selbst dort, wo die Erzählung ausführlich beschreibt oder Markennamen nennt, bleibt die Welt des kommerziellen Akts, jenes Universum von eingerichteten Begleitumständen, das nur für diese Sache des Kaufs da ist, auf eine Weise verschwommen, die eine *Unentschlossenheit* auf dem Grund unseres Kaufverhaltens bezeugt. Die „invisible hand" des Marktes, von der Adam Smith sprach, waltet im Zeichenhaften. Wie auf einer Kulisse in Shakespeares Theater scheint eher das Wort „Geschäft" an den Wänden zu stehen, als daß da wirklich eines wäre, und die Handbewegungen geraten als Gesten entweder zu deutlich oder zu wenig sichtbar, überzogen oder verhuscht. Die japanische Erzählung mag ebenfalls kritisch sein (wie bei Mishima) – sie entwirft jedoch das Geschäft, das Restaurant oder den Vergnügungspark von der Kaufhandlung aus, und der Eindruck des Deutlichen geht nicht auf einen detailreichen Realismus zurück, sondern kommt aus der Gewißheit, daß man als Leser mit den Helden zusammen die Erfahrung gemacht hat, wirklich etwas zu kaufen. Diese Erfahrung war genau das, was sie war, und ist genau das, was sie ist. *Inmitten* des Tausches, der Vertauschung von Geld und Ware und Wort und Sinn, ist sie doch nicht mehr und nicht weniger, als sie ist. Und dieses anökonomische Ereignis, das die Erfahrung der Kaufhandlung im Unscheinbaren ausmacht, kann man vielleicht nicht präziser bezeichnen denn als Wirklichkeit des Handelns. Für diese Erfahrung *bleibt* die Handlung Handlung, und so geschieht es, daß sie den Ort des Tausches als Ort eines Bleibens verläßt.

Wenn ich in Japan einkaufen gehe, hat das Gehen nicht den Sinn eines raschen und möglichst unmerklichen Durchgangs durch den Kaufakt, der mich allein mit dem Objekt meines erinnerten, d.h. gestorbenen und im Objekthaften wieder auferstehenden Begehrens zurückläßt. Jeder Gegenstand, den ich erwerbe, hilft mir vielmehr, in der Handlung des Kaufens selbst weiter zu gehen, das Handeln bis zur *Neige* auszukosten – d.h. bis zu jenem Punkt, wo es ohne Recht auf Rückgabe wirklich zu werden beginnt. Ich beschreite auf diese Weise den *Weg des Kaufens*. Wie den Weg des Tees, der Schrift, der Blumen oder des Schwertes gibt es auch den des Kaufs, und ebenso wie dort gilt es auch hier, das eigene Handeln soweit zu disziplinieren, daß die Wirklichkeit jeder Handlung aus der bloßen Zufälligkeit einer Aktualisierung von Möglichkeiten heraustritt und so *im* Unscheinbaren ihres Stattfindens eine besondere Klarheit erlangt: Langsam und gegen den Widerstand all dessen, was sich in mir vor den Konsequenzen eines Gespräches fürchtet, lerne ich eigentlich zu kaufen. Und lerne, nicht an etwas anderes zu denken, während ich kaufe, sondern mit meinem Denken immer rückhaltloser in dieses Währenddessen einzutreten, das meine Handlung mir nahelegt und für das ich meine ganze Stärke brauche, um nicht auf Erwartungen oder Erinnerungen auszuweichen.

Japan wäre, so betrachtet, der Ort, an dem jede Handlung zum Element und Anvertrauten einer *Disziplin* werden kann. Dieses Schicksal bewahrt sie zwar nicht davor, als Gegenstand herauszukommen und als solcher an den ökonomischen Prozessen in der Welt der Gegenstände teilzunehmen. Aber es trägt durch alle Wiederholungen hindurch mit einer unvergleichlichen Insistenz das an der Handlung nach außen, was nach außen gehört, und bringt das Innere dem Inneren zurück. Es erreicht das, indem es die *unvermeidlichen* Wiederholungen zu *notwendigen* macht, sie sich an-eignet in genau jenem Sinn, den Heidegger dem Eigenen gegeben hat. Und eben das meint in dieser Sache Bemeistern.[183]

Diese Disziplinierung ist ein Japanisch-Werden, das zum Anschein eines leichten, selbstverständlichen Japaner(in)-Seins ein durchaus angestrengtes Verhältnis hat, allerdings auch einigen Japanern der Anstrengung für wert gelten mag. Die Disziplinierung ist nicht darauf angewiesen, nicht einmal darauf angelegt, in einem Land namens Japan stattzufinden. Sie verlangt als Motiv lediglich eine *Liebe zum Japanischen*, die für Japaner heutzutage wenigstens ebenso unnatürlich sein dürfte wie für Nichtjapaner und deren Wirklichkeit sich nicht in der Affirmation oder Ablehnung einer kulturellen Identität (bzw. dem Versuch, als Fremder in sie einzudringen) erweist,

---

183 In der Takuju-Schule des Zen gibt es die Aufforderung: „Sage etwas über das Heben der einen Hand [aus dem *kôan* von Hakuin]!", woraufhin der Schüler das Verhalten eines Hausierers nachahmt, der etwas verkaufen will (vergl. Hoffmann, *Der Ton der einen Hand*, S. 76).

sondern *jeweils* in einem Akt – genauer: in der einmaligen Bereitschaft, alles, was irgend in einer Beziehung wie der zwischen dem Europäischen und dem Japanischen, mir und dem Fremden, der Kultur und dem anderen Denken, dem Diskurs und dem Schweigen usw. Platz finden könnte, in den Akt hineinzulegen und hinzuschreiben, um damit auf der Stelle einen Ort zu erschließen, wo die Insistenz sich mit der Wiederholung verbinden und jene immer wieder und immer mehr in die Nähe der wiederholten Handlung ziehen kann.

2. Von Hegels Metaphysik des Sichtselbstvollbringens zu Heideggers Handeln der Dinge

Schreibtechnik, Handlungstechnik – wir kommen auf diesem Weg zu Heideggers unerhörter, im Westen wie im Osten so bisher nicht gehörter Behauptung, das Denken sei das eigentliche Handeln, zurück. Es sollte klar geworden sein, wie wenig Heidegger die von Kant und in seinem Namen ausgearbeitete Trennung von reiner und praktischer Vernunft bestätigt oder das Recht der Praxis schmälert, indem er jene etwa bloß in einem erweiterten Begriff von Theorie einbegreift. Aber das Verhältnis von Denken und Handeln, richtig bedacht und wirklich behandelt, weist nicht nur dem Denken einen Weg ins Selbst-lose seiner Vergewisserung; es drängt auch dazu, mit dem Handeln etwas zu unternehmen, was sich nicht in einem modifizierten begrifflichen Verständnis der Handlung erschöpft, sondern das Verstehen *im Handeln* erst eigentlich anfängt. Denken und Handeln bestimmen einander nicht wechselseitig, sind nicht wie die räumlich abgegrenzten, in die Zeit versetzten Elemente eines rhythmischen Wechsels ineinander verschränkt. Ihr Verhältnis ist vielmehr so eng, so in *jeder* Hinsicht auf Nähe gerichtet, daß eine Klärung letztlich in der Unnachgiebigkeit des Bestimmens selbst die gemeinsame Differenz wird entdecken müssen, die sich in der Auseinanderlegung und -setzung von Bestimmungshandlung und bestimmendem Gedanken bereits in der Figur einer ursprünglichen Trennung verbirgt. Dabei gilt es, mit dem Letzten dieses „letztlich" zu beginnen – und Heidegger beginnt, wie er eigentlich stets beginnt, wenn er vom Anfänglichen anfängt: mit der Hinzufügung des Wortes „eigentlich". Das Denken ist das *eigentliche* Handeln.

Soll das heißen, es sei das wahre Handeln im Gegensatz zum falschen (einem ,bloßen' Handeln, dem die Grundlage im Denken fehlt oder das sie vergessen hat)? In gewisser Weise *tendenziell* ja, und in dieser Tendenz lag schon immer und liegt noch weiterhin die Möglichkeit, Heideggers Rede in einen religiösen Diskurs vom Wahren im Gegensatz zum Falschen oder vom Eigentlichen im Gegensatz zum Uneigentlichen zu überführen, wie es etwa durch die Parallelisierung mit buddhistischen Lehren mitunter geschieht.[184] Aber wir müßten, um einzusehen, was dieses „eigentlich" mit dem Denken macht und was es dem Handeln zu denken aufnötigt, all jene Hinweise beachten, die Heidegger zum Eigenen, Eigentümlichen, zur

184 Das beginnt in der Regel mit einem Vergleich, in dem Heideggers Denken und der buddhistische Glaube einander wechselseitig Gewicht geben, und geht dann zu einer kritischen Aufhebung Heideggers in den Buddhismus über, deren letzter und entscheidender Schritt sich in der Behauptung vollzieht, Heidegger habe die Erfahrung des Wahren (der wahren Erfahrung) vorbereitet, sie jedoch nur in einem philosophischen Diskurs mit Worten zum Ausdruck gebracht, während erst die aktive Meditation den Worten ihre tiefere Nichtigkeit verleihe und die eigentliche Erfahrung der Erfahrung gestatte. (Vergl. für einen Überblick W. Hartig, *Die Lehre des Buddha und Heidegger. Beiträge zum Ost-West-Dialog des Denkens im 20. Jahrhundert*, Forschungsbericht der Universität Konstanz Nr. 15, Konstanz 1997.) So wird in der Option für das Handeln bzw. für ein meditatives Handeln und Nichthandeln die Trennung von Denken und Handeln ein letztes Mal wieder aufgerichtet, und das gerade in jenem „eigentlich", das gesagt wurde, um diese Differenz vor der stets möglichen Interpretation als Trennung zu schützen. Dieses Mißverhältnis (eher denn Mißverständnis) diskreditiert keineswegs den Buddhismus. Es verdeutlicht aber den Widerstand des Heideggerschen Denkens gegenüber Angeboten aus dem Osten ebenso wie aus dem Westen – einen Widerstand, der sich in einer der Sprechhandlung aufgegebenen Denkhandlung wie der Behauptung, das Denken sei das eigentliche Handeln, organisiert. Heideggers Satz ist *kein kôan*. Er ist vielleicht das, was vor der Erfahrung, die der *kôan* anbietet, mit seiner eigenen Insistenz des Erfahrens besteht. Und es wäre nicht einmal erstaunlich, wenn diese eigene Erfahrung bis zum Ende eine Erfahrung des Widerstehens bleiben müßte und würde.

Aneignung, zum Ereignis und zur Enteignis gegeben hat. Das Verhältnis des eigentlichen Handelns zum Handeln verwirklicht ein Währen des Selben, in dem das Handeln erst Handeln wird und zugleich das Handeln bleibt, das es bereits ist. Handeln *wird*, da sich die Handlung aus den metaphysischen Determinationen löst, die ihr in der Geschichte der Philosophie auferlegt wurden. Handeln *bleibt*, da es sich doch um *nichts anderes* handelt als eben jene Handlung, die auch die Philosophen schon immer im Blick gehabt haben. Zwischen Handlung-Werden und Handlung-Bleiben gibt es nur einen, sehr subtilen Unterschied, der beide zusammengehören läßt. Und dieser Unterschied ist das Denken.

Das „eigentlich" scheint in die abendländische Geschichte des Denkens eingesetzt, um sie anders, als es in ihren historischen Fortschreibungen und Rückbezügen bisher geschehen ist, mit sich übereinstimmen, sie über eine andere Differenz bei ihren Begriffen „Denken" und „Handeln" verweilen zu lassen. Dieses „eigentlich" hat die Aufgabe, das Denken und Handeln aus dem begrifflich fixierten „Denken" und „Handeln" zu bergen. Während Heidegger die deutsche Sprache für seinen Gast aus Japan öffnet, schließt er alles, was das Abendland in dieser Sache zu sagen hat, in diesem Lieblingswort, das Adorno zurecht so erbost und so hilflos polemisch gemacht hat, mit ein.

Die Metaphysik sei mit Hegel vollendet, hat Heidegger die Philosophie bekanntlich abgekürzt. Derrida motiviert das angesichts der Aussagen über die Hand in *Was heißt Denken?* zu einer Rückadressierung: „Die *Phänomenologie des Geistes*, sagt sie anderes über die Hand?"[185] Er verweist auf die folgende Passage bei Hegel, wo es heißt:

> Daß aber die Hand das *Ansich* der Individualität in Ansehung ihres Schicksals darstellen muß, ist leicht daraus zu sehen, daß sie nächst dem Organ der Sprache am meisten es ist, wodurch der Mensch sich zur Erscheinung

---

185 Derrida, *Heideggers Hand*, S. 57. Für einen allgemeinen Vergleich zwischen Heidegger und Hegel s. P. Cobben, *Das endliche Selbst. Identität (und Differenz) zwischen Hegels „Phänomenologie des Geistes" und Heideggers „Sein und Zeit"*, Würzburg 1999.

und Verwirklichung bringt. Sie ist der beseelte Werkmeister seines Glücks; man kann von ihr sagen, sie *ist* das, was der Mensch *tut*, denn an ihr als dem tätigen Organ seines Sichselbstvollbringens ist er als Beseelender gegenwärtig, und indem er ursprünglich sein eigenes Schicksal ist, wird sie also dies Ansich ausdrücken.[186]

Hegel behandelt das Problem des Organs Hand im Rahmen eines Verhältnisses von Innerem und Äußerem bzw. Betätigung und Vergegenständlichung. Es geht ihm darum, von der äußeren Bestimmung des Organs, die seine Gegenwärtigkeit als die von etwas Bestehendem wahrnimmt, zu einer Bestimmung seiner inneren Gesetzmäßigkeit vorzudringen. Die Chiromantie etwa schließt von der äußeren Gestalt der Hand auf das Schicksal des Menschen; sie erfaßt jedoch vom einen wie vom anderen nur „Äußerlichkeiten", die sich „gleichgültig zueinander" verhalten. Ein inneres Verständnis der Hand würde dagegen auch Aufschluß über die innere Bestimmtheit des Schicksals geben. Hegel versteht die Rolle der Hand als aktive, tätige; die Verbindung zwischen Hand und Schicksal ist für ihn das „Sichselbstvollbringen" des Menschen. Er befindet sich hier in gewisser Hinsicht auf der Schwelle zu Heideggers Denken des Schicksals aus dem Geschick, dem Schicken und Einander-Sichreichen – alles Qualitäten, Eigenschaften, eigene Möglichkeiten der Hand.

Bei Hegel geht es allerdings um ein Ausdrucksproblem, jedoch an einem Punkt, wo der Ausdruck ausdrücken soll, daß ich das, was ich *tue, bin* und daß ich mit bzw. *in* dem, was ich tue, *mein eigenes Schicksal bin.* Um einen Ausdruck mithin, der nicht zu den Bedingungen expressiver oder introspektiver Vermittlung paßt, da er gerade die Gegenwärtigkeit von Beseelung als solcher demonstrieren soll. Hierfür scheint die Hand Hegel vorzüglich geeignet – „nächst dem Organ der Sprache", also der Zunge, den Lippen und dem Stimmapparat:

Wenn also zuerst die bestimmte Natur und angeborene Eigentümlichkeit des Individuums zusammen mit dem, was sie durch die Bildung geworden, als das *Innere*, als das Wesen des Handelns und des Schicksals genommen

186 F. Hegel, *Werke*, Bd. 3, Frankfurt a. M. 1970, S. 237 f.

wird, so hat es seine *Erscheinung* und Äußerlichkeit *zuerst* an seinem Mund, Hand, Stimme, Handschrift sowie an den übrigen Organen und deren bleibenden Bestimmtheiten; und *alsdann* erst drückt es sich *weiter* hinaus nach außen an seiner Wirklichkeit in der Welt aus.[187]

Die Hand bildet hinsichtlich der Innen-Außen-Unterscheidung eine „Mitte", denn sie ist eine „Äußerung, welche zugleich ins Innere zurückgenommen ist", und in dem Maß, wie hier mit jeder Äußerung *zugleich* ihre Rücknahme erfolgt, ist sie nicht allein Tätigkeit, sondern zuvor (im Sinn des „zuerst") „die nichts vollbringende Bewegung und Form des Gesichts und der Gestaltung überhaupt".[188] Wie alle Organe gehört die Hand für Hegel in erster Hinsicht zum Gesicht. Sie bringt den Menschen nicht nur durch Tätigkeit in einem partikularen Aspekt seiner selbst nach außen, sondern *zeigt* ihn im selben Augenblick, wie *er* in dem, was er tut, *ist*. Hegel bezeichnet das als Zurücknehmen in der Äußerung: Der Mensch zeigt sich eben dort selbst, wo seine Handlung als Äußerung nicht alles von ihm zum Vorschein bringt, wo sie als Äußerung nur die Gelegenheit für das Erscheinen eines Gesichts gibt, das es in einer sonderbaren Mitte – zwischen Innen und Außen, mehr innen als außen, in der Äußerung innen – zu sehen gibt. Dieses Zeigen wirkt wie eine begleitende Er-innerung des Tuns.

Heidegger sagt, es gebe keine Hand ohne das Spiel von Verbergen und Entbergen. Indem er mit dem Zurücknehmen auf ein Moment des Verbergens im Erscheinen hinweist und gerade darin ein Gesicht des Menschen selbst in seiner Individualität erblickt, hinterläßt Hegel eine phänomenologische Formulierung des Problems, das Heidegger an einem Punkt aufnimmt, wo die Erscheinung scheinbar längst keine Rolle mehr spielt.[189] Heidegger insistiert mit der

187 Ebd., S. 238
188 Ebd.
189 Derrida bemüht sich, wie schon angesprochen, Heideggers Denken immer wieder zumindest bis an die Grenze der Erscheinung zurückzuführen. Seine dekonstruktive Lektüre versucht Heidegger auf das Begehren zuzuspitzen, das Denken *als solches* in Erscheinung treten zu lassen. Die menschliche Hand würde demzufolge etwas als solches geben und nehmen und hätte daher Zugang zum Sein als solchem. (Vergl. Derrida, *Heideggers Hand*, S. 70 f.)

Hand auf dem Zusammenhang von Handeln und Zeigen, Handeln und Zeichen, Handeln und Sprache. Es existiert für ihn keine pragmatische Dimension, die vom Sprachlichen abgeschnitten oder ihm vorgängig wäre. Er übersetzt das griechische „prâgma" mit „Handlung", um die Zusammengehörigkeit dessen deutlich zu machen, was wir heute gewöhnlich als Ding, Sache oder Tätigkeit auf der einen und als Sinn oder Bedeutung auf der anderen Seite unterscheiden:

> Auch die Dinge ,handeln', insofern sie als die Vorhandenen und Zuhandenen im Bereich der ,Hand' anwesen. Die Hand langt darnach und erlangt: *práttei*, das erlangende Anlangen bei etwas, prâgma – bleibt wesentlich auf die Hand bezogen.[190]

Als Vorhandene und Zuhandene sind die Dinge bereits in den „Bereich" der Hand geraten, haben sie längst mehr als eine bloß empirische Präsenz. Sie stehen daher auch nicht mehr außerhalb der Sprache, sondern sind als Dinge, nach denen die Hand langt, zu Orten oder Gelegenheiten eines Sichaussprechens geworden, von dem Heidegger annimmt, daß es das Zur-Sprache-Kommen der Sprache selbst sei. Es geht hier nicht mehr um das Subjekt, das sich in seiner Individualität ausdrückt, sondern um die Sprache in ihrer Bewegung bzw. Be-Wegung, der Öffnung für ihr eigenes Wesen. Heidegger markiert jenen Punkt, an dem die Dinge selbst handeln, an dem sie, da sie *für eine Hand* vorhanden oder zuhanden sind, beginnen, *von* etwas zu handeln. Es ist dies der erste Schritt auf einem Weg, der bis zu jenem „Dingen" der Dinge

---

190 Heidegger, *Parmenides*, S. 118. Es hat zahlreiche Versuche gegeben, Heideggers Denken des Handelns in traditionelle Konzepte des Pragmatismus zurückzuübersetzen, die jedoch die in einer Formulierung wie dieser angelegten Differenzierungen zumeist nicht weiterverfolgen. Vergl. K.O. Apel, *Transformation der Philosophie*, Bd. 1 Sprachanalytik, Semiotik, Hermeneutik, Frankfurt a.M. 1973; M. Okrent, *Heidegger's Pragmatism*, London 1988; R. Rorty, „Heidegger. Contingency and Pragmatism", in: ders., *Essays on Heidegger and Language*, Philosophical Papers Bd. 2, Cambridge/Mass. 1991, S. 27–50; C.F. Gethmann, *Dasein, Erkennen und Handeln. Heidegger im phänomenologischen Kontext*, Berlin 1993; J. Renn, „Der geworfene Entwurf der Moderne. Heideggers pragmatische Hermeneutik als Protosoziologie moderner Reflexivität", in: J. Weiß (Hrsg.), *Die Jemeinigkeit des Mitseins. Die Daseinsanalytik Martin Heideggers und die Kritik der soziologischen Vernunft*, Konstanz 2001, S. 233–250.

führt, das Heidegger im Gedicht wahrnimmt. Die Dinge haben dort ihren Wesensbezug zur Sprache vollkommen offenbart (eben darin „dingen" sie und tun nichts anderes mehr als zu „dingen").

„Schritt" ist dabei im Grunde ein irreführendes Wort, insofern es auf den Fuß verweist, denn diesen Weg vom Handeln der Dinge zum Dingen der Dinge legt die Hand zurück. Sie führt vom einen zum anderen, indem sie sich selbst verwandelt von der zulangenden Hand des Handwerkers zur lassenden, gewährenden und in diesem Gewährenlassen schreibenden Hand des Dichters, der durch sein Werk wiederum erst den Denker als jenen anderen Handwerker erkennen läßt, dessen Handlungen sich in einem Bereiten versammeln, damit das Sein in der Sprache einen Ort bekommen kann. Es ist die Hand, die hier schreitet, und ihr Schritt entfaltet eine *Gebärde*: die „eigentliche Gebärde des Denkens"…

3. Die Bedeutung der *nô*-Geste für Heidegger

Das einzige, was der durch und durch Heideggersche Diskurs im „Gespräch von der Sprache" sich wirklich entgehen läßt, ist eine Gebärde. Nach der scheinbar polarisierten Diskussion über die Entstellung des ostasiatischen Wesens der japanischen Kunst in ihrer Repräsentation gemäß den Regeln europäischer Ästhetik am Beispiel von Kurosawas *Rashômon* behauptet der Japaner, das „wahre Japan" lasse sich im *nô*-Theater erfahren. Und er führt dem Fragenden, der noch kein *nô* gesehen hat, eine Gebärde vor:

> J Die hintergründige japanische Welt, besser gesagt, das, was sie selber ist, erfahren Sie dagegen im No-Spiel.
>
> F Ich kenne nur eine Schrift da*rüber*.
>
> J Welche, wenn ich fragen darf?
>
> F Die Akademieabhandlung von Benl.

182

J Sie ist nach japanischem Urteil äußerst gründlich gearbeitet und weitaus das Beste, was Sie über das No-Spiel lesen können.

F Doch mit dem Lesen ist es wohl nicht getan.

J Sie müßten solchen Spielen beiwohnen. Aber selbst dies bleibt schwer, solange Sie nicht japanisches Dasein zu bewohnen vermögen. Damit Sie einiges, wenn auch nur aus der Ferne, von dem erblicken, was das No-Spiel bestimmt, möchte ich Ihnen durch eine Bemerkung weiterhelfen. Sie wissen, daß die japanische Bühne leer ist.

F Diese Leere verlangt eine ungewöhnliche Sammlung.

J Dank ihrer bedarf es dann nur noch einer geringen Gebärde des Schauspielers, um Gewaltiges aus einer seltsamen Ruhe erscheinen zu lassen.

F Wie meinen Sie dies?

J Wenn zum Beispiel eine Gebirgslandschaft erscheinen soll, dann hebt der Schauspieler langsam die offene Hand und hält sie in Höhe der Augenbrauen still über dem Auge. Darf ich es Ihnen zeigen?

F Ich bitte Sie darum.
(Der Japaner hebt und hält die Hand in der beschriebenen Weise.)

F Das ist allerdings eine Gebärde, in die sich ein Europäer kaum finden kann.

J Dabei beruht die Gebärde weniger in der sichtbaren Bewegung der Hand, nicht zuerst in der Körperhaltung. Das Eigentliche dessen, was in Ihrer Sprache „Gebärde" heißt, läßt sich schwer sagen.

F Und doch ist dieses Wort vielleicht eine Hilfe, das zu-Sagende wahrhaft zu erfahren.

J Am Ende deckt sich dies mit dem, was ich meine.[191]

---

191 Heidegger, „Aus einem Gespräch…", S. 106 f. Die hier gezeigte Gebärde hat übrigens zum Klatschen der einen Hand eine hintergründige Beziehung. Zu den Fragen, die sich auf das Eine-Hand-*kôan* beziehen, gehört die folgende: „Meister: Wie sieht die Berg-Fuji-Gipfel-eine-Hand aus? Antwort: Der Schüler beschattet mit einer Hand seine Augen, nimmt eine Haltung ein, als ob er vom Gipfel des Berges Fuji hinabschaute, und sagt: ‚Was für eine prachtvolle Aussicht!' Dabei zählt er die Namen verschiedener Orte auf, die vom Berge Fuji aus zu sehen sind, oder andere nennen die Orte, die von dem Platz aus zu sehen sind, an dem sie sich gerade befinden." (Hoffmann, *Der Ton der einen Hand*, S. 60.)

Die einsichtige Frage, mit dem Lesen sei „es wohl nicht getan", signalisiert eine Bereitschaft, die Lektüre zugunsten eines Tuns zurückzulassen – wobei das „es" verschiedene Bedeutungen zusammenhält bzw. verhindert, daß sie etwa in eine analytische, betrachtende und eine ausführende, agierende Perspektive auseinandertreten. *Es*, das wäre hier ein Erfahren des *nô* und damit der japanischen Welt. Heidegger spricht vom *nô-Spiel*, nicht vom Theater, da dieses griechische Wort, das bekanntlich auf das Verb für „schauen" zurückgeht, bereits eine Trennung von aktiv Darstellendem und passiv Schauendem impliziert und so das gesamte metaphysische Konzept der Schau als Zurücktreten von der Welt der Handlungen mit aufruft. Dem *Spiel* hingegen müßte man „beiwohnen", wie der Japaner sagt. Auch ungeachtet der sexuellen Konnotationen dieses Wortes deutet die Möglichkeit, das Spiel selbst zu bewohnen, eine Teilnahme an, die über das passive Dasitzen und Zuschauen ebenso hinausgeht, wie sie vor der bloßen Spiegelung der Passivität in einem aktiven Mitspielen verhält, und stattdessen mit dem Ort des Spiels ein Haus aufsucht, in dem man wohnt, wie man ein bestimmtes Dasein bewohnt.

Der Japaner *hilft* seinem Gesprächspartner, der japanisches Denken nicht zu bewohnen vermag, zunächst durch einen Hinweis auf die Leere der *nô*-Bühne weiter. Das Wort „leer" bezieht sich vordergründig auf die Abwesenheit von Kulissen und aufwendigen Requisiten. Das Gebirge wird z. B. nicht auf einen Prospekt gemalt und an der Rückwand aufgezogen oder nachgebaut. Aber die Architektur des *nô*-Theaters und die Anlage der Bühnenaufbauten lassen keineswegs eine Abwesenheit erscheinen, wie es in modernen westlichen Inszenierungen gelegentlich der Fall ist, wenn ein Bühnenbildner sich dazu entschließt, den leeren Raum als Bild auszustellen, und die Zuschauer mit einem gewissen unvermeidlichen Staunen vor der nackten Größe des Theaters sitzen. Die Leere des *nô* ist nicht *The Empty Space*, weder in dem Sinn, wie der bildende Künstler sich auf den Raum bezieht, noch im Sinne des bekannten Buches von Peter Brook, das in seinem Essentialismus zweieinhalb Jahrtausende europäisches Theater an einem Ort zusammenbringt. Man könnte sagen, daß die *nô*-Bühne als Ort viel eher von den Handlungen abhängt, die dort vollzogen werden, als daß sie diese Handlungen in

einen aus dem An-sich des Ortes sich aufspannenden Raum hinaus-
stellt, in dem sie zur Selbst-Ausstellung der Raumerfahrung werden.
Mit ihren in jeder Architektur präzise beachteten Elementen, vor
allem aber mit der feinen Segmentierung der Bühnenfläche und den
genauen Markierungen für die Aktionen der Darsteller ist diese Bühne
ein durch einfache Symbolik abgegrenzter, in sich durchgehend pragmatischer Ort, dessen Leere sich nicht durch ihre Aura, sondern durch
ein *Pragma* bestimmt, das der Hand eigene Wirkungen einräumt.

Der Fragende läßt sich von dem Hinweis auf die Leere der Bühne seinerseits zu einer Bemerkung verhelfen. Diese Leere verlange
eine ungewöhnliche Sammlung, behauptet er mit der Gewißheit eines Unwissenden, dem jedoch eine fremde Hand zeigend zur Hilfe
kommt. Das Verlangen, von dem die Rede ist, bezieht sich zum einen auf einen Anspruch der Leere an den Spieler, dessen Bewegungen und Gesten weder von einer Illusionsmaschinerie noch von der
hallenden Weite und auratischen Nacktheit eines entkleideten Ortes
verstärkt werden, und ebenso an den Zuschauer, der hinsichtlich des
Wo weder mit opulenten visuellen Reizen noch mit jener Art von
Aussparungen versorgt wird, die dazu einladen, sich etwas vorzustel-
len.[192] Tatsächlich sind Spieler und Zuschauer gerade in dieser Notwendigkeit der Sammlung niemals getrennt. Denn bei dem angesprochenen Verlangen handelt es sich um das Verlangen *der Leere* –
um *das* Bedürfen, durch dessen Erfüllung die Leere zur Geltung
kommt, durch das sie erst *die(se)* Leere wird und bleibt. Die Sammlung ist daher nicht bloß eine Konzentration des Spielers, der sich
bemüht, die Bühne mit seiner Stimme, seinen Bewegungen und
Gesten auszufüllen, und eine entsprechend konzentrierte Aufmerksamkeit des Zuschauers. Sie ist *vor* diesem Aufeinandertreffen zweier Haltungen eine sammelnde Wirkung der Leere, in der jene sich
eigens zur Wirkung disponiert und damit das Spiel gestattet.

Mit Bedacht bringt Heidegger an dieser Stelle ein Wort ins Spiel,
dessen Erinnerungen wir durch sein gesamtes Werk, durch sämtliche Lektüren abendländischer Philosophen zurückverfolgen können

---

192 Wobei das *nô* ebenso wie das elisabethanische Theater sehr wohl aufwendige Kostü-
me kennt und alles andere als ‚arm‘ oder ‚sparsam‘ im Einsatz seiner Mittel ist.

bis auf das Grundwort der Metaphysik *lógos*. Auf der Bühne des *nô*-Spiels findet eine *Sammlung* statt, die eigens von der Leere verlangt ist. An diesem Ort und mit diesen Handlungen, für die er eingerichtet wurde, kommt es zu einer anderen Sammlung als zu der in den Erinnerungen an das Wort *lógos* versammelten sinnhaften Sammlung von Anwesenheit. Die Leere kommt hier von Anfang an anders ins Spiel, denn sie findet eine eigens ihr zugewandte Ordnung der Bewegungen und sprachlichen Artikulationen vor. „Die Leere ist dann dasselbe wie das Nichts", heißt es im „Gespräch" im Anschluß an die oben zitierte Passage: „jenes Wesende nämlich, das wir als das Andere zu allem An- und Abwesen zu denken versuchen."[193]

„Dank ihrer bedarf es dann nur noch einer geringen Gebärde…" Heideggers japanische Verständnishilfe zum *nô* beginnt bei der leeren Bühne, betont sodann die Sammlung und führt erst von dort aus zu einer gestischen Handlung, die kaum als Ziel oder Hauptaugenmerk, eher schon beinahe wie ein Zusatz erwähnt wird. Das *nô*, genauer: das *Japanische am nô* scheint mit der gesammelten Leere praktisch vollständig beschrieben. Daß dann auch noch etwas geschieht, bedeutet die geringste Anstrengung für Spieler und Zuschauer, sofern sie zunächst dem Verlangen der Leere entsprechen. Denn die Leere *gibt* dann der Geste ihre Wirkung. In der Erfüllung ihres eigenen Anspruchs einer Sammlung verwandelt sie das Geringe in etwas „Gewaltiges".

Durch das gleich darauf gezeigte Gebirge wird das Gewaltige in einem Beispiel anschaulich, das die Passage wiederum in eine stumme Auseinandersetzung mit der abendländischen Philosophie, hier nun besonders mit der Ästhetik, aber auch mit Heideggers eigenem Denken an der Grenze des Europäischen bringt. Die Gewalt der Szene kommt, durch die textuelle Inszenierung des Zeigens hervorgerufen, in der Vorstellung eines gewaltigen Gebirges zum Ausdruck,

---

193 Heidegger, „Aus einem Gespräch…", S. 108. Der Japaner, der diese Interpretation des Fragenden (und insofern auch das „wir") bestätigt, bezieht das im folgenden auf Heideggers Vorlesung *Was ist Metaphysik?* zurück, was noch einmal die Beziehung des hier „Versammlung" genannten mit dem dort verhandelten *lógos* erneuert.

die wir uns als Leser unweigerlich machen (und die dann vom Gedanken an die Einfachheit der Handbewegung durchkreuzt wird). Heideggers bekanntes Wort vom „Gebirge des Seins" schiebt sich hier halb durchsichtig vor einen Gedächtnisreflex, der Kants ästhetische Wertschätzung der Naturgewalt als Erhabenes heraufbefördert, und auch die Seiten aus dem *Kunstwerk*-Aufsatz, auf denen Heidegger das Ragende des Felsens und das Sichverschließen des Gesteins beschwört, drängen sich zu dieser assoziativen Überlagerung zusammen. Es wird, im Rückblick dieses Reflexes, noch einmal das deutlich, was man mit einem nicht zu allgemeinen Wort die *dramatische* Qualität der Erfahrung nennen kann – der subjektiven Selbsterfahrung bei Kant im Unverhältnis zur Naturgewalt, der Wahrheits-, d.h. Seinserfahrung mit dem Kunstwerk bei Heidegger. So radikal Heidegger die ästhetische Beziehung zur Natur in seinem Denken abschneidet, so durchgehend mobilisiert er mit seiner Sprache aus Wörtern wie „Gebirge", „Gezüge", „offene Gegend", „Abgrund" usw. eine Dramatik, in der die Natur als namenlose Gewalt des Seins selbst nachbebt, und je angestrengter er der Sache nachzudenken versucht, desto lebhafter werden seine Formulierungen Zeugnisse des Dramas ‚Sein'.

Das *nô* indes ist kein Drama, nicht einmal in diesem Sinn, und gerade diesbezüglich ist die Passage im „Gespräch" bemerkenswert. Das erscheinende Gewaltige ist nicht *das* Gebirge (des Seins), sondern *zum Beispiel eine* Gebirgs*landschaft*. Wie zuvor beim Hinweis auf die Hand in Kurosawas Film kommt das Außergewöhnliche hier ganz selbstverständlich in Form eines Beispiels zur Sprache. Und obgleich die Anzahl der Bewegungen mit deutlich gestischem Charakter im *nô* durchaus begrenzt ist, handelt es sich beim beschriebenen und gezeigten Handheben nicht einmal um eine besonders seltene, geschweige denn einzigartige Geste. Der Verzicht auf Illustration läßt keineswegs *ex negativo* das archetypische Urbild in Erscheinung treten, das den ‚Berg als solchen' ins Zentrum der Leere stellt. Vielmehr erscheint eine Landschaft, deren Nähe zum Nichts und Dank gegenüber der Leere sich in einer Konkretheit artikulieren, die als eine bestimmte das fließende Viele nicht zurückdrängt, sondern in ihm verbleibt, deren Bestimmtheit eine entsprechende Gleichgültigkeit nicht aus-, sondern gerade einschließt und insofern das Unbestimmbare des *Gebirges* im Zeigen *eines* Gebirges achtet und bewahrt. Der Hand des *nô*-Spielers gelingt so, was dem deutschen Philosophen in seiner Sprache nur mißlingen könnte (weshalb er sich davor hütet): ein Beispiel zu finden; eine Sache so als eine unter anderen zu zeigen, daß das Verhältnis des Zeigens zum anderen die unbedingte Nähe der Bestimmung zum Unbestimmbaren verwirklicht.

Wir paraphrasieren hier das, was Heidegger sich vom *nô* zeigen *läßt*. Offensichtlich bleibt das Gezeigte als Darstellung des *nô* als Theaterform unvollständig, vielleicht auch unzulänglich. Es geht nicht nur über wichtige Elemente wie den Gesang und die Musik (da *ma*, die musikalische Leere), die Maskerade und Kostümierung oder die Rolle des Chores hinweg[194], sondern isoliert aus einer komplexen Verbindung verschiedener Qualitäten von Bewegung und Handlung eine „Gebärde", ohne nach dem Verhältnis etwa von Tanz (*mai*) und schauspielerischer Bewegung (*hataraki*), Schreiten und Geste oder Wort und Hand zu fragen. Da Heidegger die Vorführung der Gebärde in einer Unterbrechung des Diskurses plaziert und somit an einen Augenblick des Schweigens bindet, scheinen Geste und Schweigen wie selbstverständlich zusammenzuspielen, während die Aufführung eines Stückes wie *Kagetsu*, in dem das besagte Handheben vorkommt, einerseits betonen würde, daß es in ein Kontinuum von Korrespondenzen zwischen Gesang, Text und Schritten gehört, dessen Verhältnis zum Schweigen jedenfalls ein weniger plakatives ist, und zum anderen überraschend deutlich machen würde, daß die Gebärde, also die zeigende und erscheinen-lassende Handlung im getanzten *nô* von der Frequenz her eine Ausnahme ist, deren Status erst noch zu klären wäre.

Es soll jedoch nicht darum gehen, Heideggers Aufmerksamkeit durch eine Liste dessen zu kritisieren, was er vom *nô* hätte wahrnehmen können und sollen. Wichtiger für unsere Erörterung des Handelns ist die Frage, warum Heidegger sich überhaupt auf das Theater einläßt. Denn abgesehen von der traditionalistischen Pointe, die nach der vorausgegangenen Kritik des Films möglich wird, handelt es sich

194 Den Hinweis auf die Bedeutung des Chores verdanke ich Kazuyoshi Fujita.

188

bei Heidegger sicherlich um denjenigen Denker, von dem man am wenigsten hätte erwarten dürfen, daß seine Insistenz auf dem Zeigen, der denkenden Hand und dem Denken als der eigentlichen Handlung an irgendeinem Punkt auf eine Theaterbühne führt und sich für die Dauer einer wirklich ausgeführten Geste einem solchen Beispiel nähert. Die geistesgeschichtlichen und kulturwissenschaftlichen Forschungen zum Thema „Theatralität" haben in den letzten Jahren noch einmal die Aufmerksamkeit dafür erneuert, daß das Theater nicht eine einzelne Kunstform, sondern in seinen Verfahren immer auch eine paradigmatische Organisation war und weiterhin ist und daß es daher zum Modell von Repräsentation, Performanz oder Erfahrung werden kann. Demgegenüber hat Heidegger nicht nur versucht, sein Denken vor der Aussagenlogik sprachlicher Repräsentation und einer davon abgetrennten Handlungspraxis sowie einem vorab lebensweltlich eingeengten Erfahrungsbegriff zu bewahren, er hat auch gegen das theatrale Moment in all diesen metaphysischen Konventionen, insbesondere gegen die Dynamik der „Vorstellung" Widerruf eingelegt.

In *Die Zeit des Weltbildes* erklärt Heidegger die Absicht, „aus dem abgenutzten Wort und Begriff ‚vorstellen' die ursprüngliche Nennkraft heraus[zu]spüren: das vor sich hin und zu sich her Stellen."[195] Dies untersucht er zunächst im Kontext der modernen Wissenschaften, wo Vorstellungen das verbindende Glied zwischen Hypothesen und Experimenten sind und das Vorstellen zum Vorgehen der Forschung gehört. Heidegger betont, wo er vom „Vorgehen" spricht, die beinahe militärische Aggressivität des Wortes, aber auch die strategische Komplexität, die es im Verhältnis zu den Dingen und zu sich selbst entfaltet. Bei der Vorstellung geht es um die „Vergegenständlichung des Seienden"[196], und Heidegger erfaßt die verschiedenen Komponenten dieses Gefüges von Abstraktion und Konkretisierung mit der Formel: „die Sache selbst steht so, wie es mit ihr für uns steht, vor uns."[197] Er streicht besonders das „für uns" heraus,

---

195 M. Heidegger, „Die Zeit des Weltbildes", S. 85.
196 Ebd., S. 80.
197 Ebd., S. 82.

denn die Sache kommt für die Vorstellung nur insofern und soweit in Betracht, als sie auf den Menschen bezogen und nach seinem Maßstab relevant ist. Die Vorstellung geht von einer Welt aus, die nur dazu da *ist*, um vorgestellt zu werden – *ebenso* vorstellbar wie im Sinne der Herstellung zuhanden. Das Vorstellen bedingt so die Vermenschlichung jeder Sache und läßt das Menschliche zum unüberschreitbaren bzw. noch in seinen Überschreitungen sich neu formierenden Sinnhorizont werden.

In diesem Zusammenhang kommt Heidegger auf die Theater-Vorstellung zu sprechen, und mit dieser Überleitung geht es auf einen Schlag um das Bild, die Szene, die Präsenz und die Repräsentation:

> Indem aber der Mensch dergestalt sich ins Bild setzt, setzt er sich selbst in Szene, d. h. in den offenen Umkreis des allgemein und öffentlich Vorgestellten. Damit setzt sich der Mensch selbst in die Szene, in der das Seiende fortan sich vor-stellen, präsentieren, d. h. im Bild sein muß. Der Mensch wird der Repräsentant des Seienden im Sinne des Gegenständigen.[198]

Das gilt, wie Heidegger hinzufügt, nicht nur für jene Wissenschaften, die offenkundig anthropologisieren und die Welt als Kultur begreifen, sondern bis in jene scheinbar ganz abstrakten Bezirke der Naturwissenschaften, die durch Gleichungen und Funktionen abgesteckt werden und in denen ein Bild des Menschen für die Öffentlichkeit so wenig auszumachen ist, das man zuweilen ihre Unmenschlichkeit beklagt. Das Wesen des modernen Wissens und des auf Erwerb und Verwaltung von Wissen gerichteten Handelns bestimmen Vorstellungstechniken, deren intrinsische Dynamik die Selbstinszenierung des Menschen ist. Inszenierung bedeutet für Heidegger, daß das Subjekt selbst zur Bühne wird, auf der es die Welt wahrnimmt, so daß die sogenannte Welt nur aus Projektionen seiner selbst besteht. In diesem Zusammenhang ist auch die Geste nur die äußerliche Darstellung (Symbolisierung) von etwas subjektiv Innerem, die korrespondierende Handbewegung zur vorstellenden Selbst-Veräußerlichung. Der Darsteller demonstriert, was in ihm

198 Ebd., S. 84

passiert. Die Hand wird im europäischen Theater wie der ganze Körper als *Ausdrucksmittel* gebraucht. Wie man weiß, kann auf diesem Weg von innen nach außen ,Überraschendes' passieren, da jede Demonstration ihr Objekt beeinflußt, verändert oder verschiebt, und tatsächlich wird das Unsichtbare wohl nirgends so vehement von erwarteten Zufällen bearbeitet wie auf dem Theater. Doch alles, was hier geschieht, hält sich im Rahmen dessen, was durch Verdopplung oder Ergänzung (Supplementierung) des sprachlichen Ausdrucks möglich ist. Und die Beziehung zwischen Hand und Wort wird daher immer eine taschenspielerische, die Wendigkeit der Hand im Sichgebärden das erforderliche kinetische Know-how für ein trickreich geschicktes mimetisch-performatives Vorgehen sein.

Diese Konstellation vervielfältigt und verabsolutiert sich dort, wo das Theater zum Modell des Denkens avanciert. Das Universum eines solchen Denkens scheint aus den möglichen Komplikationen der vorstellenden Repräsentation zusammengesetzt und das Handeln in deren Mustern inbegriffen. Handlungen, die auf einer Bühne stattfinden, sind Zeichen, Bilder, Reflexe der Vorstellungen, die sie aktualisieren oder kraft ihrer Aktualität ins Mögliche zurückstoßen. Sie sind dabei eines niemals wirklich – Handlungen. Der Schauspieler im europäischen Theater stellt äußerlich dar, aber er ist in seinem Darstellen nicht außen genug, damit seine Handlungen sein können, was sie sind, denn er agiert auf einer Bühne, die als Ganzes bereits vom Ich des Zuschauers (Dichters, Regisseurs, von irgendeinem individuell oder kollektiv schöpferischen Ego) eingenommen und deren Abmessung zur Form seiner Selbsteinschätzung geworden ist. So sehr er auch *outriert*, wie man früher gesagt hat, sind seine Äußerungen bereits Abbildungen eines Inneren, das zu sich selbst in einem Verhältnis der Veräußerlichung steht. Jede Übertreibung, weit davon entfernt, den Repäsentationsrahmen zu sprengen, sieht sich im Rückverweis auf eine In-tensität (Repräsentation des Unmöglichen, das als Äußerstes auf der Innenseite jeder Form angesiedelt wird) noch etwas näher an jene Mitte des Schauplatzes gerückt, von der Heidegger behauptet, das moderne Subjekt halte sie besetzt. Solche Vorgänge kann man seit Kleist auf dem Theater immer wieder beobachten: Je rücksichtsloser sich das Ich selbst der Lächerlichkeit (und all dem anderen) preisgibt, desto vollständiger wird es mit dem Bühnenraum identisch und wird das Lachen (und all das andere) zum Rahmen des Schauplatzes, das heißt zum Ursprung jenes szenisch konfigurierten Raumes selbst.

Die Äußerlichkeit des theatralischen Darstellers liegt im Unvermögen seiner Darstellung, mit dem, was er tut, wirklich außen zu sein. Seine Gesten kommen stets von innen. Die körperliche Bewegung *verrät* ihren Ursprung an einem verborgenen Ort, an dem das Wahre das Unsichtbare ist, und ihre Arbeit besteht darin, es sichtbar zu machen, es dadurch zu verfälschen und sich zu ihrer eigenen Falschheit zu verhalten (tut sie es geschickt, nennt man es Komik). Eine Geste ist daher ein Symbol – mit allen Konsequenzen, über die uns die Symboltheorien der Jahrhunderte unterrichtet haben. Das Äußerliche *wiederholt* sich in der Geste, die selbst äußerlich ist, und diese Äußerlichkeit stellt den Ursprung des *Rhythmischen* dar, das unsere Vorstellung vom gemessenen Ablauf einer Handlung dominiert. Der Schauspieler braucht ‚Pausen' zwischen seinen Handlungen, damit er in ihnen ‚spielen', d. h. damit er die äußerlichen Handlungen an jenen Strom aus dem Inneren anschließen kann, der sie zu Gesten macht. Die Anschlüsse sind psycho-kineto-mechanisch, sie bilden eine Art symbolisches Ge-Stell des Handelns, und diese Einrichtung zeigt sich am deutlichsten in der uns vertrauten Dynamik eines Handlungsablaufs, der sich als eine Geste zu sehen (dem Sehen zu verstehen) gibt. Die Einheit der Handlung, seit Aristoteles etwas, das ihr von einer Struktur Anfang-Mitte-Ende her zukommt, sieht so aus: 1. ein langsames, verzögertes Einsetzen, das noch mehr zur gegebenen Situation als zu einer Handlung zu gehören scheint und den Anfang in der Illusion eines Entstehens verwischt – 2. eine plötzliche Steigerung, mit der die Situation gleichsam explodiert und der Körper (Hand) in genau jenem Moment *existiert*, da er als das Innere vom Äußeren trennende Membran aussetzt bzw. durchstoßen wird; ein Augenblicksdrama von einem-und-allem, in dem der Mensch selbst sich wie ein Handschuh umstülpt und die Außenwelt mit umschließt – 3. rasches Abklingen, in dem die explodierte innere Spannung zu einem äußerlichen Erliegen kommt, indem ein Zusammensinken sie in einer kurzen Rekapitulation erinnert; ein Übrig-bleiben der Leere, als Rest und mit der Fährte einer Erwartung, aus der sie sich gleich anschließend wieder zu füllen beginnt.

Jede einzelne schauspielerische Handlung folgt diesem Muster, und auch die Aufführung im Ganzen, wenn schon nicht ihre litera-rische Vorlage, wird in der Regel in den nämlichen drei Phasen ver-laufen. Am Theater spricht man gern von einem „organischen" Hand-lungsablauf oder „humanen Metrum", was die Determination gewissermaßen naturalisiert. Die Handlung erhält ihre Struktur in der kontinuierlichen Überschreibung des aristotelischen Modells mit repräsentativen, dem sprachlichen Ausdruck abgenommenen Struk-turen durch ihre Disposition zur ausdrückenden Geste. Sie braucht die rhythmische Gliederung, weil der Rhythmus die dynamische Organisation eines expressiven Geschehens ist. Sie dient mit ihrem Ablauf von Anfang, Mitte und Ende dem Transport des Unsicht-baren in den von der Erwartung und ihrer retrospektiven Totalisie-rung bereitgelegten Körper des zeichenhaften Phänomens.[199]

Im *nô* gibt es eine die Handlungstechnik betreffende Lehre, die auf den ersten Blick dem europäischen Modell strukturell analog ist. Das sogenannte *johakyû* unterscheidet ebenfalls drei Phasen. Das *jo* steht für ein langsames, verhaltenes Vorspiel, da *ha* für ein „Zer-reißen", das *kyû* für ein schnelles, schlagartiges Zu-Ende-Kommen. Sieht man jedoch bei einer *nô*-Aufführung das *johakyû* eines guten Spielers, wird die Differenz sofort offensichtlich. Zunächst sind die Unterschiede der Phasen technische Einblicke in eine Intensität, die während des gesamten Durchgangs die Intensität *desselben* bleibt. Vom Anfang bis zum Ende und sogar im Riß der Mitte findet kein Umschlag (keine *kinesis*) statt, und im Bereich der Handlung tritt daher nirgends eine Grenze des Äußeren zu einem Inneren auf, die durchstoßen wird und sich durch diesen Stoß (re-)konstituiert. Ent-sprechend fehlt jeder dramatische Kontrast zwischen dem Vorher

---

199 Diese ‚psychologische' Temporalisierung ist in der abendländischen Kulturgeschichte weitaus stärker gewesen als die von der antiken Rhetorik her kommende Verbin-dung zwischen der Hand als gestikulierendem Körperglied und der Funktion der Gliederung (vergl. Quintilian, *Institutionis oratoriae*, XI, 3).

und dem Nachher des Höhepunkts, so daß sich der Augenblick der Handlung eigentlich überhaupt nicht in der Form eines vorher/nachher präsentiert und als Veränderung erwartet und erinnert wird. Jedes Moment der ausgeführten Handlung gehört ins selbe Währenddessen. Die Einheit der Handlung beim *nô* liegt in der Zugehörigkeit zu diesem Währenddessen, und das gilt auch für den Anfang und das Ende, denn beide zählen im Zustand der Zeit beim *nô*-Spiel vollends zur Handlung und teilen das Handeln nicht in sich selbst und die Situation, in der sich jede Handlung auf der Szene des europäischen Theaters vor- und rückblickend reflektiert. Das langsame Anfangen ist kein Verzögern, der mäßig intensive Einsatz Vorbereitung einer Steigerung nicht im Sinn der Doppelstrategie von Ablenkung und Ankündigung, die zur erwarteten Überraschung des Ausbruchs führt, sondern vorbereitendes Beginnen eines bestimmten Dauernden, das bereits *an*dauert. Das Zerreißen selbst hat die klare, keineswegs überschwengliche oder sich verausgabende Qualität des Reißens von Papier.[200] Das Ende schließlich tritt nicht vor Erschöpfung ein – es vollendet die Handlung augenblicklich, solange noch Zeit bleibt, *vor* dem Nachlassen, d. h. rechtzeitig statt um das bißchen zu spät, das in der psychodynamischen Ausdruckshandlung den Subtext freilegt. Zeami empfiehlt, das *johakyû* darüberhinaus nicht nur beim Spielen des ganzen *nô*-Stücks zu beachten, es gibt auch die Intensitätskurve für einen gesamten Theater-Tag vor, der mit einem Götter-*nô* beginnen, mit einem Schlachten-*nô* fortfahren und mit einem romantischen „Frauen"-*nô* zu Ende gehen soll.

Anders als das aus der aristotelischen Poetik entnommene und im Lauf der europäischen Theatergeschichte existenzialisierte Handlungsmodell bleibt das *johakyû* eine durchweg technische Anleitung, welche die zeitliche Organisation der Handlung selbst betrifft. Die drei Phasen des *johakyû* gelten für alle Bewegungen des *nô*-Spielers, nicht nur für die begrenzte Zahl von zeichenhaften bzw. zeigenden Gesten, und sie gehen nicht auf die Vermittlungsfunktion einer rhyth-

---

200 Parallelen zu Heideggers „Riß" wären durchaus zu ziehen, was allerdings eine sehr genaue Untersuchung dieses Wortfelds in seinen Schriften erforderte.

mischen Gliederung zurück, sondern dienen allein dazu, der Handlung eine Einheit, d.h. einen eigenen Wirkungszusammenhang zu geben, der ihr eine Wirklichkeit verschafft, in der sie Handlung sein kann.

4. Die „eigentliche Gebärde" als Differenzierung des Technischen

Barthes hat in zwei zentralen Kapiteln von *L'empire des signes* die bei Heidegger lediglich implizite Auseinandersetzung zwischen europäischem und japanischem Theater aufgenommen. Er bezieht sich allerdings nicht auf das *nô* mit seiner eher kleinen, heute überwiegend aus älteren Menschen bestehenden Anhängerschar, sondern auf das Figurentheater *bunraku*, das neben dem *kabuki*, von dem es viele melodramatische Stoffe übernommen hat, zu den bis in die Gegenwart populären japanischen Theaterformen zählt. Beim *bunraku* führt jeweils ein Meister den Körper und die rechte Hand der Figur, während ein Assistent mittels einer mechanischen Konstruktion die linke Hand und ein weiterer die Beine bewegt. Der Meister agiert mit freiem Gesicht; die Assistenten tragen schwarze Kapuzen, sind aber trotzdem deutlich sichtbar, außerdem Handschuhe, die den Daumen freilassen. Ein neben der Bühne sitzender Sprecher schließlich leiht der Figur seine Stimme. Die Aufteilung der Funktionen und eine mitunter verblüffende Virtuosität der Spieler erlauben äußerst feine Bewegungen der Figuren, wobei besonders den Händen eine wichtige Rolle zukommt – wenn etwa mit Miniaturutensilien nach allen Regeln Tee zubereitet oder ein *kabuki*-Tanz bis in die Fingerhaltung genau ausgeführt wird. Das *bunraku* wirkt so zugleich äußerst realistisch und sehr artifiziell. Die Figuren erscheinen teilweise so lebendig, daß der Zuschauer sich mit ihnen besser als mit menschlichen Darstellern identifizieren und an ihren Gefühlen teilnehmen kann (und in der Tat geht man in eine *bunraku*-Vorstellung nicht zuletzt zum Weinen). Andererseits bleibt durch die sichtbare Anwesenheit der Spieler stets im Bewußtsein, daß alles gemacht ist und jenseits der dargelegten Welt des Stückes eine zweite Welt mit ihren Handelnden, Beziehungen und Regeln existiert.

Barthes spricht hinsichtlich der Spieler von Handlungen, hinsichtlich der Figuren von Gesten und konstatiert diesbezüglich den Gegensatz zum europäischen Theater, wo jede Handlung *vor allem auch* Geste ist: „Der *Bunraku* dagegen (und darin liegt seine Definition) trennt die Handlung von der Geste: er zeigt die Geste, er läßt die Handlung sehen, er stellt zugleich Kunst und Arbeit vor und beläßt beiden die eigene Schrift."[201] Handlung und Geste werden voneinander gelöst – allerdings in diesem Fall durch eine äußerliche Trennung, da die eine Hand zeigt, die andere sehen läßt, die eine ausdrückt und bedeutet, die andere tut. Das erinnert auch Barthes an ein vergleichsweise simples und zudem gut bekanntes Prinzip wie den Brechtschen Verfremdungseffekt.[202] Es läßt jedoch noch einmal deutlicher werden, was beim *nô* ohne derlei äußere Zuweisungen in der einzelnen Handlung einer einzigen Hand geschieht. So unterschiedlich die Bezüge und Folgerungen ausfallen, erblicken sowohl Heidegger als auch Barthes auf dem japanischen Theater eine Wirkung der Hand, die *in* einer Gebärde die Handlung doch Handlung sein läßt und das Handeln dadurch von der Determination durch eine expressive Logik des Gestischen befreit. Heideggers Bemerkungen über die Vorstellung und die Selbstinszenierung des Menschen auf ihrer Szene ebenso wie Barthes' offene Polemik gegen die „Spontaneität" genannten „Stereotypen, aus denen unsere ‚Tiefe' gemacht ist"[203], rufen dabei jeweils den eigenartigen Doppelstatus in Erinnerung, den das Theater für europäische Philosophen oft gehabt hat. Zum einen ist es das am meisten verabscheute Medium, zum anderen zugleich das zuträglichste für die Bereitschaft, das Andere augenblicklich zu bemerken. Modellhaft in seiner Anlage, wird es wiederholt zu dem Ort, an dem die Beschränkungen unseres Zeichensystems,

201 Barthes, *Das Reich der Zeichen*, S. 71.
202 Ebd., S. 74 f.
203 Ebd.

unserer Auffassung vom Zeichen und vom Sinn selbst sich zur Schau stellen. Auf der Theaterszene erkennen wir so deutlich wie sonst nirgendwo die Eitelkeit des Einen – und dieser Narzißmus, so offenbar die geteilte Ansicht Heideggers und Barthes' (und vieler anderer), reflektiert in einem bestimmten Moment das Andere so, daß sogar wir es erkennen.

Im „Gespräch von der Sprache" verdient die Passage über das *nô* nicht nur deshalb besondere Aufmerksamkeit, weil hier der Akt eines Zeigens die sprachliche Verständigung unterbricht. Mit der „Gebärde", dem, was, wie der Japaner sagt, „in Ihrer Sprache ,Gebärde' heißt", ist ein Wort aufgerufen, das bei Heidegger eine zwar unscheinbare, aber hintergründig bestimmende Rolle spielt. Bei „Gebärde" handelt es sich um eines jener letzten Wörter, in die ein Denken all seine gestifteten, reflektierten und zurückgewiesenen Zusammenhänge und schließlich sich selbst hineinlegt, denen es sich anvertraut, ohne sie selbst noch prüfen zu können oder zu wollen. In einem anderen Abschnitt von *Unterwegs zur Sprache* stellt Heidegger fest, daß die Frage „nicht die eigentliche Gebärde des Denkens" sein könne. „Jeder Ansatz jeder Frage hält sich schon innerhalb der Zusage dessen auf, was in die Frage gestellt wird", heißt es. Ein gewisses Sichfügen, eine „Frömmigkeit" geht dem Fragen voraus und erweist dessen Fraglichkeit in seiner Gehörigkeit. Die Frage stößt so auf das Gewisse als das (ihr) Gehörige, und die eigentliche Gebärde des Denkens ist das entsprechende Hören.[204]

Ohne daß Heidegger das Wort „Gebärde" in diesem Zusammenhang kommentiert, wird klar: Er versteht das Denken nicht nur als das eigentliche Handeln. Dieses Handeln ist ein Gebärden. Und darum, so können wir mutmaßen, läßt Heidegger sich die *nô*-Gebärde zeigen – als eine *andere* Geste, die etwas von dem zeigt, was am Denken als Handeln gestischen Charakter hat. An die Vorführung der Gebärde im „Gespräch" schließt sich eine jener Passagen an, in denen der Fragende und der Japaner in vollendetem Heidegger-Deutsch so zusammenstimmen, daß jede äußere Differenz aus der Sprache

---

204 Alle Zitate aus: Heidegger, *Unterwegs zur Sprache*, S. 175.

neutralisiert scheint. Sie interpretieren das Wort „Gebärde" und finden „das Eigentliche" des Gezeigten:

F Gebärde ist Versammlung eines Tragens.

[...]

J Gebärde nennen Sie demnach: die in sich ursprüngliche einige Versammlung von Entgegentragen und Zutrag.

[...]

F Wenn es uns glückte, die Gebärde in diesem Sinne zu denken, wo würden wir dann das Eigentliche der Gebärde suchen, die Sie mir zeigten?

J In einem selbst unsichtbaren Schauen, das sich so gesammelt der Leere entgegenträgt, daß in ihr und durch sie das Gebirge erscheint.[205]

Die Gebärde des *nô*-Spielers, wie Heidegger sie sieht und der Japaner das von ihm Gesehene in seinem Idiom formuliert, bringt nichts Gegebenes zum Ausdruck. Die Hand des Spielers bringt mit ihrer Gebärde die Leere der Bühne zur Wirkung. Sie gibt dieser Leere eine eigene Wirklichkeit, und *diese* Wirklichkeit gibt sich hier als ein Gebirge zu sehen. Bei der Gebirgslandschaft handelt es sich also um nichts Repräsentiertes, sondern um eine Ansicht der Leere – oder besser: eine Einsicht in die Leere, die uns erlaubt, sie als Positives und nicht als Abwesenheit von etwas, als „das Andere zu allem Anwesen und Abwesen" zu erfahren.

Diese Erfahrung ist ein Gewaltiges. Gewaltig in dem Sinn, daß das Gebirge als Einsicht in die Leere für Heidegger viel größer und überragender ist als die Ansicht des realen (bzw. dargestellten) Gebirges, sei es als Kunst oder ‚Natur'. Gewaltig in dem Sinn, daß Heidegger sich diese Erfahrung als eine Erschütterung denkt (und sie damit vielleicht ungehörig dramatisiert). Gewaltig aber auch im Sinn einer Gewalt der Hand selbst, die, indem sie mit ihrer Gebärde der Leere *entspricht*, in gewisser Weise über die Leere gebietet, als das von der Leere *Gebrauchte* dessen Wirklichkeit verfügt. Dem *nô*-Spieler ist mit seiner zur Gebärde ausgebildeten Hand die Verfügung über

---

205 Heidegger, „Aus einem Gespräch...", S. 108.

die Leere gegeben. Und dasselbe, zeigt sich im „Gespräch", wünscht Heidegger sich für den Denker.

Kritiker des *nô* oder der *geidô* (Kunst-Wege) äußern häufig den Vorwurf, man habe es bei diesen Künsten, die innerhalb eines bestimmten sozio-historischen Rahmens ihre Funktion erfüllten, heutzutage nur noch mit der institutionellen Hypostasierung von simplen Dingen zu tun, zu denen eigentlich jeder sofort Zugang haben könnte und müßte, die jedoch durch die Autorität der Schulen, die lange, teure und an bedingungsloses Einverständnis geknüpfte Ausbildung, das hereditäre System der Schauspieler usw. mit einem künstlichen Schutzwall umgeben würden. „Diese Spieler *können* ja gar nichts!" lautete beispielsweise der Kommentar einer japanischen Kollegin. Und in der Tat – im Gegensatz zu ihren europäischen Kollegen (und anders auch als die *kabuki*-Darsteller und die Puppenspieler beim *bunraku*) glänzen die *nô*-Spieler durch keinerlei Virtuosität. Berühmtheit erlangen sie häufig erst im Alter, wenn ihre Hände bei der Ausführung der Gesten bereits zittern.[206] Der Gesang verlangt weder eine große Stimme, noch weisen die Partituren außergewöhnliche technische Schwierigkeiten im Sinne der europäischen Opernmusik wie Koloraturen oder Spitzentöne auf. Auch wer erwartet, in den langsamen und wenigen Bewegungen eine erhöhte Spannung zu spüren, wird zunächst enttäuscht. Außer daß sie genau das sind, was sie sein sollen, ist an diesen Bewegungen buchstäblich nichts Besonderes. Man kann durchaus bezweifeln, ob diejenigen, die sie machen, irgendein schauspielerisches Handwerk beherrschen.[207]

206 Schon Zeami betont, daß ein *nô*-Spieler erst im Alter die „wahre Blüte" erlangt, wenn er die vergängliche Blüte der Jugend abgestreift hat.
207 Tanizaki demonstriert, wie schwer der Unterschied zu fassen ist, wenn er davon berichtet, wie er den Schauspieler Kongo Iwao in der Rolle der Yan Kuei-fei in *Der Kaiser* gesehen hat, und über die Erotik seiner Hände verwirrt ist: „Wenn seine Hände so wunderbar aussahen, so lag das wohl an der delikaten Bewegungsart der Handflächen vom Handgelenk bis zu den Fingerspitzen, es lag an der meisterhaft einstudierten Fingertechnik. Und dennoch konnte ich mich des Staunens nicht erwehren: Woher eigentlich kam der Glanz, der wie ein Lichtstrahl aus dem Innern hervorbrach? Das waren doch völlig normale Japanerhände, die sich in nichts von meinen auf den Knien liegenden und deren Hautfarbe unterschieden!" (Tanizaki, *Lob des Schattens*, S. 44 f.)

Die gewöhnliche Wertschätzung des Handwerks bezieht sich auf ein Können. Die Hand des Handwerkers verfügt über Kenntnisse, die im Lauf einer Lehre erworben wurden. Insofern steht sie in Konkurrenz zur Maschine, die ihre Bewegungen und Griffe als Informationen gespeichert hat (mechanisch in Gestalt vorherberechneter Kräftediagramme oder digital in Form von Programmen) – und insofern hat sie diese Konkurrenz weitgehend verloren. Die Hand, die etwas kann, wird in unserer Gesellschaft kaum mehr gebraucht, und der zeitgemäße Begriff der Kompetenz beschreibt eben *keine* Übertragung dieser Art von Können auf den Bereich des Wissens oder der Kommunikation, sondern verlangt eine manuale Anpassungsfähigkeit an ein nur fallweise durch die Kontur eines Problems Bestimmtes, mit deren Steigerung die Hand selbst den Bezug zu einem eigenen Werk vollends verliert. Das handwerkliche Können gehört heute bereits in das kompensatorische Universum der Freizeit, wo ‚Ostasiatisches‘ entsprechend hoch im Kurs steht: Sushi-Kochkurs, Reiki, Tantra, aber auch japanische Computerspiele usf. Wenn wir uns erinnern, was Heidegger über Handschrift und Maschinenschrift sagt, läßt sich das auch so verstehen, daß die Hand *als Instrument* immer schon dazu bestimmt war, in einer besseren, gröberen und zugleich feiner aufgeteilten, deshalb an spezielle Vorgänge angepaßt effektiveren Apparatur zu verschwinden. In der Geschichte der Technik war die Hand nur ein Übergangsstadium, so wie auch die mechanische Organisation der traditionellen Maschinen von heute aus betrachtet lediglich die elektro-informatorische Mechanik der Computer mit ihrer virtuellen Zuhandenheit per Maus, ihrer Stimm- und vielleicht auch bald Gedankenerkennung vorbereitet hat. In einer sehr vereinzelten, fast exotischen Perspektive reüssiert die Hand zwar immer noch als unerreichtes Vorbild für die Technik. Aber dort, wo Ingenieure die beeindruckende Raffinesse der ‚Konstruktion Hand‘ loben, während sie daran verzweifeln, ihren Robotern ein derartig vielfältiges Tast- und Greifvermögen zu implementieren, ist die Ehrerbietung nur ins Positive gekehrte und bisweilen aufgeschobene Verachtung.

Heidegger spricht indes von einer anderen Perspektive, in der die Technik niemals die Hand fortsetzen, verbessern und am Ende ersetzen wird, sondern von Anfang an nichts anderes tut, als die Hand zu vergessen. Dabei handelt es sich um eine Hand, die im technischen Sinn nichts kann – die, wie man genauer sagen müßte, um nicht den Eindruck bloßer Unfähigkeit zu erwecken, *nichts anderes kann als das, was sie tut*. Das Handeln dieser Hand besteht nicht in der Aktualisierung von Möglichkeiten, die man ihr als Können zurechnen könnte. Das einzige, was diese Hand vermag, ist zu handeln. Und Handeln meint hier nicht diese oder jene Tätigkeit, die wie ein potentieller Gegenstand beschreibbar wäre. Handeln heißt alles das, was die Hand *wirklich*, nämlich in ihrer *jeweiligen Wirkung* vollbringt. Das Wort „Handeln“, von der Hand her verstanden, ist genauso undifferenziert nach etwaigen vergegenständlichten Möglichkeiten wie das Wort „Denken“. Es verweigert sich einer solchen Differenzierung zuliebe eines anderen Verhältnisses zur Differenz.

Vom Handeln gilt so, daß ich es *niemals* kann – außer wenn ich handle. Das klingt banal und ist es auch, sofern es sich bei dem Gesagten um etwas Selbstverständliches handelt, was nur in seiner Selbstverständlichkeit wahr bleibt. Denn es geht mit der Handlung um nichts anderes als diese Wirklichkeit. „Vom Handeln gilt…“ ist dabei sehr unzureichend formuliert, solange wir nicht beachten, daß das „außer“ dem „niemals“ nicht widerspricht oder sich in der Art einer Ausnahme, die die Regel lockert, von ihm ausnimmt. Die Wirklichkeit der Handlung bestätigt vielmehr die Unmöglichkeit des Könnens, indem sie in dessen Wirklichkeit jegliche Markierung einer Zuständigkeit auslöscht – und damit eine radikale, im wirklichen Handeln selbst wurzelnde Inkompetenz verwirklicht. Die Handlung ist nur dort, nur in dem Augenblick wirklich, wo sie das Können vollends in seine Niemaligkeit verweist. Handeln und Können stehen einander nicht gegenüber wie zwei Pole einer Negation oder irgendeiner äußerlichen Beziehung. Vielmehr ergibt das Niemals, in dessen Zustand das Können durch das Handeln gebracht wird, genau den Augenblick, in dem jenes sich verwirklicht. Auf die Frage, wann ich in diesem Sinn eines Handelns der Hand handle, lautet die Antwort in der Tat: niemals. Und doch *handle* ich – ja, *selbstverständlich* handle ich. Die Gewißheit dieses „Und doch…“, bar jeder Spannung und negativen Beziehung zu dem, woran es anschließt, gibt es in der Hand zu entdecken. Sie ist der eigentliche Betreff eines Denkens der Hand, in dem das Denken eine Erklärung seiner selbst zu geben versucht.

Diese Differenzierung wäre in das Wort „Technik" einzuschließen, um zu dem zu gelangen, was wir hier als Techniken des Japanischen bezeichnen. Das Theater ist uns zum Modell des Handelns auch insofern geworden, als der Schauspieler das Erlernen, Einüben und modifizierende Anwenden von *Verhaltenstechniken* demonstriert. Vom immanenten Wechselbezug der Größen in Shakespeares *theatrum mundi* zu einer Zeit, als die höfische Gesellschaft soziale Kompetenz durch Fähigkeit zum Rollenspiel definierte, bis zur allgemeinen Durchmischung realer und fiktiver, ‚medial' generierter Informationen, wie sie für die aktuelle Lebensweise in postindustriellen Gesellschaften charakteristisch scheint, bleibt eine europäische Tradition in Kraft, die soziale Dimension des Handelns im Vokabular des Theaters zu formulieren. Rilkes Erkenntnis, in einer Gesellschaft, die sich vom Modell der Gemeinschaft, der realen Versammlung zur Gruppe und ihrer metaphysischen Projektion ablöse und in eine Menge isolierter Individuen zerfalle, sei der Ort der Bühne nur noch ein sinnleeres Relikt, hat keine entsprechenden Folgen nach sich gezogen. Luhmanns Soziologie einer Welt ohne Dramen und eines Sinns, der am Ende immer der eines unwahrscheinlichen Gelingens ist, begegnet vielmehr heute erneut einer massiven Theatralisierung von Zusammenhängen, die vor allem auch dort dominiert, wo Funktionen auf ihre technischen Implikationen befragt werden. Denn als technische Struktur par excellence, ja als *das Technische* selbst gilt die *Wiederholung* – von Heidegger, der im kreisenden Betrieb eines differenzlos Gleichen, symbolisiert in der maschinellen Rotation, das technische Prinzip lokalisiert, über Derrida, für den die Iterierbarkeit des Zeichens und die Schrift als Medium einer sich selbst überbordenden, Differenzen freisetzenden Möglichkeit der Wiederholung das Paradigma des Technischen ausmachen, bis hin zu Kittler, der sich an der Apparatgeschichte orientiert und die jeweils medienspezifische Produktivität von Speichersystemen untersucht. In jedem Fall erscheint zwischen den Verweisen der mehr oder weniger direkt

202

theaterbezogenen Begriffe („Vorstellung", „Szene", „Inszenierung"
usw.) das Phantom eines Schauspielers, der eine Geste vollführt: als
jemand, der seine Worte und Bewegungen wiederholend und wie-
derholbar einstudiert, um den reibungslosen Ablauf einer Illusions-
maschine zu garantieren und dabei, mit Heideggers Worten, zur
„besseren Maschine" wird; als jemand, dessen Spiel in den Wiederholungen der Proben und Aufführungsserien die Kraft einer ursprünglichen Improvisation, eines mehr als beiläufigen Flirts mit dem Zufall offenbart und dessen Artikulation, Timbre, motorische Spannung,
Sprech- und Bewegungsrhythmen die niemals völlig kontrollierbare
Verschiebung zeigen, die jede Vorstellung zu einer überraschenden
Begegnung, zur möglichen Quelle eines Ereignisses macht; und
schließlich als jemand, der die materielle und apparathafte Disposition dessen vorführt, was er selbst ist (Körper und Stimme, Projektionsfläche für Licht und Musik, eines auf bestimmte Weise perspek-
tivierten Wahrnehmens und Verstehens). Zu jedem historischen
Zeitpunkt scheint mir eine Theatergeste alles zu sagen, was ich über
die Technik als solche weiß. Leer- und Lehrformel der Wiederholung, ist sie zugleich die ultimative Vergewisserung von Technizität.
Wenn wir etwas darüber erfahren wollen, wie der Mensch selbst in
die Zuständigkeit der Technik gehört, verwandeln wir den Ort, wo
er handelt, in eine Szene und erblicken eine Geste: Geste des Gebens
und des Nehmens, Geste des Einverstehens, Geste der Abwehr,
Geste des Berührens, Geste des Schreibens, Geste des Fotografierens,
Geste des Zubereitens, Geste des Genießens, Geste des Gestikulie-
rens, Geste des Schweigens, Geste des Wartens, Geste des Schlags...
　　Von daher mag eine andere Auffassung der Geste, eine Aufmerksamkeit für die Handlung in dem, was sich uns mit wechselnden
Akzenten in der gleichen Form einer Beziehung zwischen Innen und
Außen zu sehen gibt, in der Tat ein anderes Verständnis von der
Technizität des Handelns vorbereiten. Im „Gespräch" schließt die
Vorführung der *nô*-Geste an eine Auseinandersetzung über die globale Technisierung an. Das Kamerabild, das Japan zeigt, ist das technische Produkt einer Filmtechnik. Wie verhält es sich dagegen mit
dem Gebirge, das die Hand des Gesprächspartners zeigt? Verdankt
es sich nicht ebenfalls einer bestimmten Technik? Und etwa einer

japanischen Technik? Wäre der Japaner in der Lage gewesen, die Gebärde vorzuführen, wenn er nicht eine gewisse klassisch-japanische Ausbildung durchlaufen hätte (etwas, was für einen Geisteswissenschaftler in den 50er Jahren noch durchaus normal war)? Während die europäische Technik bei Kurosawa den Gegenstand Japan zerstörte, scheint es, als ob die *nô*-Gebärde, die ein als Objekt durchaus nicht japanisches Gebirge aus einer ebensowenig abgrenzbar japanischen Leere sich erheben läßt, das Japanische dadurch (re)konstituiert, daß sie dafür eine genuin japanische Technik verwendet. Aber was wäre eine *japanische* Technik?

Für die fragliche Technizität der *nô*-Gebärde in Heideggers Text spielt es eine Rolle, daß sie von jemandem vorgeführt wird, der *kein nô*-Spieler ist, sondern in seinem Vorbild ein Germanist, als Figur in jedem Fall ein akademischer Gesprächspartner, der weder einer der *nô*-Familien entstammt noch jemals den beschworenen Ort der leeren Bühne selbst betreten hat. Es handelt sich um jemanden, der als Vertreter der Institution *nô* und als repräsentative Stimme eines *nô*-Diskurses inkompetent wäre. Es handelt sich möglicherweise um einen *nô*-Kenner, der zahlreichen Aufführungen „beigewohnt" und damit mehr getan hat als nur zuzuschauen. Aber als die Figur, als die Heideggers Hand ihn vorführt, überzeugt dieser Japaner dadurch, daß er jene beispielhafte Gebärde, die das mit dem Wort „Gebärde" glücklich oder unglücklich Benannte helfend erklärt und dies tut und selbstverständlich gelingend tut, *einfach macht* – weil er *ein Japaner* ist.

Das Japaner-Sein, das hier den Unterschied zur Handlung macht, besteht nicht in einer Zuständigkeit im Sinne einer ethnischen oder soziokulturellen Qualifikation, die jemandem kraft seiner Geburt in einem Land namens Japan, kraft seiner Zugehörigkeit zu einer autologisch abgrenzbaren Kultur oder kraft seiner repräsentativen Verantwortung für die Fortführung einer Tradition zukommt. Das Japaner-Sein ist weder ein geographischer noch ein kultureller, noch ein moralischer Status, und es ist auch ein ontologischer Status nur insofern, als es der ontologischen Differenz eine gewisse Diskretion verschafft. Das Japaner-Sein substantialisiert sich nicht in einer körperlichen, geistigen oder seelischen Disposition, vermöge derer der Hand außergewöhnliche Fähigkeiten erwachsen. Es erstreckt sich auf Größen wie Körper, Geist und Seele nur insoweit, als diese aus einer konkreten Gebärde abgeleitet werden. Das Japaner-Sein beruht ganz und gar in *einer* Gebärde, die zu einem Zeitpunkt wiederholt wird, da die Zeit selbst die Zuständigkeitsökonomie der Kompetenz durch die Wörtlichkeit eines ‚learning *by* doing‘ vernachlässigt.

Die Gebärde des Japaners steht jedem offen. Ihre Offenheit wird nicht durch die Barriere eines Können-Müssens, sondern durch die nicht unbedingt durchlässigere, aber andersartige Grenze eines Tun-Dürfens geschützt. *Japan*, in der Bedeutung dieses Wortes, die Heidegger hinterläßt, heißt: der Ort, der einem dies zu tun gestattet; der Ort, an dem ein solches Handeln vorbereitet wurde; der Ort, der dafür bereit ist. Das Japanische, weit davon entfernt, als ein in die Ferne projiziertes Anderes unsere eigene Hilflosigkeit zur Quelle eines sadomasochistischen Behagens umzufunktionieren, erweist sich vielmehr als das Helfende in dieser Sache der Bereitschaft zum Handeln. Die japanische Hand vollführt ihre Gebärde nicht etwa *vor* meinen Augen, sondern *mit* meiner *Hand*. Ihr Zeigen hat einen durchaus pragmatischen Sinn, der sich wesentlich von dem unterscheidet, was eine Demonstration mir einbrockt, wenn sie nach dem Abschluß der Veranschaulichung mich mit der Notwendigkeit einer *Wiederholung zu ‚meinen‘ Bedingungen* allein läßt. Die japanische Hand teilt mir eine andere Weise des Zeigens mit, denn sie hat eine andere Weise, mich, denjenigen, der diesem Zeigen beiwohnt und der es beherbergt, zu verlassen. Indem sie zeigt, bereitet diese Hand vor allem *den Ort für das Eigene* vor – bereitet sie, mit anderen Worten, die *andere Wiederholung* vor, in der die Differenz des Eigenen zum Anderen sich ursprünglich verwirklichen wird. Ihre Hilfe (das heißt ihre Wirklichkeit, die nur im Sinne der besagten Diskretion die eines Seins ist) besteht darin, daß *ich* diese Gebärde vollführe in dem, was ich sage, schreibe, tue, wenn der Japaner sich verabschiedet hat. Anstatt sich mit dem Abschied aus meinem Handeln zurückzuziehen, leistet mir die japanische Hand gerade in dem Augenblick die maßgebliche Hilfe, da ich in meinen Worten, meiner Schrift und in meinen Verhaltensstrukturen zu denken versuche.

Diese Hilfe ist nur dadurch wirksam, daß die japanische Hand meine Inkompetenz in der Sache des Handelns teilt. In ihrer technischen Ausbildung erweist sie sich doch um nichts vermögender als meine eigenen, höchstens durch das Begehren koordinierten fünf Finger, und dennoch gelingt mir mit ihrer Hilfe der Wechsel von der bloßen Nicht-Kompetenz des Dilettanten zu einer von der Erinnerung und der Erwartung meiner Unfähigkeit gleichermaßen befreiten Bereitschaft – der unbedingten zeitlichen Nähe zu alldem, was man nur und genau dann zu tun vermag, wenn man es tut.[208]

Dieses Zeigen-Lassen ist das Erlernen einer Technik des Japanischen. Ein Lernen, das sich auf der Höhe eines ungleichen Gesprächs organisiert und die Positionen des Lehrers und des Schülers lediglich rhetorisch verteilt. Ein Lernen, das den Anstand des Abschieds zur einzigen pädagogischen Maßnahme einer vorbehaltlosen Disziplinierung bestimmt und doch jeden Versuch zu denken dieser Disziplin anvertraut.

---

208 Kein Vergleich zwischen dieser japanischen Hand und der überlegenen Apparatur chinesischer oder tibetanischer Mönchshände, die Speerspitzen wegdrücken, Steinplatten zerschlagen oder Heilkräfte ausstrahlen. Um das zu lernen, muß ich *dorthin* gehen und mich den anderen dort anzugleichen versuchen. Mein Körper muß zu einem unbeugsamen, stumpfen Widerstand werden, an dem die kulturelle Differenz sich schließlich abwetzt und zerreißt.

VI. Handschlag und Faustschlag –
Zur Augenblicklichkeit des Handelns

1. Die Erschlaffung der Hand in der Berührung

Das okzidentale Subjekt ist auf eine Spannung angelegt, die es im selben Moment konstituiert, da es offenbar unmöglich aufrechtzuerhalten ist. Die Psychoanalyse, die Theorie der Spannung schlechthin, zieht diesbezüglich die Konsequenzen aus einem Verständnis der Handlung als Selbstsetzung, Aneignung, Entwurf, in dem Autonomie und Heteronomie immer schon von einem nicht wieder erreichbaren Ursprung her miteinander verflochten sind. Die Projektion einer solchen konstitutiven Handlung in die Lebensdauer ist die Tätigkeit. Das Subjekt ist tätig – will sagen, es ist ständig dazu gezwungen, die Paradoxie seiner Existenz dadurch aufzulösen, daß es sich in einem Akt verliert, in dessen temporaler Repräsentation (Erwartung und Erinnerung) es zugleich seine Identität als verlorene oder zu verlierende vor- und wiederfindet. Weil am Anfang und am Ende nichts als die Unmöglichkeit eines anfänglichen und endgültigen subjektiven „Ich bin" feststeht, wird Subjektivität stets eine Aktivität zwischen diesen beiden Polen gewesen sein müssen.

Freud, der die Pole bekanntlich Es und Über-Ich nennt, lokalisiert das Ich in ihrer Differenz, und vereinfachend kann man sagen, daß ein funktionierendes, im Prinzip männliches Subjekt durch eine gewisse neurotische Aktivität an diesem Ort gehalten wird.[209] Geraten einzelne Aktionen aus dem Gleichgewicht der Aktivität, so tre-

---

209 Es ist in diesem Zusammenhang kein Zufall, daß Freud vom „psychischen Apparat" ausgeht und zunächst sogar versucht, diesen in der Weise einer mechanischen Konstruktion zu beschreiben.

ten die Symptome auf, mit deren Heilung sich die psychoanalytische Kur beschäftigt. Spätestens seit der zweiten Hälfte des 20. Jahrhunderts zeichnet sich allerdings ab, daß zahlreiche Fälle kein neurotisches Muster mehr aufweisen, sondern ein (mit einem von Freud geprägten, aber vielleicht unterschätzten und in den 70er Jahren sehr populär gewordenen Wort) *narzißtisches*. Statt eines irgendwie katastrophal entgleisten Ödipus wurde beim Narzißten die ödipale Entwicklung vermieden, und zwar nicht selten ,bewußt', weil er den Konflikt für zu banal hält, lächerlich macht, mit scheinbar souveräner Eleganz umgeht.[210] Zur narzißtischen Persönlichkeitsorganisation gehört das Fehlen eines ausgeprägten Über-Ichs und somit das Fehlen jener für das neurotische Ich so charakteristischen Spannung. Der Narzißt ist über-spannt schlaff. Sein Ich bringt sich und seine Welt im Zustand einer beinahe universalen Durchlässigkeit hervor.

Dies wirkt sich unmittelbar auf seine Handlungen aus. Ihnen fehlt ganz allgemein das Tätige, d. h. die Korrespondenz zwischen Zuwenig und Zuviel in der Dynamik des Handelns, die jede einzelne Handlung als eine Repräsentation, eine Selbst-Vermittlung, eine offensive Verteidigung des Subjekts gegen die Grundlosigkeit des eigenen Existierens herausstellt. Für die tätige Kommunikation des angespannten Ichs kann daher die Erfahrung von Schlaffheit, vor allem in der Begegnung mit einem anderen, höchst befremdlich sein. Unter narzißtischem Gesichtspunkt dagegen ist sie das Allervertrauteste, der Zustand des Vertrauens selbst. Sofern ich genötigt bin, selbst fortwährend mit einem Ruck über den Abgrund hinwegzusetzen, der zwischen dem klafft, was ich sein sollte, könnte und bin, löst der schlaffe, in der Gegenwart seines Gegebenwerdens versinkende Händedruck eines anderen Mannes ein Gefühl des Ekels aus und erfüllt mich mit einem panischen Widerwillen gegen diesen Menschen, der offenkundig mit der Verletzung dessen zu tun hat, was an der männlichen Ich-Identität temporalen Charakter hat. Statt der

---

210 Vergl. B. Grunberger, *Narziß und Anubis. Die Psychoanalyse jenseits der Triebtheorie*, 2 Bde., Wien 1988, insbesondere „Narziß und Anubis. Die doppelte Ur-Imago" (Bd. 2, S. 72–92) und „Narziß und Ödipus. Eine Kontroverse" (ebd., S. 139–156).

entgegnenden phallischen Kraft eines klopfenden Schüttelns empfängt mich etwas wie zwei Schamlippen, die sich öffnen – das Ganze
ist irgendwie obszön lächerlich, da es sich hemmungslos mit seiner
eigenen Gegenwart beschäftigt, und anstatt an etwas mir Entsprechendes fasse ich in eine feuchtwarme Leere, die den ganzen *Druck*,
den ich in diese Handlung lege, mit selbstvergessenem Lächeln ver-
schluckt. Nicht zufällig fand in jenen Phasen der abendländischen
Kulturgeschichte, die man als solche der Erschlaffung beschrieben
hat, auch eine gewisse Auflösung der Geschlechtsidentitäten statt.
Der dekadente Mann der Jahrhundertwende mit seinen zarten, übermäßig gepflegten (und dabei latent grausamen) Händen scheint die
Attribute des Phallus und der Vagina gleichermaßen ironisch ver-
nichtend zu zitieren. In einer süffisanten Entstellung dessen, was Heidegger später wiederum mit dem Wort „halten" verbindet, wird diese Hand zum Ornament der Zigarette, die sie hält – einem zarten,
dünnen, femininen oder vielmehr knabenhaften Phallus, der sich in
Rauch auflöst.[211] Dabei wurde nicht nur die neurotische Männlich-
keit im Netz eines elastischen, gleichmäßig fein über ein nicht weiter
polarisiertes Universum ausgelegten narzißtischen Ichs gefangen. Die
Gebärden, die sich ergaben, da die neurotische Kraft durch die Nachgiebigkeit des Gegenwärtigen daran gehindert wurde, sich etwas ent-
gegenzusetzen, an dem sie sich als Kraft beweisen und als Form dieses Kraftbeweises selbst modellieren konnte, entfernten sich immer
weiter von etwas, das den Namen Aktivität verdiente. Inmitten der
straffen Organisation einer dreifachen Gegenwart des Vergangenen,
Gegenwärtigen und Zukünftigen, wie sie das gesellschaftsfähige Subjekt exekutierte, setzten diese Gebärden grund- und zwecklos subtile
Zeichen der Nachlässigkeit gegenüber sämtlichen temporalen Bezügen: Diese Hand, die sich dem anderen reichte, hatte offenkundig

211 Man wird immer wieder feststellen, daß die Psychoanalyse die hervorragende Theorie der Dekadenz ist. Historisch überrascht das nicht, aber es gilt zu beachten, daß
eine Beschreibung und Interpretation mit Hilfe psychoanalytischer Begriffe stets
ein dekadentes Szenario entwirft, und insofern ist auch die Drift vom Neurotischen (Ödipalen) zum Narzißtischen kein Bruch, sondern eine immanente Tendenz. (Vergl. dazu auch Grunberger, *Narziß und Anubis*, Bd. 1, S. 93–122 über
derartige Abweichungen *in* der Geschichte der Psychoanalyse.)

weder eine lebendige Erinnerung an die Form und die Kraft einer anderen Hand, ja nicht einmal an sich selbst als eine solche; und sie schien auch alles andere als eine andere Hand erwartet zu haben... So ungefähr muß es mit der Dekadenz der Berührung gewesen sein.

Der moderne Kontakt Japans und des Westens nach der langen Isolation stand im Zeichen der Dekadenz des späten 19. Jahrhunderts. Die Meiji-Restauration brachte nicht nur die theoretischen Konzepte der europäischen Geistesgeschichte an die japanischen Universitäten, sie importierte vor allem auch Elemente eines bürgerlichen Lebensstils, der auf Eleganz ausgerichtet war, und steigerte diese Orientierung zur übermächtigen Maxime.[212] Dabei haben der eine und der andere Einfluß vielleicht mehr miteinander zu tun, als man zunächst glauben mag. Zu den interessantesten und wichtigsten Effekten der Öffnung bis heute gehört das moderne Phänomen einer *Schlaffheit*, von der nicht einfach zu entscheiden ist, worauf sie zurückgeht und welche westlichen und japanischen Tendenzen sich hier wie verbunden haben. Die Spuren dieser Schlaffheit sind heute allgegenwärtig: Eine junge Frau, perfekt gekleidet, frisiert und geschminkt, der ganze Körper eine sorgfältig bemalte soziale Maske, sinkt in der Bahn auf ihrem Platz zusammen und schläft. Während der Fahrt rutscht sie immer tiefer in die Bankecke. Ihr Unterkiefer hängt herab, und zwischen den geöffneten Lippen stößt sie manchmal leise kindliche Laute hervor, die aus einem behaglichen Traum stammen müssen.[213] Ähnlich sieht man Menschen über Cafétischen oder in der Mensa zusammensinken. Überall in Tôkyô stehen Jugendliche, meist telefonierend, SMS oder E-Mails versendend, in Eingängen, lehnen an Geländern oder hocken vor Convenience

212 Dabei belebten die westlichen Stilvorgaben durchaus auch Elemente aus jenen Phasen der japanischen Geschichte, in denen Eleganz einer überragende Rolle gespielt hatte, wie der Heian-Zeit oder der Êdo-Periode, so daß der moderne japanische Begriff des Eleganten eine Mischung von östlichen und westlichen Referenzen darstellt und gerade in dieser Hybridität eine bemerkenswerte Körperpolitik steuert.

213 Ein Vorgang, der in Japan prominent genug ist, um einen eigenen Typ von sexuellen Phantasien hervorzubringen. Vergl. für ein klassisches Beispiel zur Erotik dieser Entblößung durch Erschlaffung im Schlaf: Y. Kawabata, *Die schlafenden Schönen* (*Nemureru bijô*), Frankfurt a.M. 1994.

210

Stores, und ihre Körperhaltung verrät einen Grad der Erschlaffung, den das deutsche Wort „herumhängen" kaum mehr abdeckt. Es ist ein Weichwerden, das über das Träge (die bis zum Stillstand verlangsamte Bewegung) hinausgeht – die weitgehende Aufgabe dessen, was nach unserer Vorstellung als Spannung zum öffentlichen Körper gehört. Dies gerade in einer Gesellschaft, die der öffentlichen Erscheinung große Aufmerksamkeit widmet und beispielsweise dem Essen in der Öffentlichkeit weiterhin mit Vorbehalten begegnet. Und auch keineswegs nur entlang eines Bruchs zwischen den Generationen, sondern eher als fortschreitende Intensivierung eines bereits in der Vergangenheit Angelegten, die sich von der jeweils jüngsten Generation zurück auf alle älteren überträgt.

Diese Schlaffheit kommt am deutlichsten im Bereich der Mode zur Geltung. Zwischen den Körpern der japanischen Jugendlichen und dem, was sie anhaben, scheint praktisch kein Unterschied zu bestehen. „Was für eine Gabe zum Tragen!" möchte man angesichts der Demonstration von Coolness und lässiger Perfektion in Harajuku oder Shibuya ausrufen. Aber genau betrachtet gibt es hier keinen Körper, der die Kleidung trägt, kommt es überhaupt zu keinem Tragen im Sinne einer hierarchischen Abstufung oder Dialektik von Weichem und Festem. Auf der Toilette des *Laforet* steht ein Junge mit seinem Freund im Waschraum. Die weite Jeans noch geöffnet, betrachtet er sich im Spiegel, und es sieht, nicht nur wegen der Reflexion, so aus, als wäre es noch einmal möglich, sie zu öffnen. Der zarte weiße Körper, der im aufgeknöpften Spalt zum Vorschein kommt, scheint ein weiteres Kleidungsstück, das lose um die Hüften eines weiteren Körpers hängt – und noch einmal usw. Falls es irgendwo im Inneren dieser hypothetischen Entblätterung ein *Geschlecht* gibt, wäre es nicht das Zentrum einer neurotisch aktiven Ich-Bildung, sondern das Organ zu einem Akt des Herabgleitens an der androgynen Knabenhaftigkeit der Gegenwart selbst. Sollte dieser Körper in der Lage sein zu handeln (und gar *körperlich* zu handeln), so hätte die Handlung den Charakter eines Abgestreiftwerdens. Sie ließe den anderen mit einer Art Handschuh allein.

In *Tôkyô Decadence*, einem Film von Ryû Murakami, befiehlt ein Geschäftsmann einer Hure, sich das Höschen herunterzuziehen,

211

während sie vor der Glasfront seines Penthouses posiert. Im Hintergrund sieht man die Skyline, vorn sein dunkles Profil und seine Stimme („Nein, nochmal! Langsamer! Ich will sehen, wie du davon geil wirst!") – dazwischen das Mädchen in einer stundenlangen Wiederholung gefangen. Irgendwann, nachdem man als Zuschauer beinahe das Zeitgefühl verloren hat, steht der Mann auf, um sie zwischen ihre Schenkel zu fassen. „Ja, du bist feucht. Es hat dich *wirklich* geil gemacht." Diese Szene zwischen einer Hand und der Nässe in einem intimen Kleidungsstück ist so präzise wie eine Kampfregel: Die Hand ist gewalttätig, aber nicht penetrierend; sie öffnet nicht, sondern *prüft die Öffnung*. Die Nässe hat nichts Organisches (Schleimiges, Natürliches), sie erzählt von einem Zustand, in dem die Übergänge zwischen den Wiederholungen (das Höschen im Höschen im Höschen…) selbst fließend geworden sind. Es handelt sich um eine Nässe, die aus der Kleidung besteht, die sie durchtränkt, und die sich bildet, weil diese das eigentliche Lebens-, ja Seinsmedium des Körpers geworden ist.

Stoff, das ist hier ein leise raschelndes, ja glucksendes Schaben des Körpers an sich selbst, denn bei jenem Selbst handelt es sich offenbar um nichts anderes als ein Sichvergessen im Gegenwärtigen, das die Qualität von Denim, Cotton, Seide oder Hanf annimmt (auch der Bondage-Strick ist Kleidung und geht mit den nachgiebigen Gelenken ebenso wie mit dem Slip, weißen Söckchen oder durchsichtigen Blusen eine fließende Verbindung ein). Wer die japanische Körpergeschichte durchforscht, kann schon in früheren Epochen, bspw. in Tänzen aus der Êdo-Zeit Zeugnisse für eine Ästhetik der körperlichen Nachgiebigkeit finden, die sich von unserer Vorstellung einer gespannten Elastizität durch ihr Verhältnis zum Augenblick des Sichbewegens unterscheidet. In diesen Tänzen verwandelt sich der ganze weibliche Körper in eine *angewinkelte* Hand, deren Finger sich in sonderbaren Asymmetrien verschieben. Diese japanische Hand ist von ausgesprochen zarter Konstitution. Ihre Aufgabe und Fertigkeit scheint keine andere zu sein, als die Kontur des Körpers an die ungleich feinere und flüchtigere Disposition eines Seufzens, Lächelns oder Gähnens zu verlieren, für das selbst die Lippen und die Muskulatur des Gesichts ein zu grober Mechanismus wären.

In *Rashômon* gibt es das Bild einer Hand, die in einem Moment, da man am meisten auf die Erschlaffung gefaßt ist, das überraschende Gegenteil davon zeigt. In der vierten und letzten Version der erzählten Geschichte fleht die Frau den Räuber, nachdem sie von ihm vergewaltigt wurde, an, ihren Mann zu töten und sie mit sich zu nehmen. In einem wilden, taumelnden Hin und Her, in dem Stärke und Schwäche sich atemberaubend abwechseln und mischen, fällt sie zu Boden, und für eine Sekunde fängt die Kamera nur ihre Hand ein. Es ist die zarte Hand einer jungen Dame. Sie liegt auf dem Reisig, das einen Hügel des Waldbodens bedeckt. Das makellose Weiß der Hand und des Kimono-Ärmels hebt sich vom dunklen Geflecht der Zweige ab. Doch obgleich die Hand auf dieser schroffen und kantigen Oberfläche aufliegt, scheint es doch nicht eigentlich so, als ob sie diese berühre. Und das Bild wird irritierenderweise gerade nicht durch den Kontrast zwischen einer weichen, gepflegten und empfindlichen Hand und einem rauhen Untergrund bestimmt. Vielmehr ist die Hand auf *ihre* Weise *ebenso* fest, solide und widerständig wie das alte knorrige Holz. Und ohne die geringste Dramatik versetzt sie diesem einen – und dann noch einen Schlag.

Es läßt sich nicht belegen, daß Heidegger *dieses* Bild im Sinn hatte, als er den Hinweis in sein „Gespräch" einfügte. Wie bereits erwähnt, zielt die Stelle im Text von sich aus auch gar nicht auf eine Veranschaulichung durch den Film. Der eigentümliche Reiz der Annahme liegt indes darin, daß auf das Gezeigte die Bezeichnung „aufruhende Hand" vollkommen zutrifft, *obgleich* die Hand der Frau keineswegs bewegungslos verharrt, sondern, wenn auch kaum wahrnehmbar, *schlägt*. Wir haben es mit einem Handschlag zu tun – einem unerhört subtilen Klopfen, dessen psychologische Präzision eine filmische Analyse der komplexen Gewaltverhältnisse in Akutagawas Erzählung impliziert.

Dieser Schlag *paßt* zu Heideggers Hand. Derrida registriert es als Vermeidung des Geschlechtlichen, wenn Heidegger vom Handschlag, jedoch niemals von der Berührung spricht, aber es gilt, diese Abstinenz von der Berührung noch in einem weiteren Sinn ernstzunehmen. Die streichende, reibende oder pressende Hand hat stets etwas Verbindend-Trennendes. Indem ich meine Hand auf den Körper des anderen lege, stelle ich eine Verbindung her, die mein Begehren, meine Liebe, meine Güte, meine Sorge oder mein Haß durchströmt, oder bekräftige die Verbundenheit, die zwischen uns bereits besteht. Ich reagiere damit zugleich auf die immerwährende Möglichkeit, daß etwas uns trennt. Im Inneren dieser Verbindung kann ich Irritationen schaffen (etwa das, was man Verführung nennt), aber sie bleiben feine Risse in einem großen Kontinuum. Die Sanftheit der liebkosenden Hand liegt im weichen, gleitenden Charakter ihrer Bewegung – das gilt für das Streicheln, für das Drücken, aber sogar, wenn man seine Dynamik genauer betrachtet, für die Art von Schlag, der durch Berührung in Erregung versetzt oder allzugroße Erregungen löst. Dieser Schlag mit der Hand ist etwas anderes als der Handschlag, den Heidegger unter seinen Beispielen für das Wirken der Hand aufführt, denn die Hand stellt hier nur ein Instrument dar und wird leicht, vielleicht sogar mit Gewinn durch einen Stock, einen Gürtel, eine Peitsche oder irgendeinen anderen Gegenstand ersetzt. Heidegger würdigt die Hand dagegen gerade dort, wo sie nicht in das Kontinuum einer Bewegung eingebunden ist bzw. es als ihr Medium, Organ oder Spiegel artikuliert, wo sie nicht verbindet und in ihrem Wesen von der panisch-zärtlichen Dialektik der Verbindung geprägt wird. Und er ignoriert gleichermaßen die unterbrechende, Einhalt gebietende, auftrennende oder zerschneidende Geste, die das Kontinuum dadurch zum Ausdruck bringt, daß sie es in der dramatischen Ausstellung einer einzelnen Stelle zerstört.

Die denkende Hand ist kein Medium, weder für das Denken noch um sich mit dem Denken zu verbinden. Im Gegenteil handelt die Hand als dasjenige, was den Menschen im Denken einbehält und das Denken als diese Wesensauszeichnung bezeugt. Obwohl sie niemals geschlossen, ihr Halten nirgends ein Festhalten ist, bleibt die Hand unberührbar. Selbst in der Begrüßung (Heidegger sagt: *Gruß*, um jede Parallelität zwischen Begrüßung und Berührung zu vermeiden) oder im Vertrags*schluß*, wo die Verbundenheit mit der anderen Partei symmetrisch besiegelt wird, gibt es ein eigenes Einwilligen der Hand, in der *Form* der Verpflichtung eine Freiheit und *Entschlossenheit*, deren Umgang mit der Nähe, die ihr zu Gebote steht, weder der leidenschaftlichen noch der diplomatischen Annäherung entspricht.

Die Hand der Frau in Kurosawas Film versammelt all das, was Heidegger uns hinsichtlich des Handelns der Hand zu verstehen gibt: Ihre weibliche Zartheit ist im Augenblick des Schlagens alles andere als ein geschlechtliches Merkmal, das sich einer männlichen Festigkeit entgegensetzte; diese feine weiße Gestalt entblößt vielmehr ein Festes, das seinem Wesen nach nicht in Grobheit, Härte und Verkrustung wurzelt. Ihr Aufliegen hält nichts von der Dialektik der Berührung zurück; es wird von der Schroffheit des Holzes ebenso getragen, wie es in sich selbst das Holzige austrägt. Ihr Schlag, sogar in der Wiederholung, unterbricht das Aufliegen nicht, sondern zeigt, auf einem unscheinbaren Bild am Rande des Dramas von Macht und Ohnmacht, die eigenartige Qualität einer vom Spiel zwischen Stärke und Schwäche unbeeindruckten Gewalt.

2. Mishimas Poetik des Schlags in *Taiyô to tetsu*

In seiner Aufzählung von Akten, die die Hand vermag und die sie in ihrem Vermögen charakterisieren, nennt Heidegger den Handschlag, nicht aber den Faustschlag. Er hat sich bisweilen sehr aufmerksam für die Frage nach der Gewaltsamkeit eines bestimmten Handelns gezeigt[214], und auch hier gilt es das Gewaltige des Schlags nicht vorschnell mit einer traditionellen Vorstellung von Machtanwendung, Brutalität und Überlegenheit im Kräftemessen zu identifizieren. Die Hand schlägt. Was unterscheidet sie darin von der schlagenden Faust?

Die Faust wird geschlossen, die Hand bleibt offen. Das macht gerade im Schlag einen Unterschied: Während die Hand sich für die andere öffnet, damit jene einschlagen und den Bund („bündig") schließen kann, schnellt die Faust in der Gewißheit vor, auf etwas

---

214 Z.B. im *Heraklit*-Seminar, wo er ein gewaltsames Steuern durch die Hand des Steuermanns von einem gewaltlosen Steuern durch die Götter unterscheidet (*Heraklit*, S. 23 f.)

anderes zu treffen als eine Hand. Sie teilt aus, gibt aber nicht. Indem sie ihre Kraft auf das fremde Objekt (den Kopf, den Magen, das Geschlecht) überträgt, hält sie doch in der geschlossenen Form gerade sich selbst als Hand fest. Niemals ist eine Hand weniger Hand als in dem Augenblick, da sie zuschlägt. So sieht es aus und so fühlt es sich an, wenn man der Geschlagene war. Statt des lenkenden göttlichen Blitzes, der gerade nicht einschlägt, sondern in der Möglichkeit des Schlags verbleibend seine versammelnde Kraft entfaltet, geht eine donnernde Faust hernieder und zieht die Außenseite des Augenblicks so eng zusammen, daß er zu einem harten, eisernen Punkt wird, der das Volumen des anderen auslöscht.

Dennoch gibt es eine Festigkeit der Hand, die ebenfalls in ihrem Verhältnis zum Augenblick liegt. Tatsächlich steht Heideggers Hand der Faust in vieler Hinsicht näher als dem kultivierten Organ der Sensibilität.[215] Würde diese Hand die Entscheidung für eine endgültige Form zu treffen haben, wäre die Faust sogar vielleicht am ehesten das Ausgewählte. Wie hätte Heidegger den folgenden Text gelesen, der sich mit dem Faustkampf und im selben Zug mit dem Schwertkampf befaßt?

Je größer die Genauigkeit eines Schlags [*dageki*] mit einem Boxhandschuh oder einem Schwert, desto mehr fühlt er sich wie ein Gegenschlag [*counter-blow*] an statt wie ein direkter Angriff auf die Person des Gegners [*teki*], wie viele selbst erfahren haben dürften. Der eigene Schlag, die eigene Kraft schafft eine Art Hohlraum [*kubomi*]. Wenn der Körper des Gegners in diesem Augenblick in diese Höhlung des Raumes paßt und eine Form

215 In diesem Zusammenhang ist es eine beiläufige, aber keineswegs leichtgewichtige Bemerkung, wenn der gerade zum Rektor ernannte und vom Nationalsozialismus noch entflammte Heidegger sich 1933 gegenüber Jaspers in ihrem letzten Gespräch über „Hitlers wunderbare Hände" begeistert und im selben Zug behauptet, daß „Bildung [...] ganz unwichtig" sei (*Karl Jaspers – Martin Heidegger: Briefwechsel 1920–1963*, hrsg. von W. Biemel und H. Sane, Frankfurt a. M. 1990, S. 257). Offenbar war auch Heidegger nicht frei von der Versuchung, die *Einfachheit* im Handeln der Hand mit der narzißtisch verstärkten *Primitivität* des lediglich Unkultivierten zu verwechseln – und diese Entdifferenzierung auf sein Verständnis der Gewalt zu übertragen. (Für den Hinweis auf diese Stelle danke ich Günter Seubold.)

annimmt, die genau identisch damit ist [*seikaku ni sono kûkan no kubomi wo mitashi, masa ni sono kubomi sokkuri no keitai wo toru toki ni*], hat ein Schlag Erfolg.

Wie kommt es, daß ein Schlag auf solche Weise erfahren werden kann; was macht einen Schlag erfolgreich? Der Erfolg stellt sich ein, wenn sowohl das Timing als auch die Plazierung des Schlags [*dageki no kikai ga jikan-teki ni mo kûkanteki ni mo*] gerade richtig sind [*seitô ni erabareta*]. Aber mehr noch, es geschieht, wenn die Wahl der Zeit und des Ziels – die eigene Entscheidung [*handan*] – den Feind in einem Moment der Unaufmerksamkeit erwischt [*teki ga shunji ni miseru suki wo toraeru koto*], wenn man den Bruchteil einer Sekunde, *bevor* es für die Sinne wahrnehmbar wird, eine intuitive Erkenntnis dieses unaufmerksamen Moments hat [*sono suki wo chokkan-shite ita kara de aru*]. Diese Erkenntnis ist etwas, von dem sogar das Selbst nichts wissen kann [*jibun ni shiranai arumono*] und das man sich durch einen langen Trainingsprozeß aneignet. Zu dem Zeitpunkt, da der richtige Moment bewußt wahrnehmbar geworden ist, ist es bereits zu spät. Es zu spät, mit anderen Worten, wenn das, was in dem Raum jenseits der aufblitzenden Faust und der Schwertspitze lauert [*hisomu*], Gestalt angenommen hat. In dem Moment, wo es Gestalt angenommen hat, muß es bereits sicher in die Höhlung des Raumes eingebunden sein [*pittari hamari-konde inakerebanaranai*], die man umrissen und geschaffen hat. Dieser Augenblick ist die Geburt des Sieges [*shôri*] in der Auseinandersetzung.

[…]

Der Feind [*tekishû*] unterliegt, wenn er seine Form in der bereits umrissenen [*shitei-shita*] Höhlung des Raumes niederläßt [*junno-saseru*]; in diesem Moment muß die eigene Form eine konstante Präzision und Schönheit bewahren. Und die Form selbst muß von äußerster Anpassungsfähigkeit [*kakensei*], von unschlagbarer Geschmeidigkeit [*jûnan*] sein, so daß sie einer Serie von Skulpturen gleicht, die von Moment zu Moment von einem flüssigen Körper geschaffen werden. Die kontinuierliche Ausstrahlung der Kraft muß ihre eigene Gestalt schaffen, so wie ein kontinuierlicher Wasserstrahl die Gestalt einer Fontäne aufrechterhält.[216]

Diese Beschreibung eines Kampfes stammt von Yukio Mishima, der im Westen vor allem durch seinen spektakulären Selbstmord in Erinnerung geblieben ist. Mishimas Versuch, das Militär von der patriotischen Notwendigkeit eines Putsches gegen den modernen japani-

---

216 Y. Mishima, *Taiyô to tetsu / Sun and Steel*, Tôkyô u. a. 1980, S. 39 f.

schen Staat zu überzeugen, ebenso wie die Verknüpfung des *seppuku*-Rituals mit einer homosexuellen Liebesszene bei dem anschließenden Freitod haben das literarische Oeuvre dieses Autors mit einer übergroßen Geste überschrieben, die wir quasi aus Notwehr für ‚besonders japanisch' erklären, um angesichts ihres tragikomischen Aspekts nicht in Lachen auszubrechen oder peinlich erregt zu werden. *Taiyô to tetsu*, aus dem die zitierte Passage stammt, ist Mishimas letzter Text, der am Tag vor dieser endgültigen Aktion an seinen Verleger geschickt wurde. Der Autor reflektiert darin in einem halb theoretischen, halb literarisch-biographischen Stil über seine fanatische Begeisterung für die Ausbildung des Körpers und die Techniken des Kampfes. Dabei geht es in einer Engführung des Verhältnisses zum Körper (Gewalt) und zur Sprache (Literatur) um die *Disziplin* und um das, was erst und nur sie ermöglicht. Mishima beschreibt eine eigene Wirklichkeit des Disziplinierten, und diese Beschreibung bleibt bei allem, was man daran moralisch fragwürdig finden mag, durchaus diesseits der Idealisierungen von Ordnung, die sich üblicherweise mit dem Begriff der Disziplin verknüpfen.

Mishima erzählt in der zitierten Passage vom Kampf, dem Gegeneinander zweier durchtrainierter Körper und ihrer Verlängerungen, in einer eigenartig unanatomisch anmutenden Weise. Denn der Kampf, der Körper gegen Körper stattfindet, wird nicht durch das physische Ungleichgewicht zwischen *zwei* Körpern entschieden. Die Körper der Kontrahenten sind vielmehr *per definitionem* vollkommen gleich, denn seinen Körper zu trainieren bedeutet für Mishima gerade, ihn zu entindividualisieren, seine individuelle Gestalt der allgemeinsten, d. i. heldenhaften Physis anzugleichen. Die Anstrengung des Kampfes besteht darin, diese heldenhafte Allgemeinheit gegenüber dem Individuellen des Körpers aufrechtzuerhalten. Im Augenblick der Entscheidung ist es dann der Gegner, der infolge einer kleinen Unachtsamkeit, durch die er aus der Dynamik des gegenseitigen Sich-im-Gleichen-Umkreisens herausfällt, zu einem einzelnen und damit ungleichen Körper (*nikutai*) wird. Zu diesem Körper kommt es durch die Übereinstimmung der gegnerischen Selbstbewegung mit dem „Hohlraum", der Vertiefung (*kubomi*), die der eigene Schlag in Gestalt einer eigenen Zukunft organisiert hat.

Wenn man so will, besteht der einzige Fehler des anderen darin, zukünftig zu werden.

Der Schlag ist Faustschlag, sofern er mit der Faust ausgeführt wird, und die feste Geschlossenheit der Faust sorgt schließlich dafür, daß der Getroffene zu Boden geht (was Mishima nicht mehr schildert, da es nicht zur Entscheidung gehört, sondern nur noch zu ihren physikalischen Konsequenzen). Aber die Entscheidung wird von einer Faust herbeigeführt, die in ihrem Wesen durchaus offene Hand ist. Diese Hand hat eine Leere, eine Höhlung des Raumes zu vergeben und sich in ihr zu geben. Der Schlag dieser Hand legt an der Oberfläche des Augenblicks eine unvergleichliche Möglichkeit aus und gibt damit dem Augenblick eine unerwartbare Bestimmung. Bevor die Faust den Körper des Gegners trifft und niederstreckt, erfolgt der Schlag von Hand zu Hand: Der Gegner muß das ihm Gegebene nehmen, muß einschlagen, muß die Möglichkeit einer Zukunft diesseits jeder Antizipation ergreifen, die Leere mit sich selbst ausfüllen, um darin der Körper zu werden, der das Ziel für die Faust darstellen kann. Der entscheidende Schlag kommt niemals zustande, wenn es nicht zugleich, in einer längs der Achse des vollkommen Gleichen verschobenen Gleichzeitigkeit, eine Bereitschaft zum Siegen und auf der anderen Seite eine Bereitschaft zu unterliegen gibt.[217]

Angesichts dieser subtilen Augenblicks-Dramaturgie eines Handschlags darf es gleichgültig bleiben, worum es sich beim Instrument der Vollstreckung letztlich handelt – ob um eine Faust oder ein Schwert oder irgendeinen anderen harten Gegenstand. Bei *der* Härte, die den Sieg bringt, handelt es sich um eine *zeitliche* Qualität, ebenso wie bei der Geschmeidigkeit, der sie sich verdankt, und insofern dient hier die Faust zwar als Schlaginstrument, ohne daß jedoch die materielle Beschaffenheit des Instruments das Wesen des Schlags determiniert. Entsprechend lernt Mishimas Held nicht bloß, die Faust

---

217 Mishima benutzt zur Bezeichnung des Gegners zunächst das Wort *teki*, dort, wo es um das Verhalten des Gegners im entscheidenden Augenblick (seine Niederlage) geht, dann das Wort *tekishû* – wobei das Zeichen für „Gegner" um das Zeichen für „Hand" ergänzt wird.

als Instrument zu benutzen, sondern trainiert vor allem seine Aufmerksamkeit für das Handeln im Gleichen, wo alles darauf ankommt, daß die Hand *paßt*:

> Es ist allgemein bekannt, daß keine Handlungstechnik [*kôdô no gijutsu*] wirksam werden kann, ehe nicht die wiederholte Ausführung sie bis in die unbewußten Gebiete des Geistes eingepaukt hat [*some-nashita*]. Was mich interessierte, unterschied sich davon jedoch ein wenig. [...] Mein Begehren, eine reine Erfahrung des Bewußtseins zu haben, stützte sich einerseits auf die Reihe Körper = Stärke = Handlung [*nikutai = chikara = kôdô*], während andererseits dank der Reflexhandlung des Unbewußten der Körper seine höchste Fertigkeit [*giryô*] zeigte. Und das einzige, was mich wirklich anzog, war der Punkt, an dem diese beiden gegeneinandergerichteten Versuche zusammenfielen – der Moment des Kontakts, mit anderen Worten, wo die absolute Geltung des Bewußtseins und die absolute Geltung des Körpers genau ineinander paßten.[218]

Daher bleibt Mishima durchaus bei derselben Sache, wenn er vom Faust- oder Schwertkampf her auf die Literatur zu sprechen kommt. Er setzt der Disziplinlosigkeit eines Denkens, das sich zu bedenkenlos der Sprache und den literarischen Konventionen ihrer Verwendung anvertraut, eine Disziplinierung entgegen, die nicht bloß in der Übernahme einer Methode besteht, sondern, selbst *in* der Übernahme einer Methode, das Erlernen ihrer *Technik* mit der unbedingten Konzentration auf den *Augenblick*, in dem man *tut*, was diese Technik zu tun *gestattet*, betreibt. Das Verhältnis der Hand zur körperlichen Wirklichkeit der kämpferischen Auseinandersetzung entspricht dort, wo es um das Handeln selbst geht, ihrem Verhältnis zur sprachlichen Wirklichkeit der Literatur:

> Was nun war mit meinem Umgang mit Wörtern während dieser Phase? Ich hatte zu diesem Zeitpunkt aus meinem Stil [*buntai*] etwas gemacht, was meinen Muskeln entsprach [*fusawashii*]: er war beweglich und frei geworden, von jeglicher Verfettung durch schmückendes Beiwerk entschlackt – wohingegen ‚muskuläre‘ Ornamente [*kinniku-tekina sôshoku*] (d.h. Ornamente, die, obwohl sie in der modernen Zivilisation nutzlos geworden sein mochten, für das Prestige und die Präsentabilität doch so

218 Ebd., S. 38.

notwendig waren wie eh und je) beharrlich beibehalten wurden. Ich schätzte einen Stil, der bloß funktionell [*kinô-teki*] war, ebensowenig wie einen Stil, der bloß sinnlich [*kankaku-teki*] war. [...] Mein Idealstil hätte die ernste Schönheit polierten Holzes in der Eingangshalle eines Samurai-Hauses an einem Wintertag besessen.[219]

Die Hand des Autors, der Mishima sein will, soll mit den Wörtern genauso umgehen wie die Hand des Kämpfers, die den Einsatz der Faust oder des Schwertes vorbereitet, mit den Fähigkeiten des Körpers.[220] Sie soll die Wörter in etwas Schlagendes verwandeln. Dazu ist es notwendig, die Geschmeidigkeit der Sprache einerseits so zu erhöhen, daß die Wörter in den Sätzen maximale Beweglichkeit erlangen, daß sie ihre Freiheit vollkommen einsetzen und sich von allem lösen, was sie beschwert, behindert, an die retardierende Rhetorik bindet – um jedoch andererseits in dieser Schnelligkeit die Kraft zu einer harten, klaren, heldenhaften Form zu finden, einem anderen Ornament, das die Aufmerksamkeit des Lesers in der entscheidenden „Höhlung" einfängt. Mishimas Apotheose eines zugleich geschmeidigen *und* unnachgiebigen, glatten *und* hölzernen literarischen Stils opponiert dabei vor allem gegen eine dekadente Sensibilität, die sich in feinfühligen Beschreibungen veräußerlicht. Und an dieser Stelle, wo er die zeitlich elastische Härte der schlagenden Hand der weichen, flächig ausgedehnten Zärtlichkeit einer das Leben überall bloß berührenden Hand gegenüberstellt, mündet seine Überlegung wie bei Heidegger in eine Kultur- und Gesellschaftskritik, die im wesentlichen auf Ekel basiert:

> Gibt es eine schlimmere Niederlage als die innere Zersetzung und Austrocknung durch die sauren Ausscheidungen der Sensibilität, so daß man schließlich seine Kontur verliert, sich auflöst, verflüssigt? Oder, wenn dasselbe mit der Gesellschaft um einen herum passiert, seinen Stil ändert, damit er dazu paßt?[221]

---

219 Ebd., S. 46 f.
220 Das Wort *buntai* („Stil") enthält ebenfalls das Zeichen für „Körper", weshalb der Zusammenhang im Japanischen augenfälliger ist.
221 Ebd., S. 48. Und wie bei Heidegger ist der Ekel wahrscheinlich die größtmögliche Klarheit über einen endgültig verlorenen Kampf.

Mishimas Ekel vor der Literatur betrifft, wie er im weiteren aus-
führt, die *Fiktion*, mit deren Herstellung die Handlung in ein ästhetisches System eingetragen wird.[222] Die handelnde Hand verliert mit
dieser Transformation die kraftvolle Bestimmung ihres eigenen Endes. Die Handlung verliert ihr *eigenes* Verhältnis zum Tod – das heißt
ihre eigene *Unterscheidung vom* Tod, ihre Identität als Leben.[223] Die
Hand erschlafft. Und in dem Augenblick, da sie in ihrer Schlaffheit
für den Tod durchlässig wird und ihr Handeln die Form eines aus
toter und lebendiger Zeit gemischten Zustands annimmt, erlangt
sie die Schönheit einer künstlichen Blüte:

> In der Literatur wird der Tod in Schach gehalten [*yokuatsu-sare*] und zu-
> gleich als Antriebskraft genutzt [*dôryoku toshite riyô-sare*]; Stärke wird der
> Konstruktion leerer Fiktionen [*kyômô no kôchiku*] unterworfen; das Leben
> wird fortwährend vorbehalten [*sei ha tsuneni horyû-sare*], gerade im richti-
> gen Verhältnis mit dem Tod vermischt, mit Konservierungsmitteln behan-
> delt und für die Herstellung von Kunstwerken verschwendet, die ein selt-
> sames ewiges Leben besitzen. Das Handeln [*bu*], könnte man sagen, stirbt
> mit der Blüte [*hana to chiru*]. Die Literatur züchtet eine unsterbliche Blu-
> me. Und eine unsterbliche Blume ist natürlich eine künstliche Blume.[224]

Man könnte alles, was Heidegger zum Wesen der Dichtung, ihrem
Ursprung im Wort und ihrem Unterschied von der Literatur gesagt
hat, Satz für Satz danebenschreiben. Vielleicht genügt es, sich an
Hölderlins Wendung „Worte, wie Blumen" zu erinnern, die Heidegger dazu dient, die ausgedehnte Metaphorik des literarischen Verhältnisses zur Sprache und die ähnlichkeitsseligen, umständlich zärtlichen,
in das Beziehungsgeflecht der Dinge verspielten Fähigkeiten der Rede,

---

222 Das von Mishima in diesem Zusammenhang gebrauchte Wort *kyômô* bedeutet
auch Lüge oder Betrug.
223 Der Augenblick der Erfahrung, die ich mit dem entscheidenden Schlag im Kampf
mache, d. h. der Augenblick, in dem ich vom Kämpfer zum Sieger werde, endet *vor*
dem Tod. Sein Ende ist eine letzte Unterscheidung, die ihn vom Tod unterscheidet.
Er bleibt *dieser* Augenblick und verschmilzt nicht mit *jenem*. Die Befähigung zum
Sieg liegt in der Fertigkeit, mit einem Schlag ein *eigenes* Ende zu verwirklichen, das
den Tod, indem es die äußerste Nähe zu seiner Ermächtigung über die Zeit aufsucht, doch zum Anderen bestimmt, ihn diesmal noch *einmal* ins Jenseits verweist.
224 Ebd., S. 50.

die darin bestärkt werden, mit einem Schlag vom Dichterischen abzugrenzen. Das Dichterwort berührt das Ding nicht. Es hält es nicht umfaßt, dreht und reibt es nicht zwischen den Fingern, übt keinen Druck aus, greift es nicht ab. Weder streichelt es über die Oberfläche, noch bricht es das Ganze entzwei, damit das verborgene Innenleben herausquelle. Die Sanftheit und die Gewalt der dichterischen Hand im Umgang mit dem Wort haben nichts mit der Mikromechanik einer Berührung zu tun. Beides, die Sanftheit ebenso wie die Gewalt, liegt in einem Lassen, wie Heidegger in *Unterwegs zur Sprache* an Stefan Georges Gedicht *Das Wort* erläutert: Das Wort gleitet aus der Hand, weil die Hand es entgleiten *läßt*. Das Wort bleibt so, wie die Hand des Dichters es gelassen hat, indem es sich entzieht, denn dieser Entzug macht seine Wörtlichkeit aus. Das Wort, so gelassen, so bleibend in seinem Sichentziehen, bringt das Ding zur Sprache – nicht vermittels einer Repräsentation, sondern in seinem „Dingen", d.h. in seiner Selbigkeit, die sich allen Beziehungen, in die es eintreten oder die es durchkreuzen könnte, gegenüber neutral verhält.

Sanftheit und Gewalt, so die Pointe von Heideggers Bestimmung der Dichtung, sind im gebenden Lassen des Wortes dasselbe. Die Sanftheit des dichterischen Umgangs mit dem Wort verherrlicht keine Nachgiebigkeit, die der Sprache erlaubt, nach Belieben ihres Selbst-Verhältnisses zu verfahren. Die Gewalt über das Wort bricht keinen Widerstand, um eine treffende Bezeichnung oder einen ästhetischen Effekt herauszubekommen. Das Aus-der-Hand-Gleiten des Wortes ist nicht der melancholische Abschluß einer Berührung, die sich in einer eigens dafür eingerichteten Vergangenheit romantisiert. Es ist vielmehr die endgültige Aufgabe, mit der alles erst anfängt: das ursprüngliche *Keine* Berührung! (*Keine* Metapher! – *Keine* Repräsentation! – *Keine* Ästhetik! usw.), auf der dichterisches Sprechen beruht. Heideggers Affirmation der Dichtung verweigert sich damit jeglichem Bezug zur poetologischen Bestimmtheit der Sprache als ästhetisches Reflexionsmedium.[225] Diese Weigerung mag negativ, regres-

---

225 Vergl. zu Heideggers Verweigerung der Figur und einer auf dem Figurativen basierenden Ästhetik M. Schäfer, „(A-)Figurativ. Heidegger mit Celan und Benjamin", in: Brandstetter/Peters, *De Figura*, S. 51–78.

siv, ja reaktionär wirken, sofern sie in einem philosophischen Diskurs vorgebracht wird. Sie bekommt in der Lektüre von Gedichten die Kraft einer Handlung, die diese aus der Möglichkeit eines Sieges schöpft, der dem von Mishima beschriebenen in vielerlei Hinsicht entspricht (zumal sowohl Heidegger als auch Mishima als Geschichtssubjekte unterdessen mit der Niederlage kokettierten). Das Wort, in dem „die Sprache als die Sprache zur Sprache kommt", wie Heidegger es sagt, ist der Schlag, mit dem die Hand des Dichters ihr Spiegelbild, das Organ eines auf Ausdruck, Repräsentation und Verständigung angelegten Sprechens, besiegt. Die Festigkeit des Wortes im Dichterwort erwirkt ein Ende und behauptet es gegen die unendliche Verstrickung in das, was die Sprache zur Ver- und Entkörperung eines sich in unzähligen Beschreibungen seiner selbst ausdehnenden Universums bestimmt. Das ist die muskuläre, sozusagen ins Neurotische zurückübersetzte Version jener zarten und zugleich knorrigen weiblichen Hand.

3. Reinheit und Endlichkeit: Differenzen der Gewalt im Handeln

Barthes nimmt in Japan eine Begrenzung der Malerei durch die Schrift, genauer: die Begrenzung einer malerischen Dimension der Sprache durch die präzise Kürze des Schriftzugs wahr. Auch hier geht es um eine bestimmte Gewalt gegen eine der Sprache innewohnende Tendenz zur Ausführung, zum Detail, zur immer vollständigeren, feineren Wiedergabe der Realität – d. h. zur *Beschreibung*. Die Endlichkeit des Schriftzeichens und *seiner* Weise, etwas zu sagen, trägt darüber den Sieg davon.[226]

226 Diese Gewalt ist dabei nicht identisch mit dem von V. Flusser diagnostizierten „Ikonoklasmus" des Schrifzeichens und seiner zerstörerischen, gegen das Bild gerichteten Kraft (vergl. Eleonora Louis/Toni Stoos, *Die Sprache der Kunst. Die Beziehung von Bild und Text in der Kunst des 20. Jahrhunderts*, Stuttgart 1993, S. 2).

Bei uns, wo „die zivilisierte Zukunft einer Funktion [...] nie etwas anderes ist als deren ästhetische Verfeinerung"[227], wird, so Barthes,

> die Gewalt unter demselben Vorurteil begriffen wie Literatur und Kunst: man weiß ihr keine andere Funktion zuzuschreiben als die, etwas Fundamentales, Inneres, Wesentliches *auszudrücken*, dessen erste, wilde und unsystematische Sprache sie wäre. Zweifellos verstehen wir durchaus, daß man die Gewalt auf wohldurchdachte Ziele richten, sie zum Mittel eines Gedankens machen kann, aber es geht stets nur darum, eine *vorgängige* und auf souveräne Weise ursprüngliche Gewalt zu zähmen.[228]

Die Verfeinerung, das zweideutige Engagement unserer Kultur, geht von einer primitiven Gewalt aus, die man verstanden zu haben glaubt, wenn man z. B. das Tier betrachtet. Angesichts der tierischen Kralle, Pranke, Tatze oder Klaue urteilt auch Heidegger, sie sei keine Hand, und er bekräftigt damit vielleicht, wie Derrida meint, ein humanistisches Vorurteil, das die Menschlichkeit des Menschen als Nicht-Animalität oder Über-Animalität, als Zähmung, Beherrschung und letzthin erfolgreiche Ausmerzung des Tierischen setzt. Barthes zieht demgegenüber eine *andere* Gewalt in Betracht als diese bestialische Gewalt, als deren Sublimierung man alle menschlichen Artikulationen des Gewaltsamen zu denken hätte. Es geht ihm um eine Gewalt, die nicht am *Ausgangspunkt* einer Geschichte der Verfeinerung steht bzw. nicht die *Projektion* eines solchen Ursprungs im Rohen und Ungeschlachten darstellt; eine Gewalt, deren Gestalt mit keinem groben, klumpigen Organ übereinstimmt, aus dem dann allmählich die feine Silhouette einer Hand hervorgeht, die ebenso gut schreibt, wie sie sich den Oberflächen der Gegenstände anschmiegt, befühlt, spürt, gegenüber dem Ding nachgibt und zu seinem Ornament wird. Diese Gewalt gehört vielmehr zur Hand auf dem Höhepunkt ihrer Kultur, zur schreibenden Hand, und sie ist und war nur dort, was sie ist.

Die Gewalt, um die es hier geht, richtet sich nicht auf ein der Schrift äußerliches Bild, sondern auf die Beschreibung und deren Bildhaftigkeit als eigene Möglichkeit der Schrift. Und dies im übrigen durch eine Hinwendung zu etwas, was manche Betrachter (wie z. B. Peter Fuchs) wiederum als Visualität empfinden.

227 Barthes, *Das Reich der Zeichen*, S. 122
228 Ebd., S. 142.

Ohne es selbst über den kurzen Schriftzug hinaus auszuführen, würdigt Barthes eine Gewaltsamkeit des Schreibens, zu der diese Hand ein konkretes Verhältnis hat. Die Hand, die den Pinsel führt, ist sanft – aber zugleich unnachgiebig. Ihre Unnachgiebigkeit in der strengen Form des Zeichens, der sie entspricht, erhöht sich sogar im selben Maß, wie ihr Gespür für die feinen Unterschiede im Lauf der Pinselspitze zunimmt. Darin liegt überhaupt das Erstaunliche an den japanischen Techniken: Sie bringen die Behutsamkeit im Umgang mit den Materialien und die Gewaltsamkeit in der Sache in ein Verhältnis gegenseitiger Ausbildung, das im Stadium der Meisterschaft etwas hervorbringt, was sich uns Beobachtern im Eindruck des Unmittelbaren, Augenblicklichen mitteilt (die finale Inspiration des *haiku*, der Schlag im *karate*) – und was offenbar in der äußersten Geschmeidigkeit *und* Härte gegenüber dem Augenblick als Zeitmoment beruht. Die Hand eines Tee- oder *shodô*-Meisters bezaubert durch ihre Gewandtheit, aber sie ist niemals nachgiebig weich. Ihre Physiognomie wird von einem Eindruck des Schlanken beherrscht, unabhängig davon, wie schmal oder rundlich sie in Proportion zu den Körperformen gewachsen ist, aber es handelt sich um eine knochige, keine fleischige Schlankheit, um die Elastizität einer Stütze, nicht um die samtige Qualität von Geweben. Eine solche Hand scheint immer alt zu sein, denn die Schmiegsamkeit des jugendlichen Körpers, diese ungebildete und ungerichtete Flexibilität, wurde in ihr durch ein vollends bestimmtes Vermögen oder etwas viel Bestimmteres als ein Vermögen ersetzt: Die Elastizität der meisterlichen Hand gehört ganz und gar in die Fertigkeit zu dieser Handlung, die sie vollbringt. Sie bringt keine Überfülle von Möglichkeiten zum Ausdruck, damit die Zukunft irgendwelche davon auswähle, sondern entspricht unmittelbar dem Wirklichen. Ihre Gestalt umspannt keine Versprechen auf ein Universum, von dem die tatsächlichen Handlungen später nur ein paar kümmerliche Ausschnitte realisieren werden; sie stellt lediglich, aber präzise etwas dar, was gelingt. Sie braucht keine Zukunft. Ihre Fähigkeit beruht ganz und gar nicht auf Talent.

Ein japanischer Gast heute hätte vielleicht Schwierigkeiten, die Handlungen des Tee-Meisters in einem der japanischen Wörter zu reflektieren, die dem deutschen Begriff „Gewalt" mehr oder weniger entfernt korrespondieren[229], da keiner der kurzen und präzisen Griffe, Drehungen und Wische einen erkennbaren Widerstand bricht. Und doch geschieht alles so, als ob jemand unentwegt leise, aber unerbittlich auf einen Holzblock schlagen würde. Die Handlung ist *trocken*, ohne Resonanz, das Fließende des Bewegungskontinuums selbst dort, wo die Bewegung vollkommen bruchlos vonstatten geht, von der knochigen Konkretheit jedes Handelns wie aufgesogen.

Für das Subjekt, dessen Handeln in sein Existieren eingesetzt ist, birgt jeder Kontakt mit Elementen der Dingwelt eine polemische Auseinandersetzung. Als Objekte stehen die Dinge dem subjektiven Selbstentwurf entgegen – weshalb sie gegen ihre Instrumentalisierung für das Handlungsvorhaben einen um so größeren Widerstand leisten, je stärker das Subjekt die Handlung mit sich selbst besetzt, je mehr es sich darin selbst als ein bestimmtes Handelndes will, je näher es seinem Ursprung als Begehrendes kommt. Sartre hat das mit der schönen und treffenden Wendung vom „Feindseligkeitskoeffizienten der Dinge" bezeichnet. In einer solchen Perspektive muß der Widerstand der Dinge überwunden werden, und somit ist jede Handlung gewaltsam (und alle Versuche, die Gewalt zu vermeiden, führen in die Passivität). Die Gewalt setzt an der Objektivität, das heißt an der spezifischen Endlichkeit der Objekte an. Sie setzt den Anspruch auf Unendlichkeit, der das Subjekt ausmacht, gegen die andersartige Aufteilung der objektiven Welt durch, macht sich die Dinge, wie man sagt, gefügig, spannt sie hinter eine Zukunft, die sie von sich aus niemals hätten und die ihnen solange fremd bleibt, bis eine spätere subjektive Erinnerung sie mit ihrem Beitrag zur Geschichte eines Ich-Welt-Verhältnisses identifiziert. So kennen wir das: die Endlichkeit auf Seiten der Dinge, während die Handlung den Augenblick, in dem ich den Dingen begegne, kraft einer Ökonomie, in der Selbstermächtigung und Selbstverlust fortwährend gegeneinander eingetauscht werden, ans Unendliche bindet. Ich gewinne den Kampf

229 Das Japanische unterscheidet zwischen *chikara* (Kraft), *gôin* (Zwang), *bôryoku*, *bôkô* und *ranbô* (mit unterschiedlichem Akzent auf einem Element des Unkontrollierten), sowie *môi* und *gekiretsu* (Naturgewalt).

gegen die Dinge nur, indem ich ihn zugleich verliere (ich gewinne ihn als Verlierer, nicht als Sieger) – und mein Handeln ist der Schauplatz dieses Widerspruchs, die *Katastrophe*, in der ich gewohnt bin zu leben, da es andere Handlungsorte für mich nicht gibt.

In dem, was wir hier als japanische Disziplin betrachten, finden wir dagegen eine Endlichkeit der Handlung, die der spezifischen Endlichkeit der Dinge in gewisser Weise zuvorkommt und sie in einer eigens ausgelegten Zukunft einfängt, anstatt im nachhinein gegen deren Konsequenzen zu kämpfen. Diese Endlichkeit der Handlung beginnt bereits beim Verfertigen der Dinge, sie in ihre Wirklichkeit zu verfügen. Der Tee-Meister ist auch ein Handwerker; er schnitzt die Teelöffel, töpfert die Schalen usw. Anders als der Bastler, der mit *vor*gefundenem, relativ ungeeignetem Material arbeitet, weiß er um die Eignung bestimmter Materialien für Handlungen mit bestimmten Eigenschaften. Heidegger verlangt von seinem Handwerker, daß seine Hand dem Material entspreche. Das wird man auch in diesem Fall annehmen können – dabei steht jedoch im Vordergrund, daß der handwerkliche Umgang mit dem Material dessen Eignung für eine Endlichkeit herausarbeitet, die nicht die gestalthafte Selbstumgrenzung eines Objektes ist, sondern die einer Handlung, deren Wirklichkeit die Disziplin und nicht das Existieren bestimmt.

Und in diesem Sinn ist auch die Disziplinierung zu verstehen: Ich selbst werde darin keineswegs bloß zum Objekt, dessen Widerstand gebrochen werden muß. Vielmehr wird ein Weg beschritten, um zu entdecken, inwiefern ich für das, was ich (mit mir) zu tun habe, *vollkommen geeignet* bin. Statt meine Möglichkeiten zu erforschen und mein Handeln im Raum ihrer Versprechungen zu verteilen, orientiert mich die Disziplinierung auf das, was ich *ohne weiteres* zu tun vermag. Ihre formende Gewalt richtet sich gegen das zeitlich Weiche meiner Existenz, das meine Handlungen an ihren Rändern aufquellen läßt. Sie etabliert eine augenblickliche Härte – eine zugleich bewegliche und unnachgiebige Augenblicklichkeit.

Wenn Barthes das Schreiben eines Schriftzeichens zur Vorlage dieser Einübung in das Endliche des Handelns heranzieht, handelt es sich deshalb um ein besonders gutes Beispiel, weil die zeitliche Wirkung der Disziplin im Schriftzeichen die Gestalt einer offensichtlichen Gebärde annimmt. Der Ort, an dem ich Gewalt über mein eigenes Handeln erlange, ist niemals leer im Sinne einer Abwesenheit, die ich erst mit meinem Selbst auszufüllen hätte. Er ist vielmehr von Anfang an durch ein Zeichen umrissen, ist bereits beschrieben, ist, in der Gestalt dieses Zeichens (man schreibt immer *dieses* Zeichen), als Bereitschaft zum Handeln vorbereitet und darin vollendet bestimmt. Aller Wahrscheinlichkeit nach wird der Ort, an dem ich zu schreiben beginne, ein weißes Blatt Papier sein, doch beim Weiß dieses Papiers handelt es sich um ein japanisches Weiß, dessen Weiße ersichtlich dadurch bestimmt ist, daß sich *das Zeichen bereits dort befindet.* Anders als das Fenster zum Unendlichen, in das ich starre, wenn ich ein westliches Blatt Papier vor mich auf den Tisch lege, enthält das trübe Licht im Inneren dieser glatten, aber nicht glitzernden Fasern schon genug Schrift, um den Schreibakt vor jeglicher Möglichkeit, etwas anderes zu sein als das Schreiben eines Zeichens, zu schützen. Die Kontraste zwischen Schwarz und Weiß sind beim Schreiben des japanischen Zeichens in den Körper des Papiers eingelassen, der jeglicher individuellen Charakteristik entsagt. Die dramatische (kalligraphische) Schönheit, die wir beim Anschauen eines solchen hingeschriebenen Zeichens bestaunen, stellt lediglich den Ausgang eines Kampfes dar, der vom Anfang bis zum Ende im Gleichen ausgetragen wurde und erst *nach* dem Sieg jene Szene eines Dialogs zwischen Helligkeit und Dunkelheit, Sein und Nichtsein, Leben und Tod zurückgelassen hat. Das reine Weiß und das reine Schwarz sind apokryphe Zuschreibungen – metaphysische Glorifizierung der grauen, im trüben Augenblick einer Pragmatik der Eignung ausgebildeten Disziplin.

In der westlichen Literatur fehlt es nicht an Träumen von einer *reinen* Gewalt, die nicht mehr brutal wäre und deren Erfahrung Lust (d. h. absoluten Schmerz) und kein Leiden (relativen Schmerz) brächte. Kafkas Beschreibung einer Hinrichtungsmaschine in seiner Erzählung *In der Strafkolonie* gehört zu den eindrucksvollsten Beispielen. Die liebevolle und zugleich bedauernde Präsentation der Maschine durch ihren Wärter stellt mit schockierender Klarheit heraus, daß Brutalität das Resultat von Unvollkommenheit ist. Da die Maschine nicht gut genug gepflegt wird, sich abnutzt und nicht mehr richtig läuft, muß der Delinquent statt der verheißenen Ekstase grausame Qualen ertragen. Durch die relative Unzulänglichkeit der Dinge in einer von der Idee her betrachteten Realität ist die Gewalt zu gering, ist sie *nicht gewaltsam genug.*

In dieselbe Richtung weist der vor allem durch das Kino populäre Typ des sanften Killers, dessen Hände (Alain Delons behandschuhte Hände) im Moment, da sie sich um den Hals des Opfers schließen, jene Transformation durchlaufen, die ihr Zupacken zu einem reinen Akt werden läßt. Die christliche Gnadenlehre bekommt hier ein modernes Lehrbeispiel: Der Mörder ist ein „Engel", seine tötende Hand behutsam – nicht weil sie vorsichtig zu Werk geht, sondern weil ihr perfektes Timing sie über die verrutschte, rüttelnde und würgende Tragikomik des Brutalen erhebt.

Auch dabei geht es um ein widerstandsloses In-der-Zeit-Sein der handelnden Hand, um ein schlagartiges Handeln, das aus der relativierenden Bewegung des Zeitlaufs heraus eine absolute Bestimmtheit seines augenblicklichen Erfolgens durchsetzt. Doch die Rückhaltlosigkeit der Vollendung, die das Handeln zum Schlag werden läßt, fällt hier mit einem *Ideal* von Vollkommenheit zusammen, das der abendländischen Metaphysik und ihrer systematischen Dramatik der Übersteigerung verpflichtet bleibt. Die reine Gewalt stellt diesbezüglich nur das klarste Beispiel unserer Idee von Reinheit dar, bei der das Reine stets die unendliche Sublimierung des Schmutzigen, Vermischten, Relativen, kurzum des gerade durch seine Realität mangelhaften Realen ist.[230] Die Hände des eiskalten Engels agieren als metaphysische Potenzierung der zitternden, zerrenden und drückenden Hände des gewöhnlichen Mörders. Sie feiern deren Gewöhnlichkeit durch eine theatralische Ausstellung ihrer Differenz im selben Moment, da sie diese hinter sich lassen. Sie rufen: „Dies sind keine Hände!", und mit ihrer Handlung ziehen sie die ganze Welt auf einen Punkt hin zusammen, an dem die Erlösung ihrer selbst von sich selbst auf sie wartet. Die Eleganz des perfekten Verbrechens gewährt dieselbe Gnade, welche die Gnostiker in der Apokalypse erblickten. In einem Akt der Zerstörung sucht sie das Anfängliche,

---

230 Bzw. das Aufflackern jenes reinen, absolut *schwarzen* Realen im Sinne Lacans.

die wahrhaft göttliche Qualität des Schöpfungsaugenblicks, wieder auf, um es diesmal rein zu bewahren.

Die rein gewalttätige Hand ist so stets das einsame, in der Weite des Kosmos verlorene Organ einer Veränderung, die von ihrem Ort her alles durchwirkt. Ihre Handlung betrifft das Universum, sie wird in ihrer Respektlosigkeit gegenüber dem Einzelnen sofort zur allgemeinsten Handlung überhaupt. Damit artikuliert sie das Wesen unseres Reinheitsdenkens, denn die Reinigung, um die es dabei geht, ist immer prinzipiell und universal: das *apokalýpzein* als Akt der metaphysischen Hygiene.

Gerade dies entspricht offenbar nicht der japanischen Reinheit, die den Charakter eines einzelnen und besonderen, jedoch *verbreiteten* und keineswegs ungewöhnlichen *Erlebnisses* hat. Das Reine in Europa, verstärkt vielleicht noch in den USA, ist einerseits Gegenstand unüberholbarer Skepsis und Befürchtung (es ist nicht wirklich rein, nicht rein genug, oder es wird nicht rein bleiben, sondern wieder schmutzig werden) und andererseits die Projektionsfläche übersteigerter Hoffnungen, Erwartungen und Antizipationen. Das Reine in Japan scheint dagegen vor allem dem Genuß zugedacht und nur durch ihn erfahrbar, von daher im Alltäglichen des Hier und Jetzt verankert: die frische Nahrung; das heiße weiße Handtuch, das vor dem Essen gereicht wird; der zuvor gereinigte Körper, der sauber ins Badewasser gleitet, um seine Poren zu öffnen... Der Tourist, der zum ersten Mal seinen Fuß vor eine japanische Tür setzt, macht eine irritierende Entdeckung: Die Städte in Japan sind auf eine Art schmutzig, wie man es von europäischen kaum kennt, die Häuser grau, verrostet, überkrustet von Dreck. Doch mit viel Aufwand werden inmitten dieser Urbanität Orte geschaffen, an denen sich Reinheit erleben läßt, ohne den Kontrast eigentlich zu betonen.[231] Die Per-

---

231 Mit den Dörfern verhält es sich keineswegs anders – denn auch die Natur ist, wie man in einem japanischen Haus auf dem Land schnell erfährt, vor allem ein mächtiger fortwährender Dreck, der sich über alles schiebt, was ist, und gegen diese Übermacht von Staub, Sand, Schweiß, Gräsern und Insekten gibt es keine prinzipielle Gegenwehr, sondern nur die Chance, jeden Tag ein paar einzelne Augenblicke aus dem graubraunen Summen herauszuheben und ihnen eine praktische Wirklichkeit zu verschaffen, indem man ihre sehr begrenzte Helligkeit genießt.

fektion des Reinen bleibt dabei ganz und gar wirklich – örtlich wie zeitlich begrenzt und auf die Fähigkeit des Menschen angelegt, sie zu erfassen. „Der Weißfisch ist wirklich weiß / und einen Zoll groß", heißt es in einem Gedicht Bashôs von einem morgendlichen Anblick mitten auf dem Fischmarkt.[232] Wie das Weiß der Fischhaut die Größenbegrenzung von einem Zoll, d. h. die biologische Größe des Körpers, die Höhe des Kaufpreises und das Ausmaß des Genusses beim Verspeisen gerade betont, statt die Kontur des Fisches zu überschreiten und in die Spiegelung eines unendlich intensiven Lichtes aufzulösen, ist auch das Weiß des gereichten Handtuchs so gezielt und so endlich wie die selbstverständliche Bewegung, mit der es benutzt wird, um die Hände abzuwischen. Deshalb strahlt es nicht, wie Tanizaki bemerken würde. Seine Helligkeit verströmt sich nicht über die Enden des Aktes, dem es zugedacht ist, hinaus.[233]

Sofern man etwa in Mishimas kriegerischer und literarischer Affirmation der gewaltsamen Handlung eine Propaganda der reinen Gewalt sehen will, gilt es daher das Wesen dieser Reinheit zu beachten. Es geht hier praktisch nicht darum, das an der Gewalt zu sublimieren, was durch seine Schwerfälligkeit, seinen Widerstand gegen die Bewegung, seine Reibung und Verzögerung auf die Unvollkommenheit des Mechanischen gegenüber einer idealen Dynamik des Aktes verweist (einer Über-Mechanik, die nicht mehr mechanisch wäre, wie die Kraftübertragung von Gottes Hand auf die äußerste Himmelssphäre im aristotelischen Kosmos). Tatsächlich kann man diese Gewalt *überhaupt nicht* von der Kraft her verstehen, denn eine

---

232 „Morgendämmerung – / Der Weißfisch ist wirklich weiß / und einen Zoll groß. (*akebono ya / shirauo shiroki koto / issun.*)" Zitiert nach: Ôhashi, „Vom Wesen des Fremden – im Licht der Haiku-Gedichte Bashôs", in: ders., *Japan im interkulturellen Dialog*, S. 74–92, hier S. 82.

233 Es wäre unter diesem Gesichtspunkt interessant, die luxuriösen Marmor-Eingangshallen japanischer Hotels, Banken und Kaufhäuser mit ähnlichen Dekadenz-Zitaten bspw. in Südamerika zu vergleichen. Denn anders als in der katholischen Licht-Dramaturgie bleiben die Farbtöne der Marmorplatten und verwendeten Materialien noch in ihrem polierten Glänzen eigenartig gedeckt, und die Begegnung mit etwas strahend Hellem oder gar Weißem beschränkt sich auf sehr kleine Flächen. Entsprechendes gilt sogar für *Internet-Portale*.

Kraft ist immer etwas, was einem Körper widerfährt, der für sich bereits der Schwerkraft unterliegt und *als* Körper *vor allem* diese Gegenkraft der Gravitation artikuliert. Jede körperliche Tätigkeit, jede gewaltsame Tätigkeit (ein lediglich gradueller Unterschied) kämpft gegen die Schwerkraft. Und dieser Kampf ist nicht zu gewinnen. Mishima sagt nichts anderes: Wer die Unachtsamkeit begeht, zu einem spezifischen Körper zu werden, hat schon verloren. Wer die absolute Gleichheit des Heldenhaften verläßt, wird von der gegnerischen Faust niedergestreckt. Man darf sich nicht auf diese Physik der Kräfte einlassen, wenn man handeln will, denn die letzte Wahrheit jeder Antriebskraft lautet Trägheit.[234]

Im Universum der Kräfte gibt es nur Tätigkeit, aber kein Handeln. Die Welt für das Handeln entsteht erst und nur aus der Handlung heraus, und die Gewalt, die zu ihrer Wirklichkeit gehört, verweist auf kein Ideal, nicht einmal auf ein durchgängiges Prinzip, sondern allein auf das Handeln. Von daher verträgt diese Gewalt sich mit einer gewissen Sanftheit, aber nicht mit Sensibilität. Der Handelnde handelt behutsam weder aus Vorsicht noch aus Rücksicht. Er hat weder Angst, zuviel Kraft aufzuwenden (Selbsterkenntnis in der Angst davor, daß er ein Zuviel an Kraft *ist*), noch verklärt er den Gegenstand, mit dem er umgeht, rückblickend zu etwas Zerbrechlichem, was die Handlung zerstört oder nur wie durch ein Wunder ganz gelassen hat. Die Hand ist nur *ebenso* sanft, wie sie gewaltsam ist, da weder die Sanftheit noch die Gewalt Ursachen oder Ziele verfolgen, die außerhalb der Handlung liegen. Sanftheit und Gewaltsamkeit sind also keine Charakterzüge des Handelnden (als solche wären sie unvereinbar oder zumindest widersprüchlich, gespannt); es sind *Eigen*schaften des Handelns genau in dem Sinn des Wortes, den Heidegger aus der Logik der Zurechnung herauszuschmuggeln versucht hat. Diese Eigenschaften gehören so vollends in die Identität des Handelns, das sich nirgends die Gelegenheit zu

234 Weshalb sogar Freud nicht umhin konnte, seinem Aggregat von Trieben noch einen Todestrieb hinzuzufügen – sozusagen als Repräsentation der triebgewordenen Trägheit, als Wunsch, mich mit dem zu vereinigen, was mich zeit meines Lebens von allen Zielen trennt.

einer Abtrennung findet, die eins von beiden als das Gegenteil des anderen zu isolieren erlaubte. Unnötig, von einer *Balance* des Sanften und Gewaltsamen zu reden (als ob Handeln ‚harmonisch' wäre), da beides in seinem Wesen *das Selbe* ist und dies vom Anfang bis zum Ende bleibt. Vor allem *dieses* Bleiben-Lassen gilt es im Griff nach der Schöpfkelle oder in der Pinselführung oder in der Handhabung des Schwertes zu lernen, denn von dorther läßt sich jedes Handeln disziplinieren. Und das impliziert allerdings ein weder idealisierendes noch kritisches, sondern ein durchgehend *pragmatisches* Verhältnis zur Gewalt.

VII. Handlungsoptionen – Die Zeit des ‚Japanischen‘ und die Weltzeit

1. Verantwortungsprinzip und Zeitdifferenz zwischen Osten und Westen

„Dieses Volk ist krankhaft gehorsam", sagt deGoede, der belgische Freund des Fotografen aus *Mokusei!*, während die beiden am Neujahrstag mit der Schlange der geduldig wartenden Japaner in den Kaiserpalast hineinwandern.[235] In der Tat schließt das Klischee vom Japaner an negativen Eigenschaften nicht nur mangelnden Widerspruchsgeist, sondern auch eine schafsähnliche Sorglosigkeit innerhalb der vorgezeichneten Lebenswege und Verhaltensmuster ein.[236] Anläßlich der Überschwemmungen 1998 konnte man in deutschen Nachrichtensendungen japanische Angestellte sehen, die korrekt gekleidet und mit gleichmütigem Blick durch hüfthohes Wasser zur Arbeit wateten. Und wer das noch amüsant fand, wurde spätestens mit dem Nuklearleck in einem Kraftwerk bei Tôkyô darüber belehrt, welche Gefahren eine Haltung birgt, die das Einhalten sozialer Formen an die Stelle persönlicher Verantwortung setzt. Auf der einen Seite werden Dramatisierungen individueller Probleme prinzipiell vermieden, da das Subjekt nirgends eine Szene findet, auf der es *seine* Sache geltend machen könnte. Auf der anderen Seite fehlen die Konstruktion ‚geteilte Zukunft‘ und eine aus dieser Mit-Teilung hervorgehende Gemeinschaft als Korrektiv für riskante Vorgänge, die sich innerhalb der gegenwärtigen gesellschaftlichen Strukturen etablieren.

235 Noteboom, *Mokusei!*, S. 14 ff.
236 Haruki Murakamis japanische Neo-Mystik des „großen Schafes" in seinen Romanen *Hitsuji wo meguru bôken* und *Dance, Dance, Dance* scheint diesen Aspekt zugleich mit einer gewissen Ironie zu affirmieren und transformieren zu wollen.

Ein japanischer Hegel-Forscher reagierte lächelnd auf meinen Einwand gegen seinen Versuch, Hegels Konzeption der Geschichte in die Nähe „japanischen Denkens" zu ziehen. „Widerspricht nicht die langfristige, über eine Folge von Aufhebungen von Stufe zu Stufe voranschreitende Entwicklung, die Hegel in der *Phänomenologie* erzählt und in die das denkende Ich des philosophischen Erzählers sich bereits vorausschauend selbst einbegreift, irgendeinem Denken, das man ‚japanisch' nennen könnte, schon durch diese Dominanz der Planung bzw. rücksichtsvollen Vorbedacht?" hatte ich zu bedenken gegeben. „Schließlich scheint sich mir die Positivität des Nichts, wie sie im japanischen Buddhismus erfahren werden soll, vor allem durch etwas zu erschließen, was aus unserem geschichtlichen Denken, also von Hegel her undenkbar bleibt: ein *Keine Zukunft!*, das *diese* Einsicht, die ich *eben gerade* gewinne, wie fragmentarisch, unvollkommen, enttäuschend und zugleich vielversprechend sie auch sei, ohne weiteren Aufschub zur *jeweils letztgültigen* bestimmt. Hinsichtlich der Erfahrung des Nichts führt ein Weg zwar immer weiter, und wer ihn beschreitet, muß jederzeit die Notwendigkeit des *kôjô*, des Darüberhinausgehens, beachten. Aber dies nur, indem der Weg von Anfang an *hier* endet. Von hier bis zur Provinz Chen sind es dreihundert Meilen, sagt Jôshû, aber von der Provinz Chen bis hier ist es keine Entfernung. Das dürfte Heidegger gemeint haben, als er sagte, mit unserer Idee des Weges könnten wir dahin gar nicht gelangen, wo die Japaner schon sind. Es ist dieses *schon sind*, was von unserer Idee des Weges abgeht – und es ist dieses *schon sind*, woraus der Weg zum Nichts, wenn man davon so sprechen kann, sich überhaupt erst ergibt."

Mein Gesprächspartner nickte. Er saß an seinem Schreibtisch dem Rechner zugewandt, während ich mir einen Stuhl herangezogen hatte. Seine Einladung, doch Platz zu nehmen, hatte sich auf diesen Stuhl bezogen – aber der Stuhl stand an einem Konferenztisch, der leer blieb, da der Professor seinen Schreibtischsessel bevorzugte, und der Abstand zwischen uns blieb trotz dieser improvisierten Aktion, durch die ich nun irgendwo mitten im Raum saß, lächerlich groß.

„Wir sind ganz unverantwortlich, nicht wahr", sagte er.

Es schien mir an dieser Stelle nicht zu unhöflich, auf den Vorfall im Kernkraftwerk von Tôkaimura zu sprechen zu kommen. Wie schon andere zuvor erklärte der Professor, daß er von dem Unfall und den schlimmen Folgen erst durch einen Freund aus dem Ausland erfahren habe. Fernsehen und Presse in Japan hatten zunächst nichts darüber gebracht.

„Schließlich", hakte ich nach, „stellt es ohnehin ein hochriskantes Unternehmen dar, auf einer Insel, die in durchaus realistischen Abständen von schweren Erdbeben erschüttert wird, Atomkraftwerke zu betreiben. – Aber kaum jemand versteht, was das ist: Risiko. Oder?"

Der letzte Satz, hinzugefügt, weil ich nicht als einer dieser moralisierenden ökologisch bewußten Deutschen dastehen wollte, die man hier offenbar ebenso ausführlich lobte wie insgeheim verspottete, hatte eine sonderbare Wirkung. Der Professor wirkte ernstlich amüsiert. Er lehnte sich zurück, und sein Gesicht spiegelte die Nuancen eines wirklich guten Witzes. Auch während der folgenden Erläuterungen hörte er nicht auf, still in sich hineinzukichern, und zum ersten Mal bei meinem Aufenthalt hatte ich das Gefühl, direkt mit so etwas wie japanischem Humor in Berührung zu kommen. Ich verstand nicht genau, worüber er lachte. Aber ich hatte es wenigstens gesagt.

„Sehen Sie, wir denken: Es geht sowieso schief", entgegnete er. „Es geht sowieso schief – ob früher oder später. Vielleicht ist das so in einem Land, in dem es immer schon Erdbeben gab, und die Menschen haben durch die Jahrhunderte eine Erdbeben-Mentalität entwickelt, die sich bis heute irgendwie durchhält. Denken Sie an Kobê – eine Millionenstadt fällt zusammen, also baut man sie wieder auf. Man macht mit dem Nächstliegenden weiter, aber am Ende, das ist klar, fällt alles wieder zusammen."

„Sie meinen, für die Japaner ist die Katastrophe etwas *Selbstverständliches*?" fragte ich, und er pflichtete mir bei, nun noch amüsierter, als er mich das Wort „selbstverständlich" mit soviel Nachdruck aussprechen hörte.

„Es geht nicht um Fatalismus im Sinne eines Einverstandenseins mit etwas, dessen Sinn und Ziel oder eben Sinn- und Ziellosigkeit in einer fernen Zukunft liegt. Es geht unmittelbar um das Hier und

Jetzt. Das Nichts ist immer nah, nicht wahr. So lautet vielleicht eine einfache Formel für japanisches Denken. Die moderne Technik, die wir aus dem Westen übernommen haben, verlangt eine besondere Vorsicht, da sie die Zukunft selbst unter die Herrschaft eines Funktionierens bringt, das man mit Sorge beaufsichtigen muß. Aber ein Japaner denkt: Es geht sowieso schief. Bewußt oder nicht. Ich sehe wohl die Gefahren der nuklearen Technologie, und mein europäischer Verstand sagt mir, daß wir keine Atomkraftwerke bauen sollten. Aber ich protestiere nicht dagegen, weil eine andere Stimme mir versichert: Es geht sowieso schief. Und etwas in mir darüber sehr erleichtert ist. Wahrscheinlich ist diese Erleichterung am Ende japanischer als das *nô*-Theater, *shodô*, *ohanami* oder Reisschnaps."

Auf jeden Fall ist das Lachen, mit dem er diese Möglichkeit dahingestellt sein läßt, japanischer als alles, was ich bislang über die japanische Kultur erfahren habe, dachte ich.

Mit der Unverbindlichkeit desselben Lachens einigten wir uns zum Abschluß des Gesprächs auf die Bezeichnung *japanischer Pragmatismus* für die umschriebene Haltung. Ich unterbreitete dem Professor diesen Ausdruck mit der Behauptung, eine Kollegin von ihm habe ihn für etwas Entsprechendes geprägt. Das war zwar erfunden, aber er nahm die Bezeichnung bereitwillig auf.

Auf dem Rückweg von meinem Gespräch über Hegel und das japanische Denken dachte ich über die Katastrophe nach. Während die verstrahlten Sanitäter von Tôkaimura mir im Spiegel jenes (keinesfalls kalten, aber vielleicht in gewisser Weise mitleidlosen) Lächelns erschienen, das ich immer noch vor Augen hatte, wurde mir klar, wie grundsätzlich unsere europäische Kultur, ja unsere Idee des Kulturellen überhaupt von der Vorstellung einer Katastrophe abhing.

Die fundamentale Argumentation für das kultivierte, systematisch entwickelte Gedächtnis und die Vermittlung der dafür geeigneten mnemonischen Techniken setzte ein mit der Legende vom Dichter Simonides, der glücklich den Einsturz einer Banketthalle überlebte, nachdem er von Dienern zwischenzeitlich herausgerufen worden war. Da er sich die Tischordnung gemerkt hatte, konnte er anschließend die zur Unkenntlichkeit zerquetschten Opfer identifizieren – und so verhindern, was schon zu diesem frühen Zeitpunkt unserer Geschichte als etwas Grauenhaftes, den Tod weit Übersteigendes erschienen war und was wir zumal heute darin nicht übersehen konnten: die Perfektion der Vernichtung durch ein totales, nicht einmal den Namen für die Verabschiedung bewahrendes Vergessen; ein Ende ohne Chance zu trauern, ohne Zeit für einen Abschiedsgruß, der den Toten in der Vergangenheit wiederherstellte, bevor seine gegenwärtigen Spuren beseitigt wurden; die Zermalmung der temporalen Zeit und der Sinnstrukturen, die sie trägt, zu einem Brei aus Staub und Fleisch. Das Erinnern sicherte die Würde der Toten, gab den Gestorbenen ihren Namen zurück und führte damit, rückwirkend, noch einmal um jene Katastrophe herum, deren Drohung es von da an mit transportierte.

Die so anschauliche Katastrophe eines einstürzenden Hauses, soviel wurde mir deutlich, stellte keine pädagogische Zutat dar. Ihre Möglichkeit *war* der eigentliche Grund, die tiefere Bedeutung des Erinnerns. Und es hätte nicht erst des Holocaust und seiner technologischen Exekution des Wortes „Masse" bedürfen sollen, um das zu verstehen.

Ob wir den Lauf der Geschichte als eine sinnvolle Entwicklung, als rhythmisches Pendeln zwischen den Extremen oder als chaotische Wanderung eines unberechenbaren Vektors durch die Zeit auffaßten, war doch eine gewisse Ahnung und Angst vor der kommenden Katastrophe stets impliziert. *Sofern* unsere Kultur auf der Erinnerung beruhte und ihre Identität und Differenzen durch ein kollektives Gedächtnis erlangte, begann sie mit der Wiederholungsangst. Daß die Katastrophe, im Mythos wie in der historischen Erfahrung, bereits eingetreten war, gab uns einmal mehr Anlaß, sie weiterhin zu erwarten, und die Arbeit der Erinnerung, so mächtig, anspruchsvoll komplex sie in sich selbst geworden war, schaufelte der Wiederholung unentwegt Sand entgegen. Diese Arbeit war Abwehr und Beschwörung zugleich, denn da die Zukunft selbst sie motivierte, konnte ihre Wirkung nur eine doppelte sein, mußte sie sich selbst gefährden in dem Maß, wie sie ihre eigene Notwendigkeit bekräftigte und sich in immer dichteren Bekräftigungen zwischen dem Nicht-mehr-Geschehenden und dem Noch-nicht-Geschehenen etablierte. Die Situation des Erinnerns war stets die *Gefahr*, der Anspruch der Erinnerung die Reaktion auf eine Drohung, zu deren Quelle sie immer wieder selbst zu werden drohte. Fiktion einer Gefahr, einer Drohung des Schlimmsten, die zu den gegenwärtigen schlimmen Tatsachen ein durchaus zweischneidiges Verhältnis aufrechterhielt.

Heidegger, dem man so vehement und beinahe zurecht sein mangelndes Erinnern an den Holocaust vorgehalten hatte, scheute sich seinerseits nicht, die Rhetorik der Gefahr zu gebrauchen. Nach einer umfassenden Kritik am kulturellen Gedächtnis des Abendlandes, das auf dem Seinsvergessen beruhte, schloß sich sein Sprechen den Vorgaben dieser Rhetorik an und überließ die Sprache des Seinsdenken ihrer Agitation. Obgleich gerade im Erinnern, in der Überlieferung, der Tradition des Abendlandes wurzelnd, beharrte Heidegger darauf, das Seinsvergessen als Vergessen anzusprechen, und stellte in der Auseinandersetzung mit der modernen Technik die Behauptung auf, daß auch dieses äußerste Vergessen das Sein nicht vollends vergesse, vielmehr gerade in einem endgültigen Verbergen bewahre und einem anfänglichen Entbergen übereigne – und zwar, und dieses Wort war damals alleinherrschend gewesen: in der Gefahr, durch die Gefahr, dadurch, daß wir im Zustand des Vergessens in der Gefahr sind, da die Gefahr *die Gefahr des Seins selbst*, ja *das Sein selbst* ist.[237] Die Gefahr erinnert das Vergessen. Die Rede von der Gefahr stellte für Heidegger die einzige Chance dar, das Sein in unserer Zeit zu halten. Und im Wahrnehmen der Gefahr wurde auch das Seinsdenken in seiner letzten, schon mit der Technik einverstandenen Handlung wieder ein Erinnern.

Ein wenig vergiftet von dem Lächeln meines japanischen Gesprächspartners (ein Lächeln, das in meiner Erinnerung auch den Toten galt und jene vergangenen und zukünftigen Opfer atomarer Katastrophen in Japan fotografierend auf dem antiken Schauplatz nach dem Bankett umherspazieren ließ), erschien mir Heideggers *Warnung* auf einmal verfehlt. Wer war *er*, den japanischen Gast an

237 Vergl. Heidegger, *Bremer Vorträge*, S. 54.

dessen Kultur zu erinnern, ihm die Worte von der Gefahr des Vergessens im Europäisierungsprozeß in den Mund zu legen und seine Stimme in den Dienst *der* Mahnung zu stellen, die Japan vielleicht unauffälliger als alles andere aus dem Westen importiert hatte? Die *Sorge* um den Fortbestand der eigenen Kultur – war nicht vor allem sie eine *nachgesprochene,* von hier drüben souffliert? Handelte es sich bei der Rede von der Gefahr und der Fiktion des Drohenden, die sie erzeugte, nicht um die äußerste und wirksamste Grenze des Abendlands, an die Heidegger, der abendländische und nicht-abendländische Denker, sich in der Figur eines entgegenkommenden Japaners selbst rief, um einmal mehr bestätigt zu sehen, daß es sie gab – und daß sich die ontologische Differenz in ihr verwahren ließ?

Ging es im einen Fall, dem des Seins, um ein Schonvergessenes und Nichtzuvergessendes, das unser kulturelles Gedächtnis nicht genügend interessierte, um überhaupt zu sehen, *daß* es vergessen *ist,* kamen im anderen Fall, dem des Japanischen, die Interessen von außen auf eine Kultur, die in ihrem Wesen/Währen dem Interesse so durchgängig fremd war, daß sie sich nunmehr ganz besonders für das Interesselose interessierte und ihr Denken scheinbar umstandslos in den Begriffen europäischer Ästhetik fortsetzte. Doch so viele Mahnungen von japanischer Seite denen Heideggers vorausgegangen sein mochten oder noch folgen würden, verhielt es sich doch eher so, daß die Gefahr (nicht das Gefährliche, sondern das Verhältnis zur Zeit, das den Sinn für die Gefahr wachrief) mit eben jener Angst vor der Überfremdung bzw. Ent-fremdung eingeführt wurde. Der japanische Konservative, so wie man ihn in Äußerungen von Okakura über Mishima bis Nishio vernehmen konnte, war eine europäische Wunschgestalt. Nicht zufällig handelte es sich bei den bekanntesten Vertretern dieser Richtung um Japaner mit einer profunden europäischen Bildung, und wie ihr kritischer oder affirmativer Bezug zu einzelnen europäischen Autoren jeweils gewesen sein mochte, schien mir, daß sie in deren Texten, vielleicht ohne es zu merken, vor allem anderen das Erwarten gelernt hatten.

Warum aber auf den kulturellen Erdrutsch in so sehr verschiedener Manier gefaßt sein als auf das Beben der Erde unter den Füßen? Wozu die Sorge um das „andere Haus des Seins", während die Wohnhäuser, Fabriken und Geschäfte einfach wieder aufgerichtet wurden und das Leben weiterging, als sei nichts als das Selbstverständliche geschehen? Konnte die Erfahrung des Nichts wirklich eine andere sein als die Gewißheit, daß es mit dem Sein am Ende sowieso schiefging – und der Geist des Zen etwas anderes als die Erleichterung deshalb?

„Der Nihilismus funktioniert [...] nicht als Revolte, sondern als Anpassung an die Realität", hatte Masao Maruyama in seinem Aufsatz *Denken in Japan* geschrieben.[238] Der Professor hatte keineswegs pessimistisch gewirkt, und seine Gewißheit, so fand ich, unterschied sich von der Erwartung des Endes in einem jüdischen oder christlichen Kontext eben darin, daß sie Gewißheit und nicht Erwartung war. Die Gewißheit des Endes erübrigte seine Erwartung – und damit *jede* Erwartung. Ein solcher Geist war durchaus frei, sich mit der Zukunft zu befassen (sogar die Hegel-Lektüre blieb offenbar möglich). Nur tauchte nirgendwo ein hinreichender Grund zur Verpflichtung wieder auf, und insofern wurde das Handeln oder Nichthandeln, ob nun für oder gegen Atomkraftwerke oder was auch immer, nicht von einer Verantwortung aufgenommen. „Selbstverständlich stellt das Atomkraftwerk etwas Gefährliches dar", hatte er eingeräumt. Doch indem es für ihn *selbstverständlich* gefährlich war, begegnete ihm das Gefährliche (bzw. er ihm) niemals im Bereich der Gefahr. Die Kraft dieser ungefährlichen Gefahr würde ihn vielleicht einmal töten. Nur selbst dieser Tod würde eintreten, ehe er die Schreck-Sinngestalt einer Gefahr annehmen durfte. Und wie der Mann so dagesessen und mit seiner Bleistiftspitze auf der Tastatur des Keyboards gespielt hatte, war er ersichtlich in dem Wissen gestorben, daß niemand aus seinem Tod etwas lernen konnte. Am wenigsten er selbst.

---

238 Maruyama, *Denken in Japan*, S. 33.

2. Gibt es eine japanische Tradition?

Die Gedanken und Fragen während der Bahnfahrt nach Hause wurden immer ketzerischer, zugleich unbekümmerter und verantwortungsvoller. Müßte ein Japaner oder Europäer, dem es wirklich um *das Japanische* zu tun war, nicht zuletzt wegen des darin beschlossenen Verhältnisses zur Zukunft daran gelegen sein, dieses Japanische *in einem Unterschied zur* nationalen, soziokulturellen und politischen Einheit Japan zu lokalisieren, weil eine solche Einheit selbst in ihrer dichten kommunikativen Vernetzung mit anderen Staaten sich sonst niemals an jener globalen Verantwortung beteiligen könnte, die der gegenwärtige Stand der Apparate-Technik zwingend verlangte?[239] Schließlich würde es weder jetzt noch in irgendeiner historisch absehbaren Zukunft gelingen, die Apparate aus der Welt zu schaffen oder ihr zerstörerisches Potential zu entschärfen, und insofern jede Apparat-Technik zugleich Gegenstand und selbst Medium eines internationalen Austausches war, würde man auch Japan nicht daran hindern können, Atomkraftwerke zu bauen, ja vermutlich auf Dauer nicht einmal daran, über Atomwaffen und andere Kriegstechnik für einen aktiven Einsatz zu verfügen. Und das einzige, was diesbezüglich zu hoffen blieb, war, daß dieses Japan sich im Fall solcher Aktivitäten so wenig japanisch wie möglich verhielt.

239 Das Subjekt der Entscheidung identifiziert sich in westlichen Gesellschaften normalerweise als ‚derjenige, der später verantwortlich gewesen sein wird'. Das Futur II kontrolliert das Präsens (darin besteht das „Über-Ich"-Hafte). Die japanische Auffassung von Verantwortung bezieht sich dagegen, wie man bis heute bei Skandalen immer wieder beobachten kann, auf eine nachträgliche Identifikation mit der bereits vollendeten Tatsache: Politiker oder leitende Angestellte treten zurück, begehen Selbstmord etc. Diese Haltung hat u. U. ihren Ursprung im *tennô*-System der Meiji-Zeit, dessen Struktur mit Bedacht so gestaltet wurde, daß das eigentliche Subjekt der politischen Entscheidungen möglichst verschwommen blieb und der Wille des Kaisers sich lediglich in den *Interpretationen* seiner Berater konkretisierte. Die Verantwortung lag damit ganz auf Seiten dieser Exegeten, die ggf. im nachhinein einräumten, sich geirrt zu haben, und so gerade die Unfehlbarkeit des *tennô* bekräftigten. (Vergl. Maruyama, *Denken in Japan*, S. 52 f.) Der Rückzug des Kaisers aus dem Zentrum der politischen Macht hat an dieser Situation insofern nichts Entscheidendes geändert, als *das Verschwommene* geblieben ist.

Also, weiter gefragt: Hätte man nicht gegen die Kulturalisierung des Japanischen (und in diesem Sinne: gegen die Fiktion einer japanischen Kultur) zu *protestieren* – und zwar sowohl aus Liebe zum Japanischen als auch aus berechtigter Sorge darüber, was mit dem Land Japan als Mitglied der internationalen Staatengemeinschaft in Zukunft geschieht? Besteht nicht auf der einen Seite die Notwendigkeit der Forderung, daß die Europäisierung und Amerikanisierung Japans zumindest bis zu dem Punkt mit aller Rücksichtslosigkeit *weiter vorangetrieben* werde, wo der Umgang mit Apparaten in einem von *teilbarer Angst* bestimmten Zeit-Raum stattfindet, während auf der anderen Seite das Japanische als eigenes, nicht von der ungewissen Zukunft beherrschtes Verhältnis zum Augenblick gerade in der Konkretheit eines *jeweiligen und nie verallgemeinerbaren Handelns* als radikale Alternative zu jedem sozio-politisch koordinierten Aktionsrahmen zu bejahen, zu wiederholen und zu verwirklichen ist?

Und: Wäre in der vollständigen Ablösung dieser beiden Perspektiven nicht *das Denken* zu behaupten?

Zweifellos erblickte ich im Japanischen den Zugang zu einer anderen Verfassung des Technischen, die sich nicht auf eine apparative Temporalisierung der Zeit bezog, und genau das Handeln in diesem anderen Verhältnis zur Zeit wollte ich in den Techniken des Japanischen erlernen. Doch wäre es der verhängnisvollste Fehler, sich von dieser anderen Verfassung des Technischen irgendetwas zu *erwarten* – d. h. auf Konsequenzen zu spekulieren, die auch nur um eine einzige Unterscheidung jenseits dessen liegen, was *ich hier und jetzt* tue. Eine Technik des Japanischen stellt eine Gelegenheit für *niemanden als mich* dar. Sie betrifft mich keineswegs als isoliertes Wesen, sondern situiert meine Einsamkeit im Gewährsraum eines unbedingten Anstands, aber dennoch ist die Wirklichkeit ihres Angebotes nicht sozio-politisch, nicht kulturell. Es handelt sich um ein wirkliches Angebot gerade insofern, als wer immer es wahrnimmt, sämtliche Möglichkeiten, die man darauf zurückprojizieren könnte, gleichgültig ausschlägt – hier oder dort.

Das Unangenehmste an den westlichen und japanischen Affirmationen des Japanischen, vor allem denjenigen, die Heidegger als

Vermittler bemühten, waren die Erwartungen, die sich daran knüpften. Bei all den Versuchen, sich im „anderen Haus des Seins" niederzulassen, artikulierte sich durch das beschwörende Raunen von der Stille, der Schlichtheit, der Sammlung zur Leere und der Erfahrung des Nichts die verzweifelte, von einer Art offensivem Selbsthaß entflammte Erwartung, durch ein (Nicht-)Handeln an jenem anderen Ort von der Katastrophe des eigenen Existierens in einem christlich-geschichtlichen Sinne erlöst zu werden. Deshalb ging es diesen Affirmationen darum, das Japanische als Erinnerung eines Vergangenen zu retten – denn ihr Ziel bestand in einer Entäußerung der eigenen Kultur, die sie wie ein glückliches Schicksal erwarten durften: einem kollektiven Tod, den sie sich außer im Umweg über das Überleben eines Anderen nicht zu wünschen getrauten.

Mein Einspruch gegen diese implizite Apokalyptik des Fremden faßte sich, als ich die Tür zu meiner Wohnung aufschloß, in einem einzigen Gedanken zusammen: Eine Technik des Japanischen wäre so unverwechselbar und unübertragbar *mein* Zugang zum Handeln wie der Tod meine Grenze zum Sein. Tatsächlich wäre sie vielleicht nichts anderes als ein letzter, bleibender Widerstand gegen die Vergesellschaftung oder Vergemeinschaftung des Todes in einer Idee von Kultur.

Die Klarheit dieser Einsicht begann wie von selbst den Rest von Traditionalismus zu beseitigen, der in meiner Liebe zum Japanischen immer wieder noch mit aufgeworfen wurde. Mir war stets seltsam aufgestoßen, wie häufig und sicher in japanophilen Texten das Wort „traditionell" gebraucht wurde, und ich erwischte mich auch selbst regelmäßig dabei, „das traditionelle japanische Haus" und Ähnliches zu sagen. In meiner Wohnung in Sendagi angekommen, rief ich meine Tee-Lehrerin an, die glücklicherweise nicht daheim war, stellte ihr in Abwesenheit die folgende Frage (und beantwortete sie selbst):

Gibt es das wirklich – eine japanische Tradition?

Bereits Maruyama hat aus der Perspektive des Historikers bezweifelt, ob der Begriff der „Tradition" hinsichtlich dessen, was im Verlauf der japanischen Geschichte erinnert und vergessen wurde, angebracht sei.[240] Wird das Traditionelle nicht um so zweifelhafter, wenn man die gemeinsame Klammer einer geschichtlichen Ordnung der Ereignisse im Osten wie im Westen löst?

Mit demselben Recht oder Unrecht könnte man bezweifeln, ob es beim *sadô* wirklich Regeln gibt (ihr Einwand, vorgebracht in gutem Englisch). Selbstverständlich. Und, fragte sie, *gibt* es beim *sadô* Regeln? Wieder ich:

Ja.

Sie nickte.

Die Antwort lautet zunächst einmal entschieden ja. Denn der Ablauf dessen, was wir mittlerweile nur noch widerstrebend mit „Teezeremonie" übersetzen, unterscheidet sich von einem gewöhnlichen Beisammensein und Teetrinken ja eben darin, daß der Gastgeber von der Auswahl der Geräte und der Dekoration des Raumes bis zu jeder einzelnen Hand- und Körperbewegung bei der Zubereitung des Tees eine große Zahl von Regeln beachtet. Von einem Schüler, der *sadô*-Unterricht nimmt, wird kompromißlose Befolgung erwartet; üblicherweise sind nicht einmal Fragen erlaubt. Westliche Beobachter finden am Teeweg vor allem diese jahrelange Demutsübung und das Versprechen einer Souveränität am Ende der Unterwerfung abstoßend oder reizvoll, und den Japanerinnen, zumeist Hausfrauen, die heute die Teegesellschaft ausmachen, geht es wohl im Stillen ebenso.[241] Die beiden großen Schulen, die aus der von Rikkyû begründeten Tradition des *wabi-sabi* hervorgegangen sind, unterscheiden sich hinsichtlich einiger Vorschriften und lenken die Aufmerksamkeit diesbezüglich auf kleinste Details (einmal ist es der linke, ein-

---

240 Vergl. ebd., S. 27: „Wenn aber jenes ‚traditionelle' Denken mit seinem jahrhundertealten Erbe wirklich ‚Erbe' und Tradition gewesen ist: Wieso wurden wir dann so leicht von den Wogen der ‚Europäisierung' verschlungen?"

241 Obgleich sie sich im Raum zwischen dem einen und dem anderen einen geschützten Bereich freundlichen Umgangs erarbeitet haben, der auf bemerkenswerte Weise alles aufnimmt, was der ‚männlichen' Verabsolutierung von Regeln qua Exklusion entgeht und, mit den Begriffen feministischer Sozialwissenschaft gesagt, einen ‚weiblichen' Diskurs ausmacht: ein zutiefst inklusives Geplauder, das der einmaligen Begegnung beim Tee (*ichi-ê*) die wuchernde Fülle eines *Kaffeeklatsches* erschließt, ohne über die Konturen der durch die Begegnung bestimmten Gelegenheit (*ichi-gô*) im mindesten hinauszutreten.

mal der rechte Fuß, mit dem der Gastgeber den Raum betritt, dieselbe Handlung wird einmal so, einmal ein wenig anders ausgeführt, usw.). Die Welt des Tees ist eine durchgehend geregelte Welt, und Freiheit scheint erst an jenem Punkt einzutreten, wo die Regeln so ‚verinnerlicht‘ wurden, daß sie das Handeln nicht mehr behindern. Solange der Ausführende noch darüber nachdenken muß, was und wie er etwas zu tun hat, solange noch eine Vorstellung von dem, was zu tun ist, ihn von der Handlung trennt, werden ihm die Regeln wie ein Korsett erscheinen, das stützt, aber auch einengt. Und das Wort des Meisters wird stets etwas von einer Ermahnung haben, da es einer Angst Stimme gibt, die den Lernenden begleitet und mit fremder Zukunft bedroht.

Die Regeln des *sadô* wurden über Jahrhunderte überliefert und nur behutsam modifiziert. Der Geist Rikkyûs scheint fast alle späteren Teemeister verpflichtet zu haben, und ihre Aufgabe war und ist daher vor allem auch die eines Bewahrens. Mit jedem Tee, den ihre Hände zubereiten, sind sie Sachwalter einer Traditionspflege, deren Institutionalisierung als Regelwerk das Vergangene gegen die evolutionäre Entwicklung behauptet, indem die Möglichkeiten mit einer gewissen Insistenz darin zurückgehalten werden, sich zu entfalten, bzw. ihre Entfaltung stets zu einem regelmäßigen Einmaligen zurückgezogen wird, in dessen augenblicklicher Evidenz alle zeitlichen Falten sich glätten. Die Teemeister erfüllen damit konservative Erwartungen. Sie tun es für die Traditionalisten, und soweit sie selbst einem Traditionalismus anhängen, tun sie es auch für sich selbst. Und dennoch ist etwas *an* ihnen (so wie Aristoteles von der Zeit als „etwas *an* der Bewegung" gesprochen hat), was mit der Idee der Tradition, der Bewahrung und Überlieferung so wenig beachtet ist, daß man es nicht einmal modern nennen kann. Ein Pragmatismus, der, trotz oder wegen der Kenntnisse, die sie ganz gewiß haben, im Grunde keine Vergangenheit kennt. Es gibt da eine Weise, *direkt* auf die Dinge einzugehen, wie wenn das Bekannte nicht der Erinnerung zugerechnet, sondern in seiner Bekanntheit einem eigenen Augenblick zugedacht wäre, der dem Gegenwärtigen durchgehend nahebleibt, ohne deshalb in einem bloß geschichtsleeren Präsens zu enden. Das Unmittelbare an diesem Verhältnis zu den Dingen zeigt vielmehr die effektive Freiheit von einem Medium auf, das Gedanken und Handlungen an die Dinge vermittelt und umgekehrt. Diese Teemeister sind weder ‚intellektuell‘ noch ‚künstlerisch‘, denn ihr lebendiges Verhältnis zur Zeit läßt diese weder in der Figur einer ordnenden Bewegung noch in der einer medialen Rückkopplung und Selbstunterbrechung zum Vorschein kommen. Es behält die Zeit vielmehr in der Handlung ein, und genau insofern existiert in dem, was sie tun, kein Abstand oder irgend zu verräumlichender Unterschied zwischen Handeln und Denken – was man sehen kann, wenn sie Tee zubereiten, aber ebenso hören, wenn sie reden. Ihr Zugriff auf ein Wort entspricht durchaus dem Griff nach dem *shaku*, der Schöpfkelle: kein Zögern, keine Schnörkel, keine überflüssige, als Mehr an Sicherheit semantisierte Kraft.

Bei meinem ersten Besuch der Urasenke-Schule in Kyôto, damals mit einer Gruppe europäischer Studenten, hielt ein junger Mann einen Einführungsvortrag, leitete eine Demonstration und beantwortete zum Schluß unsere Fragen. Es handelte sich um einen Amerikaner, der seit einigen Jahren in Japan lebte und im Tee-Unterricht schon relativ weit fortgeschritten war. Er erzählte nichts, was ich nicht schon in Büchern gelesen hatte, aber irgendetwas an seinem Vortrag beeindruckte mich. Anschließend machten ein paar meiner Reisegefährten mir Vorwürfe, weil ich während der Veranstaltung mein Taschentuch gezückt und mir die Nase geschneuzt hatte, obwohl das (wie wir alle uns untereinander dutzendfach versichert hatten, nachdem die Information irgendwie in die Runde eingesickert war) einen Verstoß gegen die Regeln des guten Benehmens darstellte und zumal in einem Teeraum besonders unstatthaft wirkte. Eine Frau unterbrach das mit der Bemerkung: „Dieser Mann hat genau soviel gesagt, wie nötig war. Vorher, währenddessen und auf unsere Fragen – nicht weniger und nicht mehr.“

Sie hatte recht. Von allen Vortragenden, Informierenden, Vermittelnden, denen ich in meinem Leben begegnet war, hatte dieser Amerikaner gerade jene Unart nicht besessen, die solche Präsentationen in der Regel zu etwas Interessantem *oder* Langweiligem, Geglücktem *oder* Verunglücktem und doch in beiden Fällen irgendwie Strapaziösem machte – die Weigerung oder das Unvermögen des Redners, das wirklich Wichtige auf einem Niveau mitzuteilen, das die Komplexität der Sache nicht unterbot, oder, häufiger, die zügellose Weitschweifigkeit infolge unerträglich hohen Drucks, der aus dem Übermaß an Wissen endlos lange Ketten von Details heraussprudeln ließ und den Experten daran hinderte, auch nur einen seiner Sätze zur rechten Zeit abzuschließen. Unscheinbar und wahrhaftig ohne zu glänzen hatte der Teeschüler dagegen bewiesen, daß es auf eine hypothetische oder tatsächlich gestellte Frage eine einfache, d.h. endliche Antwort gab. „Kann man die Teezeremonie auch zu Hause in Europa durchführen?" – „Ja, aber Sie brauchen neben dem *macha*-Teepulver selbst einige Utensilien, vor allem einen *chasen*, einen Bambusbesen zum Verrühren des Tees, die in europäischen Ländern schwer zu bekommen sind." Keine allzu intelligente, in keinem Fall eine tiefe, philosophische, nicht einmal eine interessante Antwort – aber die Antwort auf *diese Frage*. Eine Entgegnung, die der Frage für eine Konkretheit dankte, die sie erst mit diesem Dank erhielt.

In einem berühmten Gedicht sagt Rikkyû, der Zweck des *sadô* sei es, Tee zuzubereiten und zu trinken. Angesichts des betriebenen Aufwands und der langen Schulung klingt das geradezu unverschämt banal, zumal es alles wegwischt, was man vom religiösen, mystischen oder auch alltäglichen Ritual her an Bedeutung, formeller Strenge oder ästhetischer Perfektion auf die Handlungen des Teemeisters projizieren könnte. Die Handlungen beim *sadô* sind, so eigenartig manche von ihnen wirken, vollkommen funktional (entweder für die Teezubereitung oder im Hinblick darauf, dem Gast seinen Aufenthalt möglichst angenehm zu gestalten). Ihre Schönheit ist keine von der Funktion abgehobene Qualität, sondern der bloße Umstand, *daß* eine solche Wirkung auf so einfache und direkte Weise zu erzielen ist, *daß* eine Sache so umstandslos *gelingt*. Für den Teeschüler geht es letztlich darum, ganz pragmatisch das Gelingen zu lernen.

Und diesbezüglich könnte man auch das Gegenteil dessen behaupten, was so offensichtlich ist (und bleibt): Es gibt *eigentlich keine* Regeln im *sadô*. Es gibt keine andere Aufgabe als die, für seine Gäste Tee zuzubereiten, und für den Gast keine andere als die, ihn zu trinken. Kein einziges Detail in diesem Vorgang der Zubereitung und des Genießens ist wirklich vorgeschrieben, und jeder, selbst der

Anfänger in seiner ersten Stunde, hat die Freiheit, jede Handlung so auszuführen, wie es ihm gefällt. Die Freiheit des Teemeisters ist keine *erarbeitete*. Sie ist von Anfang an da und verändert sich nicht; sie begleitet seine Übungen von der Schülerzeit an, bleibt in seiner Nähe und hält sich fortwährend für jede seiner Handlungen bereit. Wenn der Schüler sie zunächst für eine lange Zeit nicht in Anspruch nimmt und lieber seinen Meister nachahmt, so deshalb, weil er erst noch aufmerksam werden muß für das, was er tut.[242] Wir alle *können* Tee zubereiten. Wir wissen, wie man das so macht, daß Tee dabei herauskommt. Dieses Wissen läßt sich verfeinern, wenn wir mehr über verschiedene Teesorten, ihren Anbau, ihre Verarbeitung und Wirkung erfahren, besondere Utensilien kennen und gebrauchen lernen, selber welche herstellen usw. Aber das Können, dem das Wissen beikommt, ist von Anfang an da. Es fehlt dagegen im Vollbringen eine Achtsamkeit für das Vollbrachte: Ich löffle irgendwie Tee aus irgendeiner irgendwie schönen oder praktischen Dose, mache irgendwie Wasser heiß und gieße es irgendwie so darüber, daß das gewünschte Resultat entsteht. Meine Handlungen sind durch ihren Zweck gerade so weit bestimmt, wie es unbedingt erforderlich ist. Sie werden jedoch in einem lediglich etwas eingeengten Möglichen belassen, während die Aktualisierung selbst jeweils eine Sache unwägbarer, mir unbewußter Einflüsse und einer gewissen Vermischung mit dem Zufall bleibt. Meine Handlungen sind daher nicht *wirklich*, nicht *in ihrer Wirklichkeit* bestimmt – und insofern nicht als Handlungen bestimmt, sondern nur als Vorgang im Sinn eines Transportes vom Zustand *a* zum angestrebten Zustand *b*. Diese abstrakte

---

242 In einer Übersetzung in die Terminologie abendländischer Philosophie: „Das vom Phänomen her analysierte Gesetz ist im Zen so nicht das Gesetz des Phänomens vom Unerwachen aus, sondern das des Ansich bzw. des Erwachens, das sich erst im Phänomen zeigt. Dies Gesetz *ist* dann das Eine (das Indifferente, Selbige), indem es zugleich Differentes (Vieles) *ist* und umgekehrt. Hier sind Differenz und Identität innerlich verbunden. Erst hieraus wird das Gesetz der Differenz in der Übung zu Weg, Mittel und Methode, die zur Identität führen. So gewinnt auch das Gesetz der Übung seine Allgemeinheit, Gültigkeit und Notwendigkeit, womit nicht nur das Kommen von der Differenz zur Identität, sondern auch das Kommen von der letzteren zur ersteren in seiner Notwendigkeit begründet wird." (Hisamatsu, *Die fünf Stände…*, S. 19.)

Determination allgemeiner Möglichkeiten („von *a* zu *b*") ist etwas anderes als eine konkrete Bestimmung *der Handlung*. Diese nämlich geschieht durch *meine Hand*.

3. Institutionell gebundene und freie Zeit: das ‚Japanische' heute

Die Frage nach der Tradition ist die Frage nach dem Verhältnis von gegenwärtigen *Handlungen* zu einer *institutionellen Praxis*, die diese Handlungen auf temporale Strukturen abbildet, in denen die Erinnerung vergangener Handlungen mit der Erwartung zukünftiger auf eine bestimmte Weise verknüpft ist. Versucht man als deutscher Philosoph, zumal als Heidegger-Leser, mit japanischen Gelehrten über die traditionelle japanische Welt zu reden, hängt man mit seiner unspezifischen, dem Wesen einer nicht historisch und sozial determinierten *Sache* angemessenen Sprache ziemlich in der Luft, da die Gesprächspartner sich unter Namen wie *zen*, *sadô*, *nô* usw. hauptsächlich auf die Ausdifferenzierung einzelner Schulen und die Lehren und Wirkungslinien einzelner Meister beziehen. Man bekommt den Eindruck, daß *die Schule* die wichtigste Einheit für die japanische Wahrnehmung der eigenen Tradition ist, und sieht sich mit einer gigantischen Zahl hauchfeiner Abweichungen konfrontiert, die jeweils einen neuen Zweig, eine neue Richtung und eine neue Erfolgs- oder Mißerfolgsgeschichte konstituieren.[243] Und tatsächlich

---

243 Dieses Prinzip der Aufteilung und Benennung gemäß winzigen Unterschieden wäre übrigens für alle Bereiche der japanischen Kultur untersuchenswert. Denn letztlich sind auch die Nahrung, die Musik oder sogar die japanische Sprache Systeme, deren Komplexität allein dadurch entsteht, daß feinsten Differenzen ein hoher Bedeutungsgehalt verliehen wird. Das Prinzip unterscheidet sich dabei grundlegend vom Ideal empirischer Genauigkeit in der westlichen Geschichtsschreibung und den Sozialwissenschaften, insofern die Differenzierung/Benennung von Anfang an deutlich konstruktiven Charakter hat und es eher um die *Schaffung* von *Intensitäten* (‚Werten') als um die Adäquation repräsentativer Termini geht.

sind es angesichts eines weitgehend erlahmten Interesses der breiten Mehrheit in Japan diese Institutionen, die fortbestehen und dafür sorgen, daß es fast alle traditionellen Praktiken irgendwo in einer gesellschaftlichen Nische noch gibt. Während kaum ein Japaner unter fünfzig Jahren die Handlung von *nô*-Stücken kennt oder etwas zu den Texten zu sagen weiß, die in der *tokonoma* des Teeraums aufgehängt werden, taucht doch die Heirat eines hohen Repräsentanten der Urasenke-Schule mit einem Mitglied der kaiserlichen Familie in den Gesellschaftsnachrichten auf und durchläuft, zumindest kurz, das öffentliche Bewußtsein.

Diese Konzentration auf das Institutionelle erscheint vielen Japanophilen erst recht als Beleg für den kulturellen Verfall, dem Japan seit dem Beginn der Meiji-Zeit, auf jeden Fall aber seit Ende des zweiten Weltkriegs ausgesetzt sei. Denn ist nicht ein *nur* institutioneller Fortbestand beinahe schlimmer als das endgültige Aussterben, wenn er von keiner *lebendigen* Tradition mehr getragen wird? Wird das Wesen des Japanischen nicht durch die *Reduktion* auf die administrative Realität von Schulen seinem *Geist* vollends entfremdet? Hier kommt nicht selten sogar Zorn auf, und mancher japanophile Text legt ein unmißverständliches Zeugnis davon ab, daß der westliche Beobachter, der die verwirrende Vielfalt der Schulen, Zweige, Sekten, Namen und Texte nicht nur nicht überschaut, sondern auch für *äußerlich* hält, den Japanern das *Essentielle* ihres kulturellen Erbes erklären möchte. Wer wird schließlich von Kirchengeschichte und klerikaler Politik sprechen, wenn es darum geht, Gott zu erfahren. Und um weniger geht es ja nicht.

Wäre es aber nicht angebracht, gerade die Funktion der Institution einmal genauer *hinsichtlich der Handlungen* zu prüfen, die unter ihrem Dach ausgeführt werden?[244] Hätte man nicht Grund, davon auszugehen, daß die Disziplinen sich im Laufe der japanischen

---

244 Wie Maruyama schreibt: „Es geht vielmehr um die Frage, wie der Geist *in* den Institutionen, der Geist, der diese Institutionen *schafft*, mit der konkreten Wirkungsweise dieser Institutionen zusammenhängt und wie er die Institutionen selbst sowie die Einstellung der Menschen zu ihnen bestimmt; d. h., das Problem liegt sozusagen in der erkenntnistheoretischen Struktur des japanischen Staates." (Maruyama, *Denken in Japan*, S. 50.)

Geschichte geeignete Institutionen geschaffen haben, die ihrem Wesen entsprechen – und daß folglich die Überbetonung der institutionellen Realität in Japan durchaus einer intrinsischen Notwendigkeit des Weges zu einem andersartigen Handeln korrespondiert? Wenn die Hand bestimmt, was und wie etwas getan wird, kommt der Vergangenheit keine bindende, sondern nur eine helfende Funktion zu. Es dürfte die vornehmliche Aufgabe eines institutionellen Rahmens sein, dies zu gewährleisten, und genau das tut er vor allem. Das Vergangene ist gerade deshalb so überdeutlich in der Institution verankert, weil es *von sich aus keinerlei* Macht über das Gegenwärtige besitzt und auch nicht besitzen soll. Die Institution stellt in dieser Sache das Medium einer *radikalen Externalisierung* von Vergangenheitsbezügen dar. Indem sie die Aufgabe des Bewahrens übernimmt, befreit sie die Handlungen, die in der von ihr abgesteckten Domäne stattfinden, von der Last, die Vergangenheit *mit sich* herumtragen zu müssen.

Das heißt in der Tat, es gibt in dem, was die japanischen Techniken des Weges ausmacht, gerade keinen inneren, ‚organischen‘ Zusammenhang zwischen Wiederholen und Erinnern. Und in diesem Sinn keine Tradition. Wenn der Schüler seine Hand bewegt, saugt der Ort die Spuren seiner letzten Bewegung augenblicklich in sich auf, ebenso wie die jeder früheren, und die Handlung findet so in jedem Fall ein grau-weißes, unberührtes, aber beschriebenes Blatt vor, das die Handlung hinterlassen hat.

Besonders deutlich wird das in der Zen-Ausbildung, wo rigider Institutionalismus und Anarchie eine höchst bemerkenswerte Symbiose eingehen. Am Beginn des Curriculums im Rinzai-Zen etwa steht für jeden Schüler entweder Jôshûs berühmtes Mu-*kôan* oder Hakuins Klatschen einer Hand. Bereits hier wird der Novize genötigt, durch das *mumon*, das Nicht(s)-Tor hindurchzugehen und vor allem auch die unmittelbare Verbindung zwischen dem Nichts als ‚Gegenstand‘ der Erfahrung und der Nichtung als konkretem Zustand der Erfahrung zu realisieren. Dies geschieht unter der strengen Anleitung durch den Meister, aber es geschieht nur *ohne* den Meister, denn den Weg beschreitet jeder nur allein und aus eigener Kraft (weshalb der Dialog mit dem Schüler stets auch eine Aufkündigung des kommunikativen Vertrages enthält). Je weiter der Schüler sich durch die Lösung von *kôan* und die Verwirklichung von *kenshô*[245] auf dem Weg voran bewegt, desto klarer wird ihm, daß *außer* seinem eigenen Hiersein für die Zen-Erfahrung alles unzuverlässig und hinderlich ist – die formalen Regeln, die großen aufgeladenen buddhistischen Begriffe, die Vorbilder in der Geschichte des Zen, sogar der eigene Meister. Entsprechend lautet eine Empfehlung, selbst Buddha, falls man ihm begegnen sollte, zu erschlagen, denn wer nicht ebenso ohne Buddha wie mit Buddha erleuchtet zu werden vermag, ist von wirklicher Erleuchtung noch weit entfernt. Es vollzieht sich also eine radikale Deinstitutionalisierung, die vor nichts halt macht und in der Insistenz auf einem gegenwärtigen Weitergehen (*kôjô*) die gesamte Tradition in die oppositionslose Einfachheit des Soseins hineinzieht und darin vernichtet.

Auf der anderen Seite führt dies jedoch gerade nicht zum Sturz der Institution, sondern begründet vielmehr ihr Weiterbestehen. Der Zen-Schüler erlangt die Erfahrung des Nichts keineswegs auf der Grundlage von Ignoranz. Die Gegenwart seiner Haltung darf, um wirklich frei von der im Traditionellen gebundenen Vergangenheit zu werden, keinen Augenblick durch die bloße Abwesenheit des Vergangenen besetzt sein. Daher umfaßt die Ausbildung neben *kôan* und Meditation eine ausführliche Lektüre der Sûtren-Texte und ihrer zahlreichen Kommentare, das Studium der Zen-Genealogien und Übungen im Kommentieren und *Capping* der klassischen *kôan*, so wie sie im *Mumonkan* und *Hekiganroku* und den übrigen Sammlungen überliefert sind. Und obgleich der Dialog mit dem Meister ein ständiger Kampf ist, in dem es irgendwann zu siegen gilt, wird diese anarchische Energie am Ende in eine Achtung vor der Autorität des anderen münden müssen, die eine Beachtung seines Scheiterns selbst-

245 Das Wort wird üblicherweise mit „Erleuchtung" oder „Wahrheitsschau" übersetzt, unterscheidet sich jedoch grundlegend von den entsprechenden Begriffen der christlichen Mystik. Vergl. zu *kenshô* und *kenshô-suru* C.V. Sôgen Hori, „Kôan and Kenshô in the Rinzai Zen Curriculum", in: S. Heine/D.S. Wright (Hrsg.), *The Kôan. Texts and Contexts in Zen Buddhism*, New York 2000, S. 280–315, bes. das Kapitel „How do you *kenshô* this?".

verständlich mit einschließt.[246] Die eigentümliche Koexistenz von Institution und Anti-Institutionalismus zeigt das paradoxe Beispiel des Patriarchen H'ui-neng, der die Sûtren zerriß. Soll man ihm darin folgen und so durch die Wiederholung eines Traditionsbruchs die Tradition fortsetzen? Oder soll man diese Tradition brechen, indem man die Traditionen befolgt? Jeder Weg geht durch die Vergleichgültigung dieser beiden Möglichkeiten in einem konkreten Handeln hindurch.[247]

Etwas Entsprechendes gilt nun aber vielleicht für ‚die japanische Tradition' insgesamt, insofern der Zen-Buddhismus nicht nur die maßgebliche Inspiration für alle *dô* ist, sondern auch jenes *dort* ge- oder entfärbt hat, das Europäer seit der Öffnung Japans im 19. Jahrhundert konstruieren und überliefern. Von diesem Projekt einer reflexiven Exotisierung Ostasiens wäre weniger zu fordern, auf eine imaginäre Größe wie das ‚traditionelle Japan' zu verzichten, als vielmehr, in der Reflexion des Exotischen konsequent weiterzugehen und auch den Begriff der Tradition in den Wirkungsbereich jenes *dort* zu überführen, wo das europäische Modell einer dialektisch-akkumulativ oder zerstörerisch voranschreitenden Geschichte nicht gilt. Es wäre mit Nachdruck zu wünschen, daß man der Bewahrung und dem Vergessen des Anderen auch ein anderes Bewahren und ein anderes Vergessen abnimmt. Und das hieße hier, an einem Punkt, wo das Nachdenken über die Zeit einmal mehr erst beginnt, die Überlieferung mit der Gleichgültigkeit gegen das Vergangene und die Institution mit der Anarchie zu identifizieren.

So lautete am Ende meine technische Einsicht in das Handeln *dort*: Es kam nicht so sehr darauf an, ob *sadô, shodô, kadô, nô* usw. noch ‚lebendiger' Teil der japanischen Lebenswelt waren oder etwas Abgeschnittenes, das der Vergangenheit angehörte und von der Gegenwart nicht wieder aufgenommen werden konnte. Es war für die Wege selbst nicht maßgeblich, ob sie zur kulturellen Identität

---

246 Einige der *kôan* mit dem höchsten Schwierigkeitsgrad erzählen von scheiternden Meistern. Vergl. z. B. *Mumonkan* Nr.13.

247 Nach dem Alter legendärer oder historischer Gestalten gefragt, gibt der Zen-Schüler, der sich in den Prüfungen eines *kôan* bewährt, bspw. stets sein eigenes Alter an.

des modernen Japans zählen konnten oder lediglich als touristische, exotische, liebhaberische Rückprojektion weiterbestanden – solange *irgendjemand* die Handlungen, die sie gestatteten, *vollzog* und sie als Techniken auf ihrer eigenen Wirklichkeit beharrten und entsprechende Institutionen unterhielten. Bei diesem Jemand mußte, ja sollte es sich nicht notwendig um einen Japaner handeln. Es konnte ein amerikanischer Schüler sein. Ein schüchterner Liebender namens Roland Barthes. Ein finsterer namens Heidegger. Oder vielleicht sogar ich.

Schlußbemerkung

Ich war dem Professor dankbar für unser Gespräch, obwohl er sich kaum Mühe gegeben hatte, etwas Bedeutendes zu sagen. Ich war ihm dankbar für seine einfache kleine Formel von der Erdbeben-Mentalität, obwohl sie alle meine komplexen Gedankengebäude über das Japanische zum Einstürzen brachte und es für die Zukunft wirklich nicht gut aussehen ließ. Ich war ihm sogar dankbar für seine Ironie, obwohl sie wahrscheinlich vor allem mir und dem Versuch, der Fragende zu bleiben, gegolten hatte.

Denken heiße Danken, hat Heidegger gesagt. Das Japanische denken heißt vielleicht nichts anderes als: Japan dankbar sein.

Dieser Dank geht nicht auf ein spezielles Geschenk zurück, das mir Japan gemacht hat oder das ich von Japan erwarten durfte, schon gar nicht auf eine einseitige Vorleistung, mit der dieses Land sich meine Zuneigung verdient hätte. Im Gegenteil – oder: nicht einmal das Gegenteil. Der Dank betrifft nichts Einzelnes, was in Japan zu finden war, ist oder wäre, bzw. er betrifft alles das, jedoch bereits in der Gewißheit, daß ich mich Japan erst und nur zugewandt habe, um ihm zu danken. Die ,japanische Welt', dieses Konstrukt, das ich hier im Einklang mit allen Gegenargumenten befürworten möchte, ist der eigene Zweck, das Ende meiner Dankbarkeit.

Und ich bestehe darauf, gerade *Japan* zu danken. Denn wir haben noch nicht wirklich begonnen, über unsere Dankbarkeit nachzudenken, und benötigen die Stimulanz des Exotismus und des darin freigesetzten intensiven Zeitgefühls, um es zu tun.

Heideggers Wort vom Danken scheint aus grauer Vorzeit zu kommen und klingt heute, in einen zeitgenössischen Diskurs eingestreut, fast lächerlich realitätsfremd. Es ist das Wort eines alten Lehrers, der uns zu einer dankbaren Haltung ermahnen will, in der sich weitoffene Achtung für das Seiende mit Spuren eines unbestimmten christlichen Pathos verbindet. Uns – das heißt, uns Undankbare, die wir keine Lust mehr haben, wahrscheinlich nie hatten, seine Schüler zu sein, und denen jenes grundsätzliche Alter, das Heidegger ausmacht, keinen Respekt mehr abnötigt, sondern bestenfalls einen genervten strategischen Fleiß.

Wir leben in einer Gesellschaft, die diesen Namen vor allem im Unterschied zu irgendeiner Gemeinschaft verdient, einer Gesellschaft, in der es vielfältige funktionale Differenzierungen, aber kein *konstitutives* „soziales Band" mehr gibt – d. h., allgemein gesprochen, keine Verpflichtung und schon gar keine zum Dank. Den meisten von uns geht das Wort „dankeschön!" relativ glatt über die Lippen, nachdem wir die infantilen und pubertären Widerstände gegen die Konvention des *bitte – danke* überwunden haben, die in ihrer Weigerung ein wenig auf der Authentizität und Größe des Dankes insistierten, und nun einen durchaus realistischen Umgang mit dem Danksagen pflegen. Die Hypostasen des Dankes dagegen, wie wir sie von Heidegger und seinem „Anspruch" des Seins, aber ebenso von Lévinas und Derrida mit ihrer Ethik einer primären Verpflichtung gegenüber dem Anderen überliefert bekommen, bleiben unserem Handeln durchweg äußerlich. Wir fühlen uns als Handelnde *nicht* zum Dank verpflichtet. Die Ermahnungen im Namen des Seins, im Namen Gottes oder des Anderen erinnern uns nur daran, daß wir jenes Gefühl schon vor langem vergessen haben, und wie Augustinus feststellt, daß man sich vergangene Erfahrungen ins Gedächtnis zurückrufen kann, ohne den Affekt von damals wieder heraufzubefördern, so bemerken auch wir, wenn wir ehrlich sind, das vollständige Ausbleiben jeder entsprechenden Tendenz zum Handeln angesichts einer derart pathetischen Vorstellung vom Danken.

Wenn wir ehrlich sind, will sagen: wenn wir uns für einen Augenblick darüber klar werden, wie dankbar wir für solche Inszenierungen des Dankes sind. Denn lesen wir nicht auf der anderen Seite allzu gern von der Verpflichtung und den aporetischen Dramen ihrer archaischen, an die Grundfeste unseres Herzens und Verstandes rührenden Gewalt? Lesen wir Lévinas, Derrida, vielleicht sogar Heidegger nicht mit einer großen Dankbarkeit dafür, daß *sie* sich das uns Überfordernde, uns in unseren kleinen endlichen Bezirk Zurückstoßende, kurz: das Unmögliche für uns ausgedacht haben, *obwohl* wir selbst mit keiner unserer Handlungen das Begehren verraten, in ein Verhältnis zum Unmöglichen gestellt zu sein? Das ist keine Spitzfindigkeit, wie ich meine: Unsere eigentliche Dankbarkeit ist die Reaktion auf ein Angebot, das wir wahrnehmen, ohne daß es sich auf eine Nachfrage zurückführen läßt. Vielmehr schafft das Angebot die Nachfrage bzw. verwandelt eine unbestimmte Bereitwilligkeit durch Erfüllung in einen Wunsch, der infolgedessen seine Vergangenheit als Begehren entdeckt. Diese Bereitwilligkeit war vielleicht nie größer als heute, da der artifizielle Charakter des Begehrens in seinen mannigfaltigen, nunmehr allesamt unter Streß stehenden Erscheinungsformen deutlich wird und wir zu verstehen beginnen, daß unser menschliches Dasein keineswegs ein ursprünglicher oder vor-ursprünglicher Bezug zum Unmöglichen auszeichnet, sondern vielmehr die mit unserer Endlichkeit völlig *deckungsgleiche* Bereitschaft, uns das Unmögliche schenken zu lassen. *Darin* liegt unsere Dankbarkeit, und darin liegt vielleicht auch ein nicht unbedingt relativierendes Verhältnis zu unserer Kultur begründet, wenngleich die geläufigen Selbst-Wertschätzungen des Kulturellen dieses Verhältnis in Projektionen von Zufriedenheit (Identität) oder Unzufriedenheit (Differenz) schematisieren und in gewisser Weise verkennen.

Dabei trifft auch die Rede von Angebot und Nachfrage nicht wirklich zu, denn diese Dankbarkeit hat weniger mit der Befriedigung von Interessen zu tun, die durch die Befriedigung als Möglichkeiten erst hergestellt werden, als vielmehr mit dem Geschenk von etwas, was sich der Alternative von Zufriedenheit und Unzufriedenheit in genau jenem Moment entzieht, in dem ich mit meiner Handlung an der Wirklichkeit teilnehme. Meine Dankbarkeit betrifft gerade die augenblickliche Befreiung von dieser Alternative, und die Gleichgültigkeit, die ich durch das Gelegentliche, ja Alltägliche eines wirklichen Ereignisses atme, hat nicht den trägen, lähmenden Charakter einer Erwartung, die zu ihrer Erfüllung hinzutritt, sondern die Intensität einer Handlung, die mir zusagt, weil ich sie weder aus eigenem Antrieb noch nach externer Vorlage ausführe – weil ich sie *zusammen mit dem Ereignis* verwirkliche, das sie *währenddessen* ist.

Diese Handlung ist nichts, was mir überraschend zustößt. Doch ich habe nicht mit ihr gerechnet. Es wäre nicht möglich gewesen, sie im vorhinein zu beschreiben oder zu sagen, *was* sie ist, obwohl *es* mir bekannt ist und auch vorher schon war. Und es ist ebenso unmöglich, das im nachhinein, aus der Erinnerung zu tun, obwohl unsere Bekanntschaft durch diese Erneuerung nicht beeinträchtigt wurde. Die einzige entsprechende Haltung ist in das eigene Währenddessen des Handelns eingelassen und ist, in dieser Verfassung, mein Dank. Kein nachträgliches Dankeschön, das zwischen Erinnerung und Erwartung oder Planung einer Wiederholung die Verpflichtung realisiert. Wir sollten vom Japanischen nichts für die Vergangenheit und nichts für die Gegenwart erhoffen (im Gegenteil sollten wir Japan dabei helfen, derartige Hoffnungen restlos zu vergessen). Alles, was das Japanische, zumal das traditionell Japanische zu geben hat, gehört der Gegenwart und erschließt sich nur im Währenddessen eines Mit-Japan-Denkens/Mit-Japan-Handelns, das niemals irgendein Wissen fundieren wird, sondern sich unentwegt im Zustand einer Disziplinierung hält, die ich nur mir zuzuschreiben und sogleich und ohne Umweg durch das Mögliche auf mich als den Nächsten anzuwenden habe.

Deshalb hier am Ende, vor dem Fazit, die Euphorie des Dankes im Augenblick, da das Ereignis Japan seine Zeit mit meiner Handlung teilt: *Kôan* für einen anderen, einen japanischen Schüler, dessen Lösung ich längst weiß. Schale Tee, die ein Meister für sich allein leert und von der ich allein deshalb erfahre, weil ich niemals unter seinen Gästen gewesen bin oder sein werde. Foto, das jemand aus einem Grund von mir aufnimmt, den nur er kennt, mit oder ohne Film in der Kamera, und das wir gerade darum *beide* machen. Erotische Berührung mit einem japanischen Bild von mir selbst, die am Ende unterblieben ist und dennoch alle Gesten meiner Hand und meines Denkens mitbestimmt hat. Anständiger Abschied eines Besuchers von einem Denken, mit dessen Gedanken ich zu lange schon denke und von dem ich mich mit dem Verstummen des anderen endlich selber verabschieden kann.

VIII. Zusammenfassung:
Was sind japanische Techniken?

> Meister: Nun, ohne Buchstaben – letztlich WIE IST ES?
> Antwort: Die Schwelle liegt flach.
>
> Meister: Gut also, wenn du Schriftzeichen benutzt – letztlich WIE IST ES?
> Antwort: Der Pfeiler steht gerade.

Heideggers Verhältnis zu Japan ist das Verhältnis zu einem Japaner, der ihn besucht und sich anstandsgemäß verabschiedet hat. Dieses Verhältnis zum Fremden, zu *diesem* Fremden, ist eingelassen in die Erfahrung des Eigenen, die Heidegger in dem, was er zum Ereignis und zur Enteignis, zur Aneignung und zum Andenken, zur Identität und zur Differenz sagt, mitzuteilen versucht hat. Es geht dabei durchgängig darum, die unvorgängliche Differenz, der die Erfahrung selbst sich verdankt und auf die sie mit allem, was durch sie zur Sprache kommt, bezogen bleibt, in einem *Denken des Selben* zu würdigen, welches das Andere nicht externalisiert und in eine bloß projektive Ferne entrückt, von wo es das Eigene im Sinne des Ich-Selbst zum Verrat an seiner Domäne verpflichtet, sondern mit einer radikalen Vereinfachung der Sprache der Einsicht entspricht, daß das Andere dasjenige ist, was mir *näher* ist als mein Selbst. Heideggers Denken des Eigenen widmet sich dieser Nähe; sein eigenwillig anderer Gebrauch von Wörtern, die in der Ökonomie des Zeichensystems Sprache einen Austausch von Nähe und Ferne organisieren und das Nahe im Spiegel seiner Bezeichnung als geringeren Abstand relativieren, artikuliert ein Insistieren auf der Nähe an der Grenze zum Nichtssagenden oder vollkommen Mißverständlichen inmitten der bedeutsamen Distanz.

Heideggers Verhältnis zu Japan, so komplex, widersprüchlich, paradox, ja komisch dessen textuelle Repräsentationen im „Gespräch von der Sprache" auch geraten, wird durch diese Erfahrung mit der Differenz des Eigenen bestimmt. Deshalb findet dieses *Verhältnis* zu Japan *vor allem im Ende* der *Beziehung* zu Japan statt. Im „Gespräch" liegt dem Denker und Autor Heidegger von Anfang an daran, die Beziehung zur kulturellen Einheit namens Japan, diesen Umweg über einen Austausch, eine Verständigung, eine wechselseitige Angleichung der Sprachen, zu beenden. Die erregende und offenbar unerwartete Nähe eines solchen Endes, durch den Abschied des japanischen Gastes verschafft und von Heidegger ohne Umschweife mit einem ungeheuren Anspruch belegt, gibt die Gelegenheit, den Ort des Denkens diesseits der sonst unumgänglichen logischen Positionen zu bestimmen. Heideggers Gespräch, mit all der Gewalt, die er der Form und Dynamik des Dialogs antut, besteht in der unentwegten Rückkehr an diesen Ort, wo zuletzt der Andere mich mit der Differenz, die ihn ausmacht, allein läßt. Diesem Ende hier.

Der Abschied des Japaners, diese ultimative Annäherung, mit der die Ferne sich endgültig aus der Möglichkeit eines Abstands zurückzieht und die Fremdheit das lediglich Vertraute um die maßstablose Intensität einer Gewißheit übertrifft, die stärker als Wissen und Nichtwissen ist, verwandelt für den Augenblick das Verhältnis, das wir zu den mit unseren Begriffen bezeichneten Sachen haben. Und das Ziel der hier skizzierten Lektüre von Heideggers „Gespräch" war es, diese Verwandlung aufzuzeigen – am Begriff der Handlung vor allem und an den korrelierenden Vorstellungen, die er uns von konstitutiven Handlungen unseres Daseins verschafft: dem Abbilden, dem Aufschreiben, dem Liebemachen, dem Kaufen…

Wenn Heidegger dabei die Handlung von der Hand her denkt und zugleich behauptet, das Denken sei das eigentliche Handeln, verläßt das nicht nur die traditionellen Pfade der abendländischen Metaphysik, wo die Handlung qua Intention auf einen Zukunftsentwurf des Denkens abgebildet und deren Kongruenz bzw. Inkongruenz zum Bereich subjektiver Identität erklärt wurde – es situiert die Denkhandlung, aus der diese Behauptung hervorgeht, in präzise dem *eigentlich*, das erst durch ein Ereignis wie den Abschied des Japaners in seiner besonderen Differenzialität erfahrbar wird und eine ihm entsprechende Sprache bekommt (bzw. in einen ihm entsprechenden Zustand der Sprache eintritt). Heideggers Verhältnis zu Japan deckt sich insofern nicht mit dem kursorischen Interesse an Japan-bezogenen Themen wie dem *nô*-Theater, einem Film von Kurosawa oder einem *kôan* Hakuins, als *Japan* für ihn eine im Augenblick des Abschieds sich ergebende *durchgängige* Gelegenheit bedeutet, das Eigene aus der relativen Distanz zu einem lediglich im Übrigen re-präsentierten Fremden an die Grenze jenes *eigentlich* zu bringen, wo der Unterschied des Eigenen und des Anderen wie überhaupt jegliche Unterscheidung nichts anderes als eine Qualität von Nähe bezeugt. Die Nähe zu Japan, die Nähe namens „Japan", die den Abendländer aus jener relativen Entfremdung von sich selbst, die *Europa* heißt, hinaus- und in die Gewißheit einer nicht kulturell relativierbaren Entzweiung hineinführt, birgt die vielleicht intensivste Erfahrung des Eigentlichen.

Wie alle anderen Wege ins Eigene des Eigentlichen ist auch die Affirmation des Japanischen nicht vor der (Fehl-)Interpretation des Eigentlichen als Markierung und Verfestigung eines Besitzes, als retrospektive Inauguration eines Ursprungs oder Etablierung hierarchischer Wertabstufungen geschützt. Doch gelingt es Heidegger auf diesem Weg mehr als auf den übrigen Bahnen seiner Erörterung des Seins, sich von den Prädeterminationen seiner Kompetenz als Philosoph, d.h. als Rezipient, Lehrer und Exeget der abendländischen Metaphysik zu befreien, indem er sich mit der denkerischen Erfahrung in ein Währenddessen vorwagt, das der Kompetenz weitgehend enträt und insofern auch davon entbindet, sie in einem übersetzerischen Kampf mit der Sprache zu zerschlagen. Der Japan-*Liebhaber*, der aus dem Alter ego des Fragenden im „Gespräch" gleichsam herausschwebt und wie eine leere, offene Hand in der Luft hängt, ist die loseste Figur im Diskurs dieses Philosophen (weshalb die diskursiven Abwehrmanöver im Umfeld dieser Loslösung besonders brachial, feindselig und panisch ausfallen). Als Szene des Japan-Liebhabers Heidegger ist das „Gespräch" vielleicht das bemerkenswerteste Dokument der unbedingten Direktheit von Heideggers Bemühen, die Metaphysik Metaphysik sein zu lassen. Und insofern ist es zugleich sein persönlichster und sein schlechtester Text.

Es verhält sich also nicht nur so, daß Heidegger, genau wie Barthes, sich unter dem Namen Japan nicht an ein real existierendes Land innerhalb der globalen Geographie kultureller Verschiedenheiten wendet, ohne doch dieses Japan *außerhalb* der Grenzen des gleichnamigen Landes zu plazieren. „Japan" umreißt bei Heidegger präzise einen bestimmten Augenblick, in dem die Handlung des Denkens stattfindet. Das Japanische ist nichts anderes als die zeitliche Qualität dieses Augenblicks, und insofern ist es dem Verhältnis zu Japan nicht äußerlich (und keineswegs ein Zeichen bloßen ‚Desinteresses‘), daß es im Ende einer Beziehung angelegt ist – einem Ende, das mit dem ersten gesprochenen Wort sogleich in seiner Unvorgänglichkeit bekräftigt und vom japanischen Gesprächspartner selbstverständlich beachtet wird, ehe die Möglichkeit der Beziehung die Zeit des Gespräches zu kontrollieren beginnt.

Die Beachtung des Selbstverständlichen macht den *Anstand* aus, der in Heideggers „Gespräch" eine hintergründig bestimmende Größe darstellt: Der Japaner ist der anständige Fremde, d.h. unter allen Verkörperungen des Fremden derjenige, dessen kulturelle Etikette der meinigen um eine diskrete, unspektakuläre und in ihrer Unaufdringlichkeit durchgängige Nähe zum Ende überlegen ist. Während ich ihn zu Gast habe, teilt sich diese Nähe meiner Erwartung und Erinnerung mit, und in der Zusage dieses anderen, durch den Anstand des Fremden vor dem barbarischen Anspruch des Eigenen auf das Unendliche behüteten Augenblicks wird auf einmal *hier* jene Endlichkeit denkbar, die dort, in der Fremde eines projizierten Anderen mehr als schlecht aufgehoben war.

Ich habe versucht, von diesem Hier aus Heideggers Denken der Hand zu rekonstruieren. Dabei sollte vor allem deutlich werden, inwiefern das Handeln der Hand den Aktionen und Passionen, deren Beziehungsgeflecht die kulturelle Dimension unseres Daseins ausmacht, *zur Hilfe kommt*. Heideggers Denken des Handelns ist eine Pragmatik des Helfens – in einem sehr präzisen zeitlichen Sinn, denn bei der gewährten Hilfe handelt es sich um Hilfe beim Verwirklichen des Endes. Das Gewähren der Hilfe liegt im Währen dessen, was diese Hilfe erfährt. Die Hand bereitet in ihrer Weise zu handeln in dem, was jeweils getan wird, ein eigenes Ende vor, das nicht mit den gegenstandsbezogenen Zäsuren im Kontinuum des Zeitflusses übereinstimmt (wo etwa qua retrospektiver Totalisierung ein Ziel als erreicht festgestellt oder qua Applikation auf abstrahierte Strukturen ein Prozeß rhythmisch gegliedert wird). Dieses eigene Ende qualifiziert den Augenblick, an dessen Oberfläche die Aktionen und Passionen sich aktualisieren und in den temporalen Bezügen der aktuellen Gegenwart untereinander vernetzen, zur Wirklichkeit eines anderen Verhältnisses zur Zeit.

In dieser Wirklichkeit zeigen sich die Wirkungen der Hand: Das repräsentative Arrangement eines Fotos in einem Film beispielsweise wird zum Hand-Bild – die Determination der Bildlichkeit durch das libidinös besetzte Organ Auge, die Lichtmechanik des Apparats und die Zeitmechanik der seriellen Verkettung von Einzelaufnahmen werden gleich-gültig in einer Handlung, die sich der Aufspaltung in Herstellungsakt und hergestelltes Objekt ebenso entzieht wie den Verdopplungen des Hergestellten im Raum zwischen Objekt und Zeichen. Die Hand des Kameramanns, die das Bild macht, die Hand des Schauspielers im Bild und die Hand des Regisseurs, die mittels des Bildes *seine* Geschichte erzählt, gehören zur *selben* Handlung, insofern der Augenblick des Handelns ein gemeinsames Ende ihrer wechselseitigen Bezüge verwirklicht. Die Wirklichkeit der Handlung ist weder fiktional noch real. Das Fiktionale (Symbolische, Imaginäre, Virtuelle…) und die Realität verweisen in der Logik dieser begrifflichen Aufspaltung auf eine Ordnung des Repräsentativen, der sich eine Pragmatik des Denkens nicht unterstellt.

Von der Hand her gilt es daher, das Bild in seiner besonderen Endlichkeit einer Handlung zu betrachten, die unsere Theorien des Bildes und der Bildlichkeit bislang kaum berücksichtigt haben: Endlichkeit eines Lichtes, das sich nicht aus einem überwirklich grellen Zentrum in die unendliche Düsternis einer Realität des Mangels verstrahlt, sondern in sich selbst mit der Dunkelheit zu einem Ausgleich kommt, der das Bild, so dynamisch seine Darstellung auch sei, in seiner Bildlichkeit zur Ruhe bringt. Endlichkeit einer Bewegung, die nicht den Impuls eines Körpers an einen anderen übermittelt, sondern deren Verhältnis zum Gegenstand in der Gewißheit eines gleichzeitigen Währens beruht, dessen versammelnde Wirkung die positive Einheit eines Bleibenden ergibt, ohne dies durch einen Schnitt aus dem dynamischen Kontinuum herauszufallen. Endlichkeit schließlich einer Person, deren Identität weder in der Summe vereinzelter Eigenschaften besteht, wie sie sich aus dem Spiel der Zeichen als Kontur des Werkes errechnen läßt, noch als bloß unsichtbares Spiegelbild durch das Sichtbare portraitiert wird – vielmehr als Unverwechselbares in jener beiläufigen Nähe erscheint, die allein das Währenddessen der Handlung gewährt. Person eines ‚Organisators‘, die mir die Hand reicht und die sich mir nur mit der Hand reicht, die das Bild verwirklicht und die dessen Wirklichkeit ist.

Eine solche Verschiebung in unserer Auffassung des Bildes bringt vor allem auch den technischen Aspekt anders in den Blick, über den im Zusammenhang mit der handwerklichen, fotomechanischen und digitalen Erzeugung von Bildern viel spekuliert worden ist. Heidegger, der in seinen Nachkriegsschriften wiederholt die Frage nach der Technik als wichtigste Aufgabe des Denkens bezeichnet hat, inszeniert im Japaner-Gespräch eine komplexe und widersprüchliche Argumentation: Während er einerseits das Bild einer Hand in Kurosawas Film *Rashômon* von seinem japanischen Gesprächspartner selbst als etwas Unscheinbares aus dem technisch produzierten Schein herausgreifen läßt, verwirft er andererseits mit der Stimme desselben Japaners die fotografische Aufnahmetechnik und assoziiert sie *a fortiori* einem technischen Begriff der Vernunft, der die stärkste Waffe des europäischen Imperialismus darstellt und das Japanische (ebenso wie das Deutsche) in Vergessenheit zu stoßen droht.

Einen vergleichbaren Vorbehalt gegen das Technische artikuliert offenbar Heideggers Privilegierung der Handschrift, gegenüber der die Maschinenschrift in ihrer mechanischen Anonymität den Menschen und zwar im Sinn des menschlichen Daseins in einer „zeichenlosen Wolke" verhüllt. Im einen wie im anderen Fall gilt Heideggers Argwohn jedoch nicht der Technik, sondern einem eingeengten, auf das Instrumentelle des Apparates reduzierten Verständnis des Technischen. Die Maschinenschrift ist nicht zu technisch, sondern zu mechanisch – sie reduziert das, was im Akt des Schreibens in jedem Falle an technischer Fertigkeit liegt, auf die Bedienung einer Apparatur, zwingt die Hand, das eminent Technische des Menschen, in die vorgegebene Struktur eines vergegenständigten dynamischen Gestells. *Deshalb zeigt* die Maschinenschrift nichts, sondern reiht lediglich symbolische Einheiten aneinander. Und auch das kinematographische Bild zeigt insofern nicht (die Hand), als die Handlung des Zeigens dem Apparat der Kamera und des Projektors anvertraut und dessen Darstellungsdynamik überantwortet wird, die das Zeigen selbst in Zeichenbezügen mechanisiert.

Heideggers Ansätze, die moderne Technik nicht mehr als Herstellungs-, sondern als Steuerungstechnik zu denken und ihre kybernetischen Verfahren von der Mechanik des Apparates zu emanzipieren, wurden von der Technikgeschichte bislang kaum bestätigt. Zwar haben Heideggers Schriften Kulturtheoretiker wie Friedrich Kittler dazu inspiriert, das Technische auch außerhalb der klassischen Bereiche maschineller Produktion und Verarbeitung wahrzunehmen. Das Paradigma auch der neueren Technik-Diskurse bleibt jedoch, ob explizit oder implizit, der Apparat. Dies gilt gerade auch für den Begriff des Mediums, in dem sich das Technische heute zumeist repräsentiert findet, denn hier bekommt das Apparathafte den Sinn eines bestimmten zeitlichen Verhältnisses, in das die Handlung gestellt wird: Der Apparat bringt das Handeln in die Form eines Wartens, indem er sie davon abhält, ihr eigenes Mittel zu sein, und sich selbst als dieses Mittel in eine Zukunft projiziert, aus der heraus die handelnde Hand die Koordinaten für etwas lediglich noch Auszuführendes empfängt. Die offene Temporalisierung des als Maschine verselbständigten Apparates tritt in unserer Moderne an die Stelle der geschlossenen Temporalisierung des Instruments, das lediglich die zum Gegenstand geronnene Intention darstellte. Die Konsequenzen für das Handeln bleiben indes in dieselbe Tradition eingebunden, wenn sie auch weitaus radikaler ausfallen. Dadurch, daß die Möglichkeit des Apparates sich als selbständige Dimension in die Wirklichkeit des Handelns hineinschiebt, wird die Handlung zur Beziehung eines *selbst nicht (genug) technischen* Handelnden zu einer temporalen Form – der Zeit eines Augenblicks, dem aufgegeben ist, die zeitliche Konstitution des *historischen Projekts* Technik mit seinem kosmischen Überschuß an das jeweils mangelhafte Gegenwärtige zu vermitteln: das Versprechen, daß es funktionieren wird. Diese Beziehung ist das unausgesetzte Aktivwerden an der Schwelle des Noch-nicht-Geeigneten zum vollkommenen Apparat, das wir alle aus unserem täglichen Umgang mit den Apparaten und uns selbst als Apparaten kennen.

Je ausschließlicher das Verhältnis des Menschen zur Technik mit der Beziehung zum Apparat zur Deckung kommt, desto weitgehender verkommt die Fertigkeit der Hand zu bloßer Gelenkigkeit in der Anpassung an das Manual. Geschicktheit reduziert sich auf Geschicklichkeit, d.h. auf die Fähigkeit, auf ein medial induziertes Problem zu reagieren – durch Antizipation dessen, was die Möglichkeit des jeweils nächsten Apparates in der Vergangenheit der jeweils letzten mißglückten Ausführung einer Handlung an Finalitäten hinterlegt hat. Die Temporalisierung unter Maßgabe des Apparates manifestiert sich am deutlichsten in einer Tätigkeit wie dem Schreiben, doch sie betrifft ganz umfassend die Leiblichkeit des Menschen. Was wir *den Körper* nennen, ist eine endlos sich fortsetzende Serie vorstellbarer Apparate, als die sich das leibliche Substrat unseres Zeitbewußtseins und -empfindens herausstellen könnte. Gerade diesbezüglich verändert die apparative Logifizierung der Zeit die Technizität unseres Handelns: Sie entwindet der Hand ihre eigene technische Fertigkeit, d.h. ihr eigenes Verhältnis zum Augenblick, um diesen Augenblick einer Geschichte einzufügen, deren negative Eschatologie einer Erwartung der Aktivität und Aktivität in Erwartung sich in alles, was die Hand tut, zurückübersetzt.

Demgegenüber insistiert ein japanischer Umgang mit der Handschrift wie das *shodô* nicht etwa auf einem nicht-technischen Schreiben, sondern auf der systematischen und vollendeten Technisierung der schreibenden Hand. Je weiter der *shodô*-Schüler auf dem Weg des Schreibens voranschreitet, desto vorbehaltloser verwandelt sich der Pinsel vom Apparat, den man bedienen muß, in etwas, was an der Handlung teilnimmt und in die eigene technische Wirklichkeit dieses Handelns gehört, das sich der Anwesenheit eines Zeichens verschreibt.

Dieses Schreiben mit der Hand unterrichtet uns von einer anderen Technisierung als der geschichtlich bestimmten des Apparathaften. Die Disziplinierung der *shodô*-Übungen organisiert in einer bemerkenswerten (da durchaus aufgeschlossenen) Gleichgültigkeit gegen historische Fort- oder Rückschritte ein handelndes Verhältnis zur Zeit, das den Augenblick nicht temporalisiert bzw. die Temporalität des Augenblicks als Schicksal übernimmt, sondern ihn als Gelegenheit zu einem eigenen Ende wahrnimmt, indem die Handlung *ohne weiteres diese* Gegenwart mitsamt dem darin Gegenwärtigen (einer Gebärde, einer Begegnung...) als die *endgültige* bezeugt.

Diese Fertigkeit für das Ende, das eigentliche Geschick, um das es bei allen japanischen Wegen geht, zeigt uns *das Wesen des Anstands*. Tatsächlich sind Disziplinierungen im Bereich des Schreibens, des Schwertkampfes, des Blumensteckens oder der Teezubereitung nichts anderes als tiefe Einübungen in die Selbstverständlichkeit eines Aktes wie dem, seinen Gastgeber zum rechten Zeitpunkt zu verlassen oder während eines Gespräches nicht mehr und nicht weniger zu sagen, als der andere für seine Rede benötigen wird, nachdem er in seinem Haus allein zurückgeblieben ist. Der *Meister* ist niemand anderes als derjenige, der handelt (seine Handlung beendet), wenn es an der Zeit dafür ist. Und unabhängig davon, ob seine Meisterschaft durch eine Institution bestätigt wird oder ob er einfach irgendein Japaner bleibt, werden seine Handlungen, gerade weil sie zeitlich perfekt sind, in keinem offiziellen oder privaten Gedächtnis glänzen. Insoweit ist und bleibt die halbdunkle Gestalt des unbekannten Germanisten Tezuka, dessen Name aus Heideggers „Gespräch" verschwunden ist und dessen Größe sich nur mittels der vorgeführten Gebärde in einer Unterbrechung des Diskurses repräsentiert, das wohl beste Beispiel für einen japanischen Meister.

Ich habe die Disziplinierungen im Sinne einer Fertigkeit der Hand für das Ende *Techniken des Japanischen* genannt. Dabei geht es nicht allein, ja nicht einmal vorwiegend um die ‚traditionellen‘, unter dem Namen der *dô* überlieferten Disziplinen (deren Traditionalität selbst bereits äußerst fraglich ist, nachdem der Zen-Geist, der sie bestimmt, die Befassung mit dem Vergangenen aufs engste mit dem Traditionsbruch verbindet). Und es geht schon gar nicht um die Übernahme derartiger Lehren in einen esoterischen westlichen Buddhismus, der nicht nur die Strenge der japanischen Übungen allzuoft in die sado-masochistische Institution eines zirkulär in sich geschlossenen ‚Ernstes' überführt, sondern vor allem auch eine verhängnisvolle Synthese eingeht mit dem zutiefst sozialfeindlichen Charakter unseres Wunsches nach einem Leben, das der Determination durch apparative Strukturen eine geistige und körperliche Selbstbestimmung entgegensetzt.

Der Apparat organisiert auch den sozialen Zusammenhang. Das Warten auf den Apparat ist kein gemeinschaftliches, sondern ein isoliertes und isolierendes – und doch hängen wir in der Isolation dieses Wartens unlösbarer als durch irgendein anderes Band mit den Übrigen zusammen, sind wir in dieser zeitlichen Disposition unseres Handelns vergleichbar und auf eine vergleichende Verrechnung angelegt. Der Abscheu vor der eigenen Verrechenbarkeit, die Verzweiflung angesichts unseres Angewiesen-Seins in jener neurotischen Disposition des aktiven Erwartens, um im gesellschaftlichen Leben zu bestehen, drängt den abendländischen Menschen zur Flucht in die Meditation – wobei die meditative Erfahrung der Leere zwangsläufig durch einen narzißtischen Gefallen an der Entleerung des Selbst von sozialen Bezügen eingeleitet und motiviert wird. Die Herausforderung für den westlichen Buddhisten dürfte darin liegen, wirklich bis zum Ende durch diesen Narzißmus hindurchzugehen. Doch das ist ein anderes Problem.

Hinsichtlich der Techniken des Japanischen gilt es eine bestimmte soziale Dimension des Handelns zu bemerken: eine endliche und durchaus *kontinente* Hingabe, die der Handlung selbst eigen ist und die nicht etwa bloß auf die gesellschaftliche Situation reagiert, in die sich der Handelnde hineingestellt findet. Diese Anwesenheit eines sozialen Bandes in der Handlung zeigt sich für den westlichen Besucher Japans vielleicht am deutlichsten, weil schmerzhaftesten in jenen Handlungen, mit denen man Liebe macht. Während die Liebesbotschaft von einem Europäer als ein Geständnis in den Augenblick geschrieben wird, dessen Ungeduld die Zeit zu einem Moment äußerster Intensität zusammendrängt und in der Überraschung des anderen zur Explosion bringt, wahrt die japanische Schrift der Liebe durch alle Extremzustände hindurch einen Anstand, der stets das

Ende bereithält. Der Akt des Gestehens ist für unsere Art zu lieben konstitutiv, und er ist die Exposition eines Dramas. Er deklamiert: Ich habe das größte aller Verbrechen begangen, indem ich die Grenze zwischen uns verletze und mich mit meinem ganzen Selbst in deines dränge (schlimmer als dich zu töten: an deiner Stelle fortfahre zu leben). Ich habe unendliche Schuld auf mich geladen, und du bist der einzige Mensch, der sie mir vergeben kann. Die Forderung nach der Erwiderung des Geständnisses, nach dem „Ich liebe dich auch!", verlangt nach der Vergebung einer unendlichen Schuld kraft einer einzigen Wiederholung und Bekräftigung des Geständnisses in seiner Endlichkeit. Das Geständnis unterwirft die Unendlichkeit dessen, was ich gewesen sein und getan haben könnte, der strengsten Beziehung zum Ende, das der andere einzugehen vermag: dem Wort *ja*. Die Liebe entdeckt und bewahrheitet sich als Liebe erst im Geständnis, und die Liebesbeziehung, die aus einem solchen Akt entspringt, wird in jedem ihrer Abschnitte stets diese ursprüngliche Dynamik einer leidenschaftlichen Auslieferung des Unendlichen an das Endliche wiederholen. Die Geschichte der Liebesbeziehung ist so der kurze oder lange Text, der auf der Spur einer augenblicklichen Mit-Teilung, auf der Grenze zum Unendlichen geschrieben wird. Dementsprechend reißt das Liebesgeständnis mich und den anderen aus dem sozialen Gefüge genau in dem Maße heraus, wie der Akt des Gestehens uns aus dem sozialen Einvernehmen ins Endliche in eine einzigartige, immerwährend durchs Unendliche führende Verbindung erhebt. Am Ursprung jeder Beziehung etabliert die Liebe eine eminent asoziale Gewalt. Und der Diskurs der Liebe beruht in einem exklusiven, der Kommunikation entschieden fremden Zugang zu jenem Verhältnis, das die Sprache zu sich selbst unterhält: dem Gedicht.

Im Kontext der europäischen Literatur steht die Sprache des Gedichts in der denkbar stärksten Spannung zur ‚gewöhnlichen' Sprache der alltäglichen Kommunikation, da das Gedicht gegenüber dem Gleichmaß des Alltags einen ausgezeichneten Augenblick behauptet. Heidegger hat diese Spannung wie vielleicht kein anderer verschärft und weit über formale („rhematische") Unterschiede hinaus verwesentlicht. Seine Lektüren dichterischer Werke enden in Beschwörungen der Stille, des Schweigens und der Einsamkeit – und wenngleich es sich in seinem Fall nicht um die Einsamkeit des Liebenden, sondern eher um die eines Sterbenden handelt, der sich in der Perspektive seines Daseins zum Tode von den Mitmenschen trennt, teilt der so beschriebene deutsche Dichter mit dem Europäer, der seine Liebe gesteht, die Geste, die das Ende mit einem unverhältnismäßigen, das Verhältnis selbst bekämpfenden *Pathos* belegt. Die Wahrheit der Sprechhandlung, beim Geständnis ebenso wie beim Gedicht, liegt im *Erleiden des Eigenen*: eines *übermäßigen Talents* zur Endlichkeit, die das Ende mit einer Verdopplung seines Augenblicks aus dem Unscheinbaren der pragmatischen Notiz in die strahlende Verkündigung des Ereignisses hinaustreibt.

Der japanische Anstand hingegen untersagt das Pathos, im Reden ebenso wie im Schweigen. Weshalb es im Gesicht der japanischen Geliebten nur die Mitteilung einer Maske (*kamen no kokuhaku*), aber keine Offenbarung im Sinne des Geständnisses gibt und sowohl das galante Gedicht des höfischen Liebhabers als auch das weltabgewandte Gedicht des mönchischen Einsiedlers schließlich restlos darin aufgehen, *etwas Hingeschriebenes* zu sein. Dieser Anstand hat dabei keinen moralischen, sondern einen zeitlichen Charakter, weshalb die Alternative von mondäner Laszivität oder Weltflucht diesbezüglich nur eine untergeordnete Rolle spielt. Es handelt sich um eine anökonomische Ausgeglichenheit, die im Grunde jedem Aussageakt vom japanischen Zustand der Sprache unbedingt vorgegeben ist. Um das zu verdeutlichen, habe ich den Liebesakt mit dem Kaufakt konfrontiert und die exklusivste, kraft der Borniertheit der Erwählung gegen das Soziale verschlossene Kommunikationshandlung mit der offenbar allgemeinsten verglichen, die das soziale Leben in allen Richtungen durchzieht. Das Resultat fällt ganz ähnlich aus: Während unser Verhältnis zum Kauf ein pathetisches ist, da das Kaufen die Leidensstrukturen eines vom Glücken oder Verunglücken einer Beziehung abhängigen Augenblicks zu übernehmen und sich darin als (neurotische, d. h. offensiv temporale) Aktivität zu bekräftigen hat, hält im japanischen Geschäft ein unbestreitbarer Anstand das Ende der Kaufhandlung in den Symmetrien und Dissymmetrien des materiell-symbolischen Tausches fest. Handeln bleibt sowohl beim Liebemachen als auch beim Kaufen in gewisser Weise unnachgiebig gegen die Welt des Versprechens, die das Temporale in der Gegenwart aufschlägt und mit zahllosen Beziehungen an das Jetzt heranträgt. Ja, *die Handlung* ist inmitten der Unentscheidbarkeit von Tätigkeit und Geschehen nichts anderes als diese unnachgiebige Entschlossenheit.

Die Festigkeit der Hand steht dabei nicht im Widerspruch zu ihrer Offenheit, ebensowenig wie die unbedingte Insistenz auf dem Ende *von allem* etwas anderes ist als Bereitschaft, sich auf *etwas* einzulassen. Doch wird man die eigene Wirkung der Hand schließlich weniger in ,sensiblen' Tätigkeiten wie der verführerischen Liebkosung oder den Geschicklichkeitsübungen der schönen Künste finden als in einem Moment wie der Entscheidung des Kampfes, da der Handlung die größte Härte abverlangt wird – oder vielmehr sind der zarteste und der massivste Akt durch *dieselbe* Festigkeit bestimmt, denn das Feste manifestiert sich nicht oder nur sekundär auf physischer Ebene, sondern im Verhältnis zum Augenblick. Der Faust- oder Schwertkämpfer, wie ihn Yukio Mishima beschreibt, besiegt seinen Kontrahenten allein dadurch, daß jahrelanges Training und eine Ausbildung der Aufmerksamkeit ihm ein Timing gestatten, welches den Schlag im Augenblick seines Stattfindens selbst von allen temporalen Abhängigkeiten frei macht und in einer vollkommenen Übereinstimmung mit dem Währen der Gegenwart bis zu jenem Ende führt, wo der Körper des Gegners nichts anderes mehr tun kann als zu warten. Der Teemeister, der mit seinem Bambusbesen den *macha* aufschlägt, verfährt ebenso – seine Bewegungen sind niemals bloß weich, sondern gerade in ihrer geschmeidigen Flexibilität und Leichtigkeit trocken und fest. In der scheinbar friedlichen Abgeschlossenheit seiner Hütte geht auch er mit jeder Bewegung als Sieger eines Kampfes um die Perfektion im Gleichen hervor.[248]

---

248 Diese kämpferische Dimension beim *sadô* wird sehr deutlich in dem Film *Sen no Rikkyû* (*Der Tod eines Teemeisters*) von Kei Kumai, der den Tee-Weg Rikkyûs und die Gründe für dessen Selbstmord rekonstruiert.

Heidegger denkt die Handlung ebenso eher aus der bündigen Augenblicklichkeit des Handschlags und nicht vermittels der Dialektik von Kontinuität und Diskontinuität, wie sie sich innerhalb einer ambivalent ‚sanften‘ Berührung entfaltet. Und auch Roland Barthes nimmt die Beschreibung des schlagartigen Schreibakts in *L'empire des signes* zum Anlaß für eine Reflexion über eine *andere Gewalt*, die sich nicht in einer historischen Differenzierung vom Rohen zum Feinen repräsentiert, deren Entwicklung im Rahmen abendländischer Kulturgeschichte für gewöhnlich nacherzählt wird, sondern von Anfang an in die subtile, *zugleich* behutsame und unnachgiebige Konstitution eines augenblicklichen Entsprechens eingelassen ist. Die Endlichkeit des Schriftzeichens, in dessen Gestalt das Ende der Schreibhandlung vorliegt, empfängt die stetige Verbindung von weicher Pinselspitze und geschmeidiger Hand vom ersten Aufsetzen an mit einer unnachgiebigen Wirklichkeit, dergegenüber die Bewegung nirgends ins Mögliche ausweichen darf. Die Freiheit des individuellen Schriftzugs, zu der die *shodô*-Übungen hinführen, besteht so nicht etwa in der Vergrößerung des Möglichkeitsspektrums. Sie wird dem Schreibenden zuteil, sobald sich sein Handeln nicht mehr gegen das Mögliche verteidigen muß, sobald sie aus ihrer Defensive heraus- und in die Aufmerksamkeit zur siegreichen Entscheidung hineinfindet – und so schließlich *in* der *unverändert* vorliegenden Form des Zeichens den Pinsel frei durch den Augenblick führt. Das dann zum Vorschein kommende Unverwechselbare der Hand unterscheidet sich von der subjektiven Individualisierung des Stils darin, daß die Hand in ihrem Verhältnis zur wesentlichen Gewalt des Handelns die Alternative von Unterwerfung und Auflehnung (Gegengewalt) erfolgreich bestreitet. Ihr Sieg, mit dem sie die Freiheit erlangt, besteht in der vollkommenen Begrenzung der Gewalt auf ein Ereignis. Das Eigene der Hand tritt nicht wie das Selbst des Ichs als manifester Überschuß hervor, der einem latenten Mangel korrespondiert, und die Bemeisterung der Gewalt ist daher nicht die hypostatische Beherrschung der Verzweiflung (des subjektiven Verhältnisses zum Gewaltpotential des Ichs). Die Festigkeit der Hand im Handeln liegt in einem ‚Weder zu wenig noch zu viel‘, das sämtliche Handlungen präzise einfaßt.

Die eigene Wirkung der Hand tritt damit genau an die Stelle der Expressivität: Anstatt ein unsichtbares Inneres sichtbar zum Ausdruck zu bringen, verwirklicht die Hand sich in der endlichen Positivität dessen, was sie tut. Das Verborgene bleibt dabei verborgen, das Offensichtliche kommt zu Erscheinung. Sofern man das Handeln der Hand als ein Erscheinenlassen bezeichnen kann, gilt es den Umgang mit dem Verhältnis von Sein und Nichts sorgfältig von der expressiven Logik einer Vermittlung des Nichtseienden an das Seiende zu unterscheiden, wie sie in der Temporalisierung des Augenblicks als dreifacher Gegenwart und deren Komplikationen angelegt ist und im abendländischen Kontext das Wesen der *Geste* bestimmt, insofern der Augenblick, in dem die gestische Handlung stattfindet, genau als ein solcher temporal gegliedert ist.

Der Unterschied wird deutlich, wenn man die Ausführung der Geste im westlichen Theater, das sich seit zweieinhalb Jahrtausenden in Aristoteles' *Poetik* reflektiert, mit der Handlungstechnik des *johakyû* im *nô*-Theater vergleicht. Während die dynamische Dreiteilung der Geste auf das aristotelische Modell der zeitlichen Einheit verweist, das die Handlung (sowohl die einzelne als auch die Handlung des gesamten Stückes) in Anfang, Mitte und Ende zerlegt, und die drei Teile wie die Erinnerungen an einen Ursprung und die Erwartung eines Ziels auf eine selbst lediglich in einem Umschlag bestehende Gegenwart projiziert, leiten die drei Phasen das *johakyû* die Hand durch ein solides, vom Anfang über die Mitte bis zum Ende sich im Selben erstreckendes Währenddessen. Die *nô*-Gebärde strahlt weder Kraft noch Sinn auf die vorausgegangene und die nachfolgende Bewegung aus. Ohne durch einen expliziten Schnitt aus dem Kontinuum der körperlichen Verschiebungen herausgefällt zu werden, ist sie doch vollkommen distinkt. Ihre Unterscheidung, die sie das sein läßt, was *sie* ist, besteht eben darin, als Gebärde ganz und gar Handlung zu sein. Wird im Fall der expressiven Geste das körperliche Organ Hand zum Träger eines Zeichens (bzw. zum Ort eines Zeichentausches, in dessen Temporisation sich die Bedeutung institutionalisiert), so bleibt das Zeigen der Hand beim *nô* ein durchgängig pragmatischer Hinweis, der die Leere der Bühne nicht etwa qua Selbstnegation einer Bezeichnung ausstellt, sondern *mit* ihr *etwas Konkretes* (bspw. ein Gebirge) verwirklicht.

Die Konkretheit, die ein solches Zeigen erschließt, veranlaßt Heidegger dazu, sich in der Figur des Fragenden an zentraler Stelle seines „Gesprächs von der Sprache" das Japanische durch eine *nô*-Gebärde zeigen zu lassen. Es handelt sich um eine andere Konkretheit als die der abstrakten Kategorie eines Dinges zugeordnete Anschaulichkeit eines sinnlichen Eindrucks. Es handelt sich um die Konkretheit dessen, was in unserer Art des Zeichengebrauchs das Verschwommenste, Ungreifbarste, scheinbar Unwirklichste bleibt, weil das Zeichen selbst als Differenzphänomen primär auf das Ding bezogen ist und sich der Sprechhandlung erst im Umweg über das, was in einer fiktionalen Verdopplung der Realität mit dem Ding geschieht, einfügt. Die Antwort auf die Frage, was im Falle der japanischen Gebärde Zeigen heißt, findet sich daher in keiner Anleitung mit dem Titel *How to do things with words*. Die Konkretheit des Handelns erweist sich vielmehr dort, wo das Handeln sich nicht weich und nachgiebig an die gegenständige Kontur der Dinge anpaßt wie eine schlaffe und lediglich sensible Hand, sondern das Ding mit der Eigenständigkeit einer Handlung bis zu jenem Punkt bringt, wo es keine andere Möglichkeit mehr hat, als in *diesem hier* zu erscheinen. An diesem Punkt befindet sich die Sprache.

Die Welt des Handelns besteht aus Dingen, die durch Handlungen bestimmt sind, nicht aus jenem widerständig zähen Fließen im Objekthaften, das die *res extensa* auszeichnet. Die Dinge kommen durch das Handeln erst in die Soheit dessen, was sie sind – das wäre der japanische Sinn von *Zuhandensein*: Anstelle eines endlosen Kampfes der subjektiven Selbstentwürfe mit Objekten, die das Subjekt aus der Zukunft, in die es sich mit ihnen projiziert hat, bedrohen, steht das Ding zum Zeugnis eines endgültigen Sieges in der Gegenwart, den eine Handlung gegen den Körper möglicher Aktivitäten errungen hat. Das Ding spottet nicht, es liegt glatt und fest in der Handlung. Dafür bewundert der westliche Philosoph den japanischen Meister. Diese Fertigkeit, mit einer Handlung Dinge zu umschließen, will er lernen – denn ein solches handelndes Verhältnis zu den Dingen würde das Denken für die Welt der Gegenstände öffnen und doch in allen Vergegenständlichungen Denken bleiben lassen. Was darin aufblitzt, ist ein *reines* Denken, dessen Reinheit gleichwohl nicht auf die Prinzipien einer allgemeinen Hygiene zurückgeht, sondern auf die Eigenschaft des Besonderen, jeder Begebenheit Zugang zur Wirklichkeit des Ereignens zu gewähren, ohne dadurch im mindesten weniger besonders zu sein. Die denkende Hand ist die Sachwalterin des Ereignisses. Indem sie das eigentliche Handeln des Denkens verwirklicht, öffnet sie den Bereich des Denkens für all das, was eine Geste des Vorbehalts am Ursprung der Sprache daraus auszuschließen bestrebt ist: das Annehmliche, das Soziale, das Kommerzielle, das Bildliche, das Moderne, das Technische im Sinne des vollendeten Vergessens eines nicht-technischen Wesens im Währen *dieses* Augenblicks.

Literatur

Apel, K. O., *Transformation der Philosophie*, Bd.1 Sprachanalytik, Semiotik, Hermeneutik, Frankfurt a.M. 1973.

Assmann, J., *Das kulturelle Gedächtnis: Schrift, Erinnerung und politische Identität in frühen Hochkulturen*, München 1992.

Barthes, R., *Das Reich der Zeichen*, Frankfurt a.M. 1981.

Barthes, R., *Der entgegenkommende und der stumpfe Sinn*, Frankfurt a.M. 1990.

Barthes, R., *Die helle Kammer*, Frankfurt a.M. 1985.

Benjamin, W., *Das Kunstwerk im Zeitalter seiner technischen Reproduzierbarkeit*, Frankfurt a.M. 1977.

Bergmann, U. und Sick, A. (Hrsg.), *Hand. Medium – Körper – Technik*, Bremen 2001.

Bergson, H., *Materie und Gedächtnis*, Hamburg 1991.

Bhabha, H., *Nation and Narration*, London 1990.

Bhabha, H., *The Location of Culture*, London 1993.

Biemel, W. und Sane, H. (Hrsg.), *Karl Jaspers – Martin Heidegger: Briefwechsel 1920–1963*, Frankfurt a.M. 1990.

Brandstetter, G. und Peters, S. (Hrsg.), *De Figura. Rhetorik – Bewegung – Gestalt*, München 2002.

Brandstetter, G., „Die Szene des Virtuosen. Zu einem Topos von Theatralität", in: *Hofmannsthal-Jahrbuch zur europäischen Moderne*, Bd. 10/2002, S. 213–243.

Chartier, R., „Macht der Schrift, Macht über die Schrift", in: Gumbrecht, H. U. und Pfeiffer, K. L. (Hrsg.), *Schrift*, München 1991, S. 147–156.

Cobben, P., *Das endliche Selbst. Identität (und Differenz) zwischen Hegels „Phänomenologie des Geistes" und Heideggers „Sein und Zeit"*, Würzburg 1999.

Deleuze, G., *Das Bewegungs-Bild. Kino I*, Frankfurt a.M. 1997.

Derrida, J. *Adieu. Nachruf auf Emmanuel Lévinas*, München 1999.

Derrida, J., *Aporien. Sterben – auf die „Grenzen der Wahrheit" gefaßt sein*, München 1998.

Derrida, J., *Chôra*, Wien 1990.

Derrida, J., *Die Tode des Roland Barthes*, Berlin 1987.

Derrida, J., *Falschgeld – Zeit geben I*, München 1993.

Derrida, J., *Gesetzeskraft. Der „mystische Grund der Autorität"*, Frankfurt a.M. 1991.

Derrida, J. *Heideggers Hand (Geschlecht II)*, Wien 1988.

Derrida, J., *Marx' Gespenster. Der verschuldete Staat, die Trauerarbeit und die neue Internationale*, Frankfurt a. M. 1995.

Derrida, J., *Politik der Freundschaft*, Frankfurt a. M. 2000.

Dialogue Vocabulary 2000 – Reading, Listening, Speaking, Pronunciation, Background, Tôkyô 2000.

Dubois, P., *Der fotografische Akt. Versuch über ein theoretisches Dispositiv*, Amsterdam/Dresden 1998.

Fawcett, J. T., „Networks, Linkages and Migration Systems", in: *International Migration Review*, Special Silver Anniversary Issue 1989.

Fuchs, P., *Die Umschrift*, Frankfurt a. M. 1995.

Gebhard, W. (Hrsg.), *Ostasienrezeption zwischen Klischee und Innovation. Zur Begegnung zwischen Ost und West um 1900*, München 2000.

Gethmann, C. F., *Dasein, Erkennen und Handeln. Heidegger im phänomenologischen Kontext*, Berlin 1993.

Goodwin, J. (Hrsg.), *Perspectives on Akira Kurosawa*, New York u. a. 1994.

Grunberger, B., *Narziß und Anubis. Die Psychoanalyse jenseits der Triebtheorie*, 2 Bde., Wien 1988.

Hartig, W., *Die Lehre des Buddha und Heidegger. Beiträge zum Ost-West-Dialog des Denkens im 20. Jahrhundert*, Forschungsbericht der Universität Konstanz Nr. 15, Konstanz 1997.

Havelock, E. A., *Die Schriftrevolution im antiken Griechenland*, Weinheim 1992.

Haverkamp, A. (Hrsg.), *Die Sprache der Anderen*, Frankfurt a. M. 1997.

Hegel, F., *Phänomenologie des Geistes*, in: ders., *Werke*, Bd. 3, Frankfurt a. M. 1970.

Heidegger, M., *Besinnung*, GA. Bd. 66, Frankfurt a. M. 1996, S. 173–178.

Heidegger, M., *Bremer Vorträge*, GA Bd. 79, Frankfurt a. M. 1994, S. 3–77.

Heidegger, M., *Brief über den Humanismus*, Frankfurt a. M. 1949.

Heidegger, M., *Die Technik und die Kehre*, Pfullingen 1962.

Heidegger, M., *Einführung in die Metaphysik. Freiburger Vorlesungen Sommer-Semester 1935*, GA Bd. 4, Frankfurt a. M. 1983.

Heidegger, M., *Holzwege*, Frankfurt a. M. 1972.

Heidegger, M., *Identität und Differenz*, Pfullingen 1957.

Heidegger, M., *Parmenides*, GA Bd. 54, Frankfurt a. M. 1982.

Heidegger, M., *Unterwegs zur Sprache*, Tübingen 1959.

Heidegger, M., *Was heißt Denken?*, Tübingen 1954.

Heidegger, M. und Fink, E., *Heraklit. Seminar Wintersemester 1966/67*, Frankfurt a. M. 1970

Hijiya-Kirschnereit, I., *Das Ende der Exotik. Zur japanischen Kultur und Gesellschaft der Gegenwart*, Frankfurt a. M. 1988.

Hisamatsu, H. S., *Die fünf Stände von Zen-Meister Tosan Ryokai. Strukturanalyse des Erwachens*, Pfullingen 1980.

Hoffmann, J., *Der Ton der einen Hand. Die bisher geheimen Antworten auf die wichtigsten Zen-Koans*, Bern u. a. 1978.

Izutsu, T., *Die Theorie des Schönen in Japan. Beiträge zur klassischen japanischen Ästhetik*, Köln 1988.

Jullien, F., *Über das Fade – eine Eloge. Zu Denken und Ästhetik in China*, Berlin 1999.

Kawabata, Y., *Die schlafenden Schönen* (*Nemureru bijô*), Frankfurt a. M. 1994.

Kittler, F., *Draculas Vermächtnis. Technische Schriften*, Leipzig 1993.

Kittler, F., *Eine Kulturgeschichte der Kulturwissenschaft*, München 2000.

Klun, B., *Das Gute vor dem Sein: Lévinas versus Heidegger*, Frankfurt a. M u. a. 2000.

Kuki, S., *Die Struktur von ‚Iki‘: Eine Einführung in die japanische Ästhetik und Phänomenologie (‚‚Iki‘‘ no kôzô)*, hg. und übers. von M. Okada, Engelsbach u. a. 1999.

Latour, B., *Pandoras Hope. Essays on the Reality of Science Studies*, London 1999.

Lévinas, E., *Totalität und Unendlichkeit*, Freiburg/München 1993.

Louis, E. und Stoos, T., *Die Sprache der Kunst. Die Beziehung von Bild und Text in der Kunst des 20. Jahrhunderts*, Stuttgart 1993.

Lyotard, J. F., *Das postmoderne Wissen*, Wien 1984.

Maruyama, W., *Denken in Japan*, Frankfurt a. M. 1988.

Mishima, Y., *Sun and Steel* (*Taiyô to tetsu*), Tôkyô u. a. 1980.

Neske, G. und Kettering, E. (Hrsg.), *Antwort. Martin Heidegger im Gespräch*, Pfullingen 1988.

Noteboom, C., *Mokusei! Eine Liebesgeschichte*, Frankfurt a. M. 1988.

Oberthür, J., *Seinsentzug und Zeiterfahrung. Die Bedeutung der Zeit für die Entzugskonzeption in Heideggers Denken*, Würzburg 2002.

Ogawa, T., „Heideggers Übersetzbarkeit in ostasiatische Sprachen“, in: Papenfuss, D. und Pöggeler, O. (Hrsg.), *Zur philosophischen Aktualität Heideggers*, Frankfurt a. M. 1992, S. 180–198.

Ôhashi, R., *Japan im interkulturellen Dialog*, München 1999.

Ôhashi, R., *Kire – das ‚Schöne‘ in Japan. Philosophisch-ästhetische Reflexionen zu Geschichte und Moderne*, Köln 1994.

Okrent, M., *Heidegger's Pragmatism*, London 1988.

Pankow, E., „Wortstellungen – Heideggers Frage nach der Technik“, in: Schirmacher, W. (Hrsg.), *Zeitkritik nach Heidegger*, Essen 1989, S. 61–78.

Piaget, J., *Die Entwicklung des räumlichen Denkens beim Kinde*, Stuttgart 1999.

Pincus, L., *Authenticating Culture in Imperial Japan. Kuki Shûzô and the Rise of National Aesthetics*, Michigan/Cal. 1996.

Raphael, M., *Die Farbe Schwarz. Zur materiellen Konstituierung der Form*, Frankfurt a. M. 1989.

Renn, R., „Der geworfene Entwurf der Moderne. Heideggers pragmatische Hermeneutik als Protosoziologie moderner Reflexivität", in: Weiß, J. (Hrsg.), *Die Jemeinigkeit des Mitseins. Die Daseinsanalytik Martin Heideggers und die Kritik der soziologischen Vernunft*, Konstanz 2001, S. 233–250.

Rorty, R., „Heidegger. Contingency and Pragmatism", in: ders., *Essays on Heidegger and Language*, Philosophical Papers Bd. 2, Cambridge/Mass. 1991, S. 27–50

Sasaki, K., „Beautifying Beauty", in: *International Yearbook of Aesthetics*, Bd. 5, Tôkyô 2001, S. 27–39.

Schirmacher, W., *Ereignis Technik*, Hamburg 1980.

Schnödelbauer, M., „Diktat des Ge-Stells – Vom Schreibzeug zur Schreibmaschine", in: Lemke, A. und Schierbaum, M. (Hrsg.), ‚*In die Höhe fallen'. Grenzgänge zwischen Literatur und Philosophie*, Würzburg 2000, S. 99–122.

Seubold, G., „Inhalt und Umfang des japanischen Kunstbegriffs", in: *Philosophisches Jahrbuch* Nr. 100, Freiburg/München, S. 380–398.

Sôgen Hori, C. V., „Kôan and Kenshô in the Rinzai Zen Curriculum", in: Heine, S. und Wright, D. S., *The Kôan. Texts and Contexts in Zen Buddhism*, New York 2000, S. 280–315.

Sôseki, N., *The three-cornered world (Kusa makura)*, London 1965.

Spivak, G. Ch., „Can the Subaltern Speak?", in: Williams, P. und Chrisman, L. (Hrsg.), *Colonial Discourse and Post-Colonial Theory*, Hemel Hempstead 1993, S. 111–133

Spivak, G. Ch., *In Other Worlds. Essays in Cultural Politics*, London 1987.

Spivak, G. Ch., *Outside in The Teaching Machine*, London 1993.

Strauß, B., *Das Partikular*, München 2000.

Suzuki, T., *Tôzasareta gengo: Nihongo no sekai*, Tôkyô 1975.

Tanizaki, J., *Lob des Schattens. Entwurf einer japanischen Ästhetik (Inei raisan)*, Zürich 1987.

Tanizaki, J., *Some Prefer Nettles (Tade kû mushi)*, Tôkyô/New York 1996.

Taut, B., *Das japanische Haus und sein Leben*, Berlin 1977 (1936).

Tsukuba Language Group, *Japanisch im Alltag*, Bd. 1, Kursbuch, Tsukuba 1999.

Van Eikels, K. *Kompetenz. Ein Essay über die Zeitdisziplinierung*, http://www.t-rich.org/kompetenz.html, 2002.

Van Eikels, K., „Das Denken der Hand. Japan-Affirmationen als Entwürfe einer nichtperformativen Pragmatik", in: *Zeitschrift für Germanistik*, 3/2002, Frankfurt a. M. u. a., S. 488–497.

Van Eikels, K., „Zwei Monologe. Die Poetik der sprechenden Sprache bei Heidegger und Novalis", in: Willer, S. und Jaeger, S. (Hrsg.), *Das Denken der Sprache und die Performanz des Literarischen um 1800*, Würzburg 2000, S. 229–244.

Van Eikels, K., *Poetik der Zeitkürzung. Zur temporalen Organisation im postindustriellen Management*, http://www.t-rich.org/poetik.html/, 2003.

Van Eikels, K., *Zeitlektüren. Ansätze zu einer Kybernetik der Erzählung*, Würzburg 2002.

Vetsch, F., *Martin Heideggers Angang der interkulturellen Auseinandersetzung*, Würzburg 1992.

Zizek, S., *Sehr innig und nicht zu rasch. Zwei Essays über sexuelle Differenz als ästhetische Kategorie*, Wien 1999.

Naoji Kimura

Jenseits von Weimar

Goethes Weg zum Fernen Osten
2., unveränderte Auflage

Bern, Berlin, Bruxelles, Frankfurt am Main, New York, Oxford, Wien, 1997, 2001.
542 S.
Euro-Sinica. Bd. 8
Herausgegeben von Adrian Hsia
ISBN 3-906767-08-6 geb.
sFr. 95.– / €* 70.20 / €** 65.60 / £ 42.– / US-$ 78.95

* *inkl. MWSt. – nur gültig für Deutschland und Österreich* ** *exkl. MWSt.*

In den Jahren der «Unruhe um einen Klassiker» wurde Goethes Fremdheit gegenüber seiner vermeintlichen überzeitlichen Geltung hervorgehoben. Eine derartige Infragestellung des auch nach 1945 ohne Bruch tradierten «reinen» Goethebildes war sicherlich in Deutschland notwendig. Dass aber Goethe sich in Ostasien, besonders in Japan, heute noch einer grossen Beliebtheit erfreut, beruht gewissermassen auf der Übergeschichtlichkeit des allgemein Menschlichen in seinen literarischen Werken, die über zeitlich-räumliche Grenzen hinweg alle Menschen in Ost und West wirkungsvoll ansprechen.

Aus dem Inhalt: Wechselspiel von Wirkung und Rezeption – Übersetzung als Metamorphose der Sprache – Das Christentum als sprachliches Problem in Japan – Der ost-westliche Goethe.

«Nous avons avec ce receuil un véritable ouvrage universel de références qui mérite pleinement de trouver sa place dans toute bibliothèque d'un germaniste de n'importe quel pays désireux d'être bien informé sur les études germaniques et l'enseignement de l'allemand au Japon.» (A. Booker Sadji, Etudes germano-africaines)

Der Autor: Naoji Kimura, geb. 1934 in Sapporo/Japan. Germanistikstudium an der Sophia-Universität Tokyo. Weiterstudium in München und Promotion zum Dr. phil. 1965. Seit 1975 ordentlicher Professor der Germanistik an der Sophia-Universität, Tokyo. Gastprofessor in Regensburg seit 1997.

Mitherausgeber des Jahrbuchs für Internationale Germanistik, seit 1997 korrespondierendes Mitglied der Deutschen Akademie für Sprache und Dichtung, Vizepräsident der Goethe-Gesellschaft in Japan seit 1989 u.a. Zahlreiche Publikationen zu Goethe. Japanischer Goethepreis 1976, Verdienstkreuz I. Klasse der Bundesrepublik Deutschland 1992, Goethe-Medaille des Goethe-Instituts München 1996, Jacob- und Wilhelm-Grimm-Preis des DAAD 2003 u.a.

PETER LANG
Bern · Berlin · Bruxelles · Frankfurt am Main · New York · Oxford · Wien